MINERVA
はじめて学ぶ教職
5

吉田武男
監修

教育心理学

濱口佳和
編著

ミネルヴァ書房

監修者のことば

　本書を手に取られた多くのみなさんは，おそらく教師になることを考えて，教職課程をこれから履修しよう，あるいは履修している方ではないでしょうか。それ以外にも，教師になるか迷っている，あるいは教師の免許状だけを取っておく，さらには教養として本書を読む方も，おられるかもしれません。

　どのようなきっかけであれ，教育の営みについて，はじめて学問として学ぼうとする方に対して，本シリーズ「MINERVA はじめて学ぶ教職」は，教育学の初歩的で基礎的・基本的な内容を学びつつも，教育学の広くて深い内容の一端を感じ取ってもらおうとして編まれた，教職課程向けのテキスト選集です。

　したがって，本シリーズのすべての巻によって，教職に必要な教育に関する知識内容はもちろんのこと，それに関連する教育学の専門領域の内容もほとんど網羅されています。その意味では，少し大げさな物言いを許していただけるならば，本シリーズは，「教職の視点から教育学全体を体系的にわかりやすく整理した選集」であり，また，このシリーズの各巻は，「教職の視点からさまざまな教育学の専門分野を系統的・体系的にわかりやすく整理したテキスト」です。もちろん，各巻は，教育学の専門分野固有の特徴と編者・執筆者の意図によって，それぞれ個性的で特徴的なものになっています。しかし，各巻に共通する本シリーズの特徴は，文部科学省において検討された「教職課程コアカリキュラム」の内容を踏まえ，多面的・多角的な視点から教職に必要な知識について，従来のテキストより大きい版で見やすく，かつ「用語解説」「法令」「人物」「出典」などの豊富な側注によってわかりやすさを重視しながら解説されていることです。また教職を「はじめて学ぶ」方が，「見方・考え方」の資質・能力を養えるように，さらには知識をよりいっそう深め，そして資質・能力もよりいっそう高められるように，各章の最後に「Exercise」と「次への一冊」を設けています。なお，別巻は別の視点，すなわち教育行政官の視点から現代の教育を解説しています。

　この難しい時代にあって，もっと楽な他の職業も選択できたであろうに，それぞれ何らかのミッションを感じ，「自主的に学び続ける力」と「高度な専門的知識・技術」と「総合的な人間力」の備わった教師を志すみなさんにとって，本シリーズのテキストが教職および教育学の道標になることを，先輩の教育関係者のわれわれは心から願っています。

　2018年

吉　田　武　男

はじめに

　この本は「MINERVA はじめて学ぶ教職」のシリーズのなかの第5巻として作られた。このシリーズは教員養成におけるテキストのスタンダードを目指しており，今の日本で教職に就こうとしている人々が身につけておくべき標準的な知識内容から構成されている。

　教育心理学は教職課程コアカリキュラムのなかで，「教育の基礎的理解に関する科目」のカテゴリーに割り当てられる科目である。学校での教育の営みの根幹は，発達途上の子どもたちが，社会の担い手となるために必要な価値観，知識，技能を，大人たちの指導や援助を受けつつ，仲間とともに身につけてゆくことである。教育心理学は，その名前が示すように心理学の応用的分野の一つであり，学校での教育の営みを心理学の観点から解き明かそうとする学問と言える。

　教育心理学を学ぶことで何が得られるのか。それは教育の営みのなかで生じる人の心と行動に関する現象を，科学的に表現できる基本的な諸概念と，それらの概念間にある法則性についての基本的な知識である。簡単に言えば，学校で子どもや教師に起きている心と行動のさまざまな現象を理解するための科学的な見方の基礎が手に入るのである。心理学は実証的な科学である。教育心理学もまたそうである。教育心理学の視点から日々の教育活動や子どもたちの学びを理解し表現する力を得ること，それは自分自身の教育実践を科学的に捉え，考察し，高める素養を得ることにほかならない。本書は読者がそうした素養を身につけるうえで大きな支えとなるよう編集されている。

　教育心理学はいくつかの領域から構成されている。学びの主体である子どもたちの成長・発達に関する領域，子どもたちの学びそのものに関する領域，教育効果の測定と評価に関する領域，教育実践の場である学級と，学級をまとめて指導する教師に関する領域，子どもたちの個人差や学校・学級への適応に関する領域，特別な配慮を必要とする子どもへの理解と支援に関する領域などである。本書は4部15章から構成されているが，全編にわたって上述のすべての領域を網羅しており，教職を志す者が身につけておくべき教育心理学の知識が満載されている。

　第Ⅰ部では，心理学の歴史を踏まえつつ，教育心理学という学問の成り立ちと主な内容を概説し（第1章），子どもの成長・発達を考えるうえで基礎となる概念を説明する（第2章）。

　第Ⅱ部では，出生前から乳児期（第3章），幼児期（第4章），児童期（第5章）そして青年期（第6章）までの子どもの心身の発達の特徴を，身体，認知，言語，社会性と情緒，パーソナリティの諸側面を網羅して概説する。

　第Ⅲ部では，条件づけやモデリング，記憶といった学習の基礎理論（第7章，第8章），動機づけと学習意欲（第9章），多様な教授方法と教育効果の測定・評価の方法（第10章）といった，子どもたちの学びの根幹にかかわる基本的な概念や現象について概説するとともに，学びの主体としての子どもの個人差（第11章，第13章）と学びの場である学級集団の働き（第12章）についても紹介する。

　第Ⅳ部では，学校生活に適応できない状態に陥った子どもを理解し，心理的に支援するための方法に

ついて概説するとともに（第14章），脳の機能に問題があるために日常生活や学業，対人的なやりとりなどに持続的な障害を示すさまざまな神経発達障害の特徴と，神経発達障害がある子どもの教育的ニーズに合った特別支援教育について解説する（第15章）。

　本書の執筆者は，筆者のほかには，筆者の勤務校の大学院を経て大学や学校の教職員になった人たちである。いずれの人もフレッシュで，新進気鋭の研究者であり，心理臨床の実務者である。スタンダードな知識も新しい知識もあわせもち，感性は読者諸君に近い。そういう人々が楽しみながら各章を執筆してくれた。各章の執筆者の熱意が読者にも伝わり，単なる教職科目の一つとしてでなく，より深く・広く教育心理学を学びたいと思っていただければ，編著者として誠に嬉しい限りである。

　最後に，本書執筆の機会を与えていただいた筑波大学人間系教授吉田武男先生と，本書の作成にあたって，大変細やかで行き届いた丁寧なサポートと絶大なる忍耐力を発揮していただいたミネルヴァ書房の河野菜穂・深井大輔両氏に，深い感謝の念をささげたい。

　2018年2月

編著者　濱口佳和

目　次

監修者のことば
はじめに

第Ⅰ部　教育心理学の基礎知識

第1章　教育心理学とは何か……………………………………………3
1　心理学とは何か……………………………………………………3
2　現代心理学の歴史…………………………………………………3
3　現代の教育心理学の展開…………………………………………6
4　教育心理学の方法…………………………………………………10

第2章　発達とは何か……………………………………………………15
1　発達という概念……………………………………………………15
2　発達の規定要因①──遺伝的要因………………………………19
3　発達の規定要因②──環境的要因とその働き…………………21
4　遺伝・環境論争……………………………………………………25
5　行動遺伝学の知見…………………………………………………26

第Ⅱ部　発達の道筋への理解

第3章　胎生期から乳児期の発達………………………………………33
1　胎生期の発達………………………………………………………33
2　乳児期の身体・運動能力の発達…………………………………36
3　乳児期の感覚能力の発達…………………………………………38
4　乳児期の言語の発達………………………………………………40

第4章　幼児期の発達……………………………………………………43
1　運動の発達…………………………………………………………43
2　感情の発達…………………………………………………………44
3　認知と言語の発達…………………………………………………45
4　アタッチメントの発達……………………………………………47
5　社会性の発達………………………………………………………48

第5章　児童期の発達 ……………………………………………… 53

1　身体・運動能力の発達 …………………………………………… 53

2　認知の発達 ………………………………………………………… 55

3　社会性の発達 ……………………………………………………… 58

4　仲間関係と社会的行動の発達 …………………………………… 60

5　自己概念の発達 …………………………………………………… 62

第6章　青年期の発達 ……………………………………………… 67

1　身体の発達 ………………………………………………………… 67

2　認知能力の発達 …………………………………………………… 69

3　アイデンティティ・自己意識の発達 …………………………… 71

4　人間関係の発達 …………………………………………………… 74

第Ⅲ部　学習指導の理論と方法

第7章　学習のメカニズム ………………………………………… 83

1　行動主義と学習 …………………………………………………… 83

2　古典的（レスポンデント）条件づけ …………………………… 84

3　オペラント（道具的）条件づけ ………………………………… 87

4　学習の認知説 ……………………………………………………… 90

第8章　記憶と問題解決 …………………………………………… 95

1　学習を支える記憶 ………………………………………………… 95

2　記憶の方略 ………………………………………………………… 100

3　一般的問題解決 …………………………………………………… 101

4　数学的問題解決 …………………………………………………… 106

第9章　動機づけと学習意欲 ……………………………………… 111

1　動機づけと欲求 …………………………………………………… 111

2　学習意欲（学習動機づけ） ……………………………………… 114

3　自律的動機づけ …………………………………………………… 117

4　達成場面における"目標"とは ………………………………… 118

5　原因帰属 …………………………………………………………… 120

6　知能観と学習意欲──子どもを無気力にしないために ……… 123

第10章　教授法と教育評価 ………………………………………… 127

1　教授法①──個の学習に焦点を当てた理論・技法 …………… 127

2 教授法②──集団における学習過程に焦点を当てた技法 ················ 130

3 教授の効果に影響を与える要因 ······················· 132

4 教育評価 ····························· 133

第11章　知能と創造性 ····························· 141

1 知能とは何か ························· 141

2 知能の測定 ·························· 143

3 知能と学力 ·························· 145

4 創造性とは何か ······················· 146

第12章　学級集団 ···························· 149

1 学級とは何か ························ 149

2 教師と子どもの関係 ····················· 153

3 学級運営と学級のアセスメント ················ 157

4 学級運営と活動 ······················ 160

第13章　パーソナリティと性格検査 ·················· 165

1 パーソナリティとは何か ··················· 165

2 パーソナリティの諸理論 ··················· 166

3 パーソナリティの測定 ···················· 170

第Ⅳ部　支援のための教育心理学

第14章　問題行動と心理的支援 ···················· 179

1 問題行動とは何か ······················ 179

2 さまざまな問題行動 ····················· 181

3 問題行動の理解と対応──心理的アプローチ ·········· 185

4 問題を「予防する」という視点 ················ 189

第15章　神経発達障害と特別支援教育 ················ 195

1 神経発達障害とは何か ···················· 195

2 知的能力障害（知的発達症／知的発達障害）·········· 196

3 自閉スペクトラム症／自閉症スペクトラム障害 ········ 198

4 注意欠如・多動症／注意欠如・多動性障害 ·········· 200

5 限局性学習症／限局性学習障害 ················ 203

6 教育的ニーズに合った特別支援教育 ·············· 205

索　引

第 I 部

教育心理学の基礎知識

第1章
教育心理学とは何か

〈この章のポイント〉
　教育心理学はアメリカで産声をあげた科学としての心理学の一つの分野であるが，心理学自体の源流は遥か遠く古代ギリシャ哲学に遡る。本章では，現代心理学が哲学から分かれて成立し，3大潮流と呼ばれる大きな学派を中心に発展してきた歴史を踏まえたうえで，現代の教育心理学の特徴と成り立ちについて学ぶ。

1　心理学とは何か

　現代の心理学（psychology）は，19世紀の末期に物理学や生理学等の自然科学の方法論の助けを借りながら哲学から分かれて成立した比較的新しい学問で，「行動と心理的過程についての科学的研究」（Nolen-Hoeksema et al., 2014）と定義される。誕生から140年ほどを経て，認知心理学，教育心理学，社会心理学，発達心理学，臨床心理学等の大きな分野に分かれ，行動神経科学や比較行動学等，行動の生物学的基盤について検討する学際的な分野も含めて，人間のこころと行動について膨大な数の研究が現在世界中で行われている。その知見は，医療，福祉，教育，産業，司法・矯正等の分野で活用され，人々の生活を豊かにするために役立っている。

2　現代心理学の歴史

1　哲学のなかの心理学

　"psychology" という言葉は，ギリシャ語で「霊魂」を意味するプシュケー（psyche）と，「論理」を意味するロゴス（logos）の派生語から成り立っている。語源に照らせば，心理学は「人のこころに関する論理の体系（学問）」と捉えられる。古代から中世にかけて，人のこころに関する考察はプシュケーについての論議として哲学やキリスト教神学のなかで繰り広げられてきた。
　近世に入り，17世紀前半フランスの哲学者デカルト（R. Descartes）は心身二元論を唱え，有名な「我思う故に我あり 'cogito ergo sum'」という言葉によっ

3

第Ⅰ部　教育心理学の基礎知識

て，自己の意識という主観的世界（こころ）の存在に確固たる理論的根拠を与えたとされる。またデカルトは，人のこころには生まれながらにして生得的な観念が備わっていると主張し後に大陸合理論と呼ばれる学派を形成した。

　デカルトより三十数年遅れてイギリスで生まれた哲学者ロック（J. Locke）は，デカルトとは反対にこころの起源を環境の側に求める立場をとった。ロックは，人間のこころは本来，何も書かれていない文字板（タブラ・ラサ）のようなもので，生得的な観念などはなく，認識はすべて経験に由来すると主張した。環境内にあるさまざまな物体は感覚を通して人のこころに多様な観念を生じさせ，その観念同士の結合により認識が成立すると主張したのである。ロックのこの立場はイギリス経験論と呼ばれ，後のヒューム（D. Hume）や18，19世紀のジェームズ・ミル（J. Mill），ジョン・スチュアート・ミル（J. S. Mill）親子に受け継がれ，連合主義と呼ばれる学派を形成した。

　大陸合理論とイギリス経験論は，18世紀ドイツの哲学者カント（I. Kant）によって統合された。カントの認識論によれば，事象に関する経験は，時間と空間の形式によって知覚され，知覚された感覚はカテゴリーと呼ばれる思考の枠組みによってまとまりのある対象として構成される。時空の形式と思考のカテゴリーは生得的に人間に備わっており，経験を素材として事象についての認識を成立させるものと捉えられている。彼の認識論は現代の認知心理学の成立に大きな影響を与えた。

2　科学としての心理学の誕生

　19世紀には，人間の認識に関する哲学的考察は，生理学や物理学といった自然科学の影響を受け，現代心理学の先駆けとなる研究が行われるようになった。これには，フェヒナー（G. T. Fechner）の精神物理学的測定法[1]などがある。

　このような背景を受けて，1879年，ヴント（W. M. Wundt）がライプチヒ大学に世界初の心理学の実験室を開設し[2]，実験生理学の方法論を導入した科学的な心理学研究を開始した。これが現代心理学の誕生とされている[3]。多くの研究者がヴントの実験室を訪れ，新しい科学的な心理学をドイツ国内だけでなくイギリス・アメリカなど多くの国々に広めた。ヴントは，外部から刺激を与え，表出される反応を多様な実験機器を用いて測定すると同時に，内部で生じる感覚的経験を対象者に報告させる内観法と呼ばれる自己観察法を併用してデータを収集した。ヴントの心理学は，意識の過程を細かく分析し，構成要素を発見し，それらが結びつく法則性を明らかにしようとしたので，構成主義心理学と呼ばれた。

▷1　精神物理学的測定法　特定の刺激の変化を識別できる刺激の強さ（弁別閾）や，特定の刺激の存在自体に初めて気づく最小の刺激強度（絶対閾）等を測定するために考案された方法。フェヒナーはこの方法を用いて多くの実験を重ね，感覚の大きさと物理的刺激の強さとの関数関係（ヴェーバー・フェヒナーの法則）を明らかにした。

▷2　ヴントや学生が実験をする場所という意味での「実験室」は以前から存在しており，1879年には正規のカリキュラムに「心理学演習」のような科目が正式に加わり，制度上の「講座」あるいは「研究室」が発足したと考えるのが妥当と言われている。

▷3　大芦（2016）によると，19世紀末から20世紀初頭にかけてのドイツでは，ヴント以外にも多様な学派が同時多発的に心理学を創始しており，ヴントもその一つに過ぎなかった。しかし，その後急速にドイツの心理学が衰退し，代わりにアメリカが心理学の中心になると，アメリカに多くの門下生がいたヴントだけが創始者としての知名度を高めたという。

4

3 現代心理学の3大潮流

現代の心理学には源流となる3つの大きな学派がある。行動主義心理学，ゲシュタルト心理学，精神分析である。これらは「現代心理学の3大潮流」と呼ばれている。この節では，この3大潮流の成り立ちについて概観する。

ヴントの構成主義心理学は，彼のもとに留学したホール（G. S. Hall），ヴントの助手を務めたキャッテル（J. M. Cattell），そして，ヴントの最も忠実な弟子のティチナー（E. B. Tichener）によってアメリカに伝えられた。しかし，プラグマティズム哲学[4]とダーウィン（C. R. Darwin）の進化論の影響を強く受けていたアメリカの心理学界では広まらず，環境への適応を果たす手段としてのこころや行動の機能を研究する機能主義心理学[5]が盛んであった。

① 行動主義心理学

このような背景から1913年，ワトソン（J. B. Watson）が行動主義心理学を提唱した[6]。ワトソンは，意識という主観的なものを科学の対象とすること自体が問題であるとして，意識を捨てきれない機能主義心理学を批判し，構成主義心理学で採用されている内観を研究方法から排除した。そして心理学を，自然科学のなかの一領域と位置づけ，行動の予測とコントロールが目的であるとした。心理学は客観的で観察可能な生体の行動だけを，厳密に統制された実験的手法によって研究するべきと主張したのである。ワトソンは人間の行動に対する遺伝や本能の役割を限られたものと考え，刺激によって形成される習慣を重視した（環境主義）。彼はまた，乳幼児を対象とした実験から，恐怖反応が条件づけによって形成されることを実験で示すなど，心理学の応用に強い関心があった。そして，心理学が人間の行動の予測に役立つなら，医療や教育などの領域でも実用的な価値が高まると考えた。ワトソンの行動主義はその極端な環境主義が批判され，刺激と反応の間に生体の条件を媒介変数として加えて学習の現象を説明する新行動主義（ハル（C. L. Hull），トールマン（E. C. Tolman），スキナー（B. F. Skinner）に代表される。本書の第7章を参照）につながっていった。

② ゲシュタルト心理学

アメリカで行動主義心理学が誕生したのとほぼ同じ頃，ドイツでもヴントの構成主義心理学を鋭く批判するゲシュタルト心理学が誕生した。これはウェルトハイマー（M. Wertheimer），コフカ（K. Koffka），ケーラー（W. Köhler）に代表される心理学の流派で，人の知覚は要素の寄せ集めとしてではなく，まとまりのある全体として理解されるべきであるとする立場である。ウェルトハイマーは，2つの静止した刺激をある時間間隔で一定時間連続して示すと，まるでその刺激が運動するように見える仮現運動（ファイ現象）を実験的に示し，このような現象は，2つの刺激のパターン全体からしか説明できないと主張し

▷4　プラグマティズム哲学
アメリカの哲学者パース（C. S. Peirce）によって唱えられた。ある対象についての人の思考が正しいかどうかは，その対象がどのような結果をもたらすかを考え，それが有効かどうかを判断することで決まると言われている。

▷5　機能主義心理学の立場をとる心理学者には，ジェームズ（W. James），デューイー（J. Dewey），エンジェル（J. R. Angel）などがあげられる。

▷6　ワトソンは1913年に「行動主義者が見た心理学」という題目の論文を発表しているが，これが後に「行動主義宣言」と呼ばれ，行動主義の時代の幕開けとなった。

た。彼はさらに，視野のなかでは図と地（背景）が分化すること，いくつもの図が生じた時，それらは無秩序に知覚されるのではなく，より簡潔で単純な方向にまとまって知覚される傾向があること（プレグナンツの法則）を発見した。コフカは英語で『ゲシュタルト心理学の原理』（1935年）を著し，ケーラーは，チンパンジーを用いた実験で洞察説と呼ばれる学習理論を唱えた。

③　精神分析

　フロイト（S. Freud）によって創始された精神分析も現代心理学の3大潮流の一つである。フロイトはもともと医学部で神経細胞組織の研究をしていたが，ヒステリー患者に催眠療法を施すパリのシャルコー（J. M. Charcot）の影響を強く受け，精神科医として開業し，精神病理の研究と心理療法による精神疾患の治療に従事し，精神分析の確立と発展に努めた。彼は，人の意識が捉えているのは心の働きのごく一部で，大部分は無意識の領域にあるとした。とくに，本能的な欲求や，苦痛，または禁止された経験とそれにまつわる多様な感情・記憶は無意識の領域に抑圧され，これが大きくなると，さまざまな精神症状として現れると考えた。精神症状の解消のために，自由連想法や夢解釈を用いて，無意識に閉じ込められていた記憶・感情の想起・解消を導いた。またフロイトは後年，人の精神内界はエス，超自我，自我の3領域から成るとし，これらの力動的関係から人のこころの働きや精神疾患の説明を試みた（本書の第13章を参照）。フロイトの精神分析の影響力は大きく，自我の機能を重視する娘のアンナ・フロイト（A. Freud），エリクソン（E. H. Erikson）らの自我心理学派，乳幼児期の親子関係を重視するクライン（M. Klein）らの対象関係学派，さらにはユング（C. G. Jung）の分析心理学やアドラー（A. Adler）の個人心理学などにつながった。

3　現代の教育心理学の展開

［1］　教育心理学の定義と領域

　教育心理学（educational psychology）は心理学の一つの分野で，「教育を理解し，それを効果的に行うのに必要な知識や技術の心理学的知見の体系」と定義される（新井ほか，2009）。心理学のなかでもとくに教育という現象を解明し，教育の効果的実施にかかわる心理学の諸分野，すなわち，発達，学習，人格・適応，評価の4領域から構成される。

　発達の領域には発達心理学が対応している。ここでは，生命の誕生から年老いて死に至るまでの期間，人間のこころと身体の構造と機能の発達的変化がどのように進むのか，遺伝や環境の要因がどのようにその変化に関与するのかが

扱われている。学習の領域は，学習への意欲・動機づけ，人間の学習のメカニズム，効果的な教授方法，知能や創造性の個人差，学級集団などについて扱っている。人格・適応の領域にはパーソナリティ心理学と臨床心理学，障害科学の一部が対応している。人のパーソナリティの捉え方についての理論とその個人差を測定する方法（心理検査），心理的適応と不登校やいじめなどの問題行動・精神疾患，障害と学校での支援について扱っている。評価の領域では，教授・学習の効果の測定や評価の方法と，それが学習者に与える影響について扱っている。

2 教育心理学の歴史

① 18，19世紀のヨーロッパ──教育心理学の源流

心理学の教育実践への応用は，18世紀後半から19世紀のヨーロッパに始まった。フランスのルソー（J. Rousseau），スイスのペスタロッチ（J. H. Pestalozzi）らに源流が見られる。なかでもドイツの教育哲学者ヘルバルト（J. F. Herbart）は，ペスタロッチに影響を受け，教育の目標は倫理学に，教育の方法は心理学に求められるべきと主張した。また，ヴントから実験心理学を学んだドイツのモイマン（E. Meumann）は，心理学を教育学に結びつけた実験教育学という学問を作った。その内容は現在の教育心理学の領域をほぼ網羅しており，後の教育心理学の興隆に少なからず影響を与えた。

▷7　ヘルバルトの言う心理学は，実験的な方法を用いてデータから推論するものではなく，あくまで哲学の一種として捉えていた。

② アメリカでの教育心理学の成立と展開

教育心理学の本格的な発展は，主にアメリカで遂げられた。その源流となったのはヴントと同時代に活動したジェームズ（W. James）である。ジェームズはプラグマティズムの哲学者として有名だが，心理学にも関心を寄せ，『心理学原理』（1890年）を出版している。心理学を自然科学の一つとして位置づけたが，決定論的な見方を嫌った。進化論の影響を強く受けており，意識を，「絶えず変化する流れ」として捉え，外的環境に受動的に支配されず，自発性をもち，人間の自由意思を支え，人の環境への適応に貢献するものと捉えた。また，ジェームズは1899年に *Talks to teachers on psychology* を出版したが，これは教育心理学の最初のテキストと呼ばれている。

ジェームズに学び，後にドイツに渡ってヴントの指導を受けたホールも，進化論の影響を強く受けた学者で，発達心理学・教育心理学の開拓者となった。彼は質問紙法を児童に用い，日用品の知識から自己概念等の心理的概念に至るまで，幅広い事象について調査した。彼の調査によって明らかにされた児童についての知見は，やがて研究者だけでなく教育関係者も巻き込んで児童研究運動の大きな流れとなった。彼は『青年期』（1904年）や『老年期』（1922年）といった書物も著しており，初期の発達心理学を代表する学者でもある。また，

第Ⅰ部　教育心理学の基礎知識

ホールは1892年にアメリカ心理学会を組織し，初代会長になるなど，アメリカ心理学界の興隆の基盤を整備した。

　キャッテルは，ヴントの実験助手を務め，イギリスで個人差研究の第一人者であるゴールトン（F. Galton）に学んだ。個人差に強い関心をもち，初めて統計的な方法を用いてメンタル・テストと呼ばれる心理検査を開発した。彼は教育測定の先駆者と呼ばれ，客観性と信頼性・妥当性を備えた心理検査の開発の先駆けとなった。個人差測定の流れは，20世紀初頭にフランス人のビネー（A. Binet）による個別式知能検査の開発へとつながっていった。

　キャッテルの弟子であるソーンダイク（E. L. Thorndike）は，ネコを用いた問題箱の実験（本書の第7章を参照）により，学習の試行錯誤説を唱えた。この説のなかでは，「ある行動に対して満足な結果が得られれば，その状況と行動との結びつきは強まり，逆に不快な結果が得られるなら，その状況と行動との結びつきは弱まる」という「効果の法則」がよく知られている。彼はまた，学習する際の心身の準備状態が整っていれば満足な結果をもたらし，整っていなければ不満足に終わるとして，この準備状態をレディネス（readiness）と呼んだ。彼は知能や適性の測定の研究も行い，学習と評価・測定という教育心理学の2つの大きな分野の確立に大きな影響を与えた。彼はコロンビア大学の教員養成部門の教授であったが，その講義をもとに1903年に出版された『教育心理学』は，教育心理学のスタンダードなテキストとして長く用いられた。ソーンダイクは数学教育でも活発な研究活動を行い，ドリル学習を考案した。以上のようなソーンダイクの功績もあって，20世紀初頭に教育心理学という学問分野が本格的に成立した。1910年には学術雑誌 *Journal of Educational Psychology* が創刊され，現在に至るまで教育心理学の多くの実証的研究の発表の場となっている。

　1920〜1930年代，教育心理学は現代心理学の3大潮流の影響を強く受けた。行動主義心理学は学習の分野に，ゲシュタルト心理学は学習と思考の分野に，精神分析はパーソナリティ研究と精神衛生の分野に大きな影響を与えた。

　行動主義心理学の全盛期に，ワトソンは子どもの発達に及ぼす環境の影響力の大きさを強調したが，その当時，アメリカで医師として子どもの発達を研究し，遺伝の役割を重視したのがゲゼル（A. L. Gesell）であった。彼は双生児を対象とした階段昇降実験を行い，心身の発達は，遺伝的に規定されたものが年齢に応じて展開されるとする成熟説を唱えた。彼はまた観察によって乳幼児期の運動，言語，社会的行動などの標準的な発達的変化を記述した。同じ頃，ビネーの作成した知能検査がターマン（L. M. Terman）[8]によって広められ，教育や福祉の実践で活用されるようになった。

③　発達心理学の成立と展開

▷8　20世紀初頭のフランスでは，義務教育制度の確立を背景に，知能の発達の遅れが疑われる子どもを厳密な客観的方法によって特定する診断方法の確立が求められていた。これを受けて，心理学者ビネーが弟子の医者シモン（Simon）とともに，個別式知能検査を開発した。1905年に初版が発表され，1908年，1911年，1921年の3回の改訂を経て完成した。

8

この時期，ヨーロッパでは，シュテルン（W. Stern）やビューラー夫妻（K. Bühler & C. Bühler）が児童心理学の理論を構築し，ウェルナー（H. Werner）は「有機体の発達は未分化な状態から分化し，階層的に統合された状態へと進む」という定向進化の原理を唱えた。

スイス人のピアジェ（J. Piaget）は，生物学から出発して心理学に至り，臨床的問答法と呼ばれる緻密な個別実験によって，人間の認知発達についての体系的な理論を樹立した。対象の認知に際して人が働かせる認知構造をシェマと呼び，同化と調節によりその発達的変化がもたらされるという均衡化理論を提唱した。ピアジェは1920年代から約50年以上研究に従事し，その間に独自の発達段階説を唱え，言語，遊び，道徳判断の領域にも研究は及んだ。

生物学的な色彩が強いピアジェの理論とは対照的に，人間の発達に対して歴史や社会の要因の果たす役割を強調したのがロシアのヴィゴツキー（L. Vygotsky）である。彼は，人間が発達する過程で，特定の文化において熟達者がその知識・技能を未熟な者に伝達する際に用いる言語の役割を重視した。また，独力では無理でも，他者の援助があれば達成できる水準を，発達の最近接領域と呼び，教育はこの領域にある子どもの水準を，独力でできる水準へと引き上げることであると主張した。

第2次世界大戦の影響で，多数の孤児が発生し，劣悪な施設で集団的に養育された子どもたちの発達の問題がホスピタリズムとして注目された。イギリスのボウルビィ（J. Bowlby）は世界保健機構（WHO）への報告書をまとめ，この原因を乳幼児期における母性的養育の剥奪（マターナル・デプリヴェーション）と主張し，これらの研究成果に基づいて愛着（アタッチメント）理論を構築した。後に養育者に対する幼児の愛着の個人差を測定する標準的手続き（ストレンジ・シチュエーション法）がエインズワース（M. D. S. Ainsworth）によって考案され，愛着理論に基づく実証的研究が多数行われた。

④ 第二次世界大戦後の教育心理学の展開

東西冷戦下の1957年，ソビエトによる人類初の人工衛星打ち上げ成功にショックを受けて，アメリカでは教育の現代化運動が展開された。この時，ブルーナー（J. S. Bruner）は，ピアジェの認知発達段階説に影響を受けた理論と実験結果を携え，どのような科目でも，どのような段階の子どもに対しても教えることができるとして，カリキュラム改革運動を推進した。同じ頃，コンピュータの実用化にともなって認知心理学が興隆し，行動主義心理学に代わる新しい潮流を形成しはじめた。ブルーナーはミラー（G. A. Miller）とともにハーヴァード大学に認知研究センターを設立し，この分野で先導的な役割を果たした。その後1967年にナイサー（U. G. Neisser）が『認知心理学』を著し，認知心理学の現在の枠組みが作られた。認知心理学の成立により，心理学の多く

第Ⅰ部　教育心理学の基礎知識

の分野にわたって認知への関心が高まった。こうした背景からモデリングの概念を中心とするバンデューラ（A. Bandura）の社会的学習理論が生まれた。報酬を得るなどの直接経験はなくとも，他者の行動の観察だけで人間の学習が成立することが実証されたのである。バンデューラの理論は後に，人と環境と行動の相互決定主義や，行動の予測因としての自己効力，結果予期などの認知的要因の重視，人間の行動制御の内的過程のモデル化等が加わり，現在は社会的認知理論と呼ばれ，学習心理学だけでなく，臨床心理学など多様な分野で応用されている。

3　日本における教育心理学の展開

　明治時代，アメリカのホールのもとに留学して学位を得，現代心理学の日本人初の研究者となったのは元良勇次郎であった。彼は東京帝国大学で精神物理学の講義を始め，後に教授となり，弟子の育成に努めた。明治時代の後半には師範学校の教員を養成する東京高等師範学校（現・筑波大学）や広島高等師範学校でも心理学の講義が行われるようになり，日本の心理学が教育と密接にかかわって発展する道が拓かれた。大正時代にはビネー式知能検査の日本語版の標準化が行われ，ソーンダイクの教育心理学の紹介がなされた。心理学者が増加した背景を受け，昭和初期に日本心理学会を皮切りに相次いで心理学関連の学会が設立された。第二次世界大戦時には同盟国ドイツで隆盛していたゲシュタルト心理学が盛んに取り入れられた。

　終戦後，GHQ 主導の教育改革が進められ，全国の教育学や教員養成担当の教授が，教育指導者講習会を受講した。この時期に日本での教育心理学の4領域が整備された。戦後，各都道府県に最低1校は国立の教員養成大学・学部を設置することとなり，教育職員免許法のなかで教育心理学が必修科目とされ，教育心理学を専門とする研究者が飛躍的に増加した。1959年に前身の日本教育心理学協会から日本教育心理学会が設立され，現在に至るまで，日本における教育心理学の研究者・学校教員の学術研究発表・交流の場となっている。1997年には日本教育心理学会で学校心理士の資格認定を始め，学校現場で学校心理学の知識・技術を用いて実践的問題の解決に取り組む人材の養成が組織的に行われるようになった。[9]

▷9　学校心理士の認定は2001年より学校心理士認定運営機構が行っている。

4　教育心理学の方法

1　代表的なデータ収集方法

　心理学が哲学と大きく異なるのは，人のこころの働きや行動についての法則

を確立するために，客観的に観察可能な人や動物の行動・反応を測定し，これらのデータを分析する点である。データを収集する方法としては，観察法，質問紙法，面接法，実験法が代表的である。

① 観察法

観察法は，人間や動物の行動を観察・記録する方法で，自然観察法と実験的観察法がある。自然観察法は観察の対象となっている出来事や行動の生起と経過を，自然のままに観察・記録する方法である。実験的観察法は，観察対象となる行動や現象が生じやすくなる環境を観察者が設定し，目的の行動を短時間のうちに多数回観察・記録する方法である。観察法は対象者への拘束や制約が少なく，ありのままの行動・現象を捉えられる利点があるが，時間や手間がかかり，客観的で信頼性の高い観察を行うには観察者への訓練が必要である。

② 質問紙法

質問紙法は，特定の事柄についての対象者の知識，思考，感情，意見，行動傾向を測定するために，あらかじめ必要十分な数の質問項目が印刷された紙に筆記で回答を求める方法である。回答形式には，対象者が自分の考えや感情を自由に書く自由記述法，評定法（あてはまる程度などについていくつかの段階を設定し，どれかを選ぶ方法）などがある。質問紙法は個人の内面を幅広く捉えることができ，比較的短時間で大量のデータを得られる利点があるが，個人の内面を深く捉えることには不向きであり，反応が対象者の防衛的な構えや虚偽によって歪められやすいという難点がある。

③ 面接法

面接法[10]は，特定の事柄について調査者が与える質問への応答を通じて対象者の感情，意見，思考についてのデータを得る方法である。面接法の長所は，対象者の内面について豊かなデータが得られること，対象者の理解に応じて質問を言い換えて誤解を防ぐなど柔軟な対応ができることがあげられる。一方，言語で表現できる事柄に内容が偏る点，内省と言語報告が可能な対象者に適用が限定される点，言語報告に防衛反応が混入しやすい点に限界がある。

▷10 面接法には相談目的のものもあるが，ここでは調査的面接について述べる。

④ 実験法

実験法は，特定の要因（独立変数）だけを系統的に操作し，対象となる行動や反応がどのように変化するかを厳密に測定することにより，要因の変化の行動・反応に対する因果関係を検証する方法である。独立変数以外の要因はすべて一定に保たれる。仮説検証のためには最も有効な方法であるが，対象として扱えるものが実験室で測定可能な行動・反応に限定されるという限界がある。

2 何のためにデータをとるのか

現代の心理学は，以上の方法によって収集されたデータを用いて人間の行動

▷11 法則定立的アプロー
チと個性記述的アプローチ
は，本来パーソナリティ心
理学の研究におけるアプ
ローチとしてオルポート
（G. W. Allport）によって
唱えられた。

の理解・予測・制御に寄与することを目的としているが，大きく分けて2通り
のアプローチがある。[11] 一つは，こころや行動の一般的法則性を，しばしば統計
学の助けを借りて明らかにしようとするもので，法則定立的アプローチと呼ば
れる。いま一つは，特定の個人，少数の人々に焦点を当てて，多様な方法で多
面的にデータを収集し，対象となっている人をより詳細に記述し，深く理解し
ようとする個性記述的アプローチである。前者は現代心理学の多くの研究が辿
るアプローチであり，後者は特異な対象や現象，その変化の過程を調べ，問題
を抱えて支援を必要としている特定の人々をよりよく理解し，心理学的な方法
で支援する際にとられることが多い。

Exercise

① 心理学の3大潮流について，各学派の名称と特徴，代表的な心理学者につ
いて説明してみよう。
② 心理学で用いられている4つの方法の名称と内容について説明してみよ
う。
③ 心理学の教育実践への応用や教育心理学の確立に関して，ヘルバルト，
ジェームズ，ホール，ソーンダイクが遺した功績について説明してみよう。

📖次への一冊

日本教育心理学会編『教育心理学ハンドブック』有斐閣，2003年。
　　日本教育心理学会創立50周年記念として編集された。21世紀初頭までの日本におけ
　　る教育心理学の歴史，研究内容と方法についてまとめられている。
大芦治『心理学史』ナカニシヤ出版，2016年。
　　古代から近代にいたるまでの哲学における心理学の前史も含め，欧米で展開した現
　　代の心理学の展開の過程をわかりやすく丁寧に詳述している良書。とくに臨床心理
　　学の歴史については多くのページが割かれている。
サトウタツヤ・高砂美樹『流れを読む心理学史──世界と日本の心理学』有斐閣アル
マ，2003年。
　　欧米と日本の心理学の歴史を網羅しているが，簡潔かつわかりやすく説明されてい
　　る良書。とくに日本の心理学の歴史について多くのページが割かれている。

引用・参考文献

新井邦二郎・濱口佳和・佐藤純『教育心理学──学校での子どもの成長をめざして』培
風館，2009年。

日本教育心理学会編『教育心理学ハンドブック』有斐閣，2003年。

Nolen-Hoeksema, S. N., Fredrickson, B. L., Loftus, G. R., & Lutz, C., *Atkinson & Hilgard's introduction to psychology, 16th edition*. Cengage Learning EMEA, 2014.

大芦治『心理学史』ナカニシヤ出版，2016年。

サトウタツヤ・高砂美樹『流れを読む心理学史——世界と日本の心理学』有斐閣アルマ，2003年。

梅本堯夫・大山正編著『心理学史への招待——現代心理学の背景』サイエンス社，1994年。

第2章
発達とは何か

〈この章のポイント〉

　人間の一生は，母体内での受精から始まり，赤子として誕生し，大人へと成長し，年老いて死ぬまでの長期間にわたる。その間，人間の心身の機能と構造は変化し続け，各時期に特徴的な姿を現す。発達的変化とは何か。発達は何によって規定されているのか。本章では，心理学における「発達」の概念の意義，一生涯にわたる発達段階と各段階における発達課題，遺伝と環境の2つの要因の働きなど，発達心理学の基礎について学ぶ。

1　発達という概念

1　発達の定義

　「発達」という言葉は一般的には，何かがより完全な状態になる，より高度な機能を発揮する，規模が大きくなるといった意味で用いられる。日常の概念としては，現在の状態よりも高次の水準への変化をさす言葉として理解され，使用されている。では，心理学で人間の発達（development）と言う際にはどうであろうか。心理学者によってさまざまな定義があるが，例えば以下のように定義されている。「生命の誕生から死に至るまでの，生活体と環境との相互交渉を通した，心身の機能や構造の分化・統合過程」（小泉，1991）。この定義は現代の発達心理学で標準的に理解されている人間の発達という現象を端的に言い表している。

2　発達の時期の区分・発達段階

　まず注目すべきは「発達」の期間である。一般には赤子として産み落とされてから大人になるまでの，心身の上昇的変化が見られる期間をさすように思われるであろう。確かにその期間も含まれるが，それだけではない。受精卵の発生をもって生命の誕生と考えるので，約10か月の母胎内の時期も「発達」の期間に含まれる。また，働き盛りの大人の時期から年老いて死んでゆくまでの下降的な変化が目立つ時期も「発達」の期間に含まれる。現在の心理学では人間の発達は母胎内での期間も含めて誕生から死に至るまでの一生涯にわたって繰

15

り広げられる心身の変化の過程と考えられている。こうした捉え方は生涯発達（life-span development）と言い，生涯にわたる自我発達理論であるエリクソン（E. H. Erikson）の心理社会的発達理論（本書の第6章を参照）の登場や，UNESCOが唱えた生涯学習の理念の広まりなど，1950年代から60年代にかけての時代的背景を受けて優勢になった発達観である。人間の生涯には，他の時期と明確に区別できる心身の特徴を現す時期がある。このような時期は発達段階（developmental stage）と呼ばれる。発達段階は，認知発達，道徳発達，自我発達，親子関係の発達など，個別の心理・行動の発達について設けられているが，全体的な発達については表2-1のように大まかな区分が設定されている。

　胎生期は出生前期とも呼ばれるが，母体の卵管内で卵子と精子が合体して受精卵ができ，子宮内壁に着床後，人間としての形態と身体組織の形成を遂げ，胎芽，胎児と姿を変え，誕生に至るまでの子宮内での約10か月の期間である。

　誕生後4週までの期間は新生児期と呼ばれる。この時期は肺呼吸，栄養摂取，体温調整など，生存のために必要な基本的な身体的機能を整える時期である。

表2-1　人の生涯の発達時期の区分

胎生期（prenatal period）	受精から誕生までの母胎内にいる時期（約10か月）：卵体期，胎芽期，胎児期に区分される
新生児期（neonatal period）	生後4週まで
乳児期（infancy）	生後4週～1歳6か月まで
幼児期（young childhood）	1歳6か月～就学まで
児童期（childhood）	小学生の時期
青年期（adolescence）	中学生～20代後半
成人期（adulthood）	30代～60代半ば
老年期（senescence; old age）	65歳以上

注：「思春期（puberty）：小学生後半～中学生」「中年期（middle age）：青年期と老年期の狭間」
　　を設ける場合もある。
出所：子安（2011, 14ページ）をもとに作成。

　乳児期は生後4週からおよそ1歳6か月くらいの時期である。この時期には随意運動が始まり，手指で対象物を操作したり，直立2足歩行が可能となる。意味のある言葉を発しはじめ，言語的コミュニケーションが開始される。

　幼児期はおおむね乳児期が終わる1歳6か月頃から小学校入学までの期間をさす。大脳・神経系と身体面の発達が著しい。爆発的な語彙数の増加，言葉やイメージによる思考の開始，基本的な運動能力の獲得，排せつ，食事，衣服の着脱などの基本的な生活習慣の獲得，親子間の安定した関係の形成と同年齢位の仲間たちとの交流の開始等が見られる。

児童期は小学校の期間である7歳頃から12歳頃までの時期をさす。この時期は前の乳児期・幼児期や後の青年期に比べて身体的発達が緩やかで，心理的にも安定した時期である。具体的経験に基づく論理的思考が可能となり，学校教育を通じて基礎学力の獲得が進む。仲間との交流が活発になり，仲間に受け入れられる社会的行動の獲得が重要となる。小学校高学年になると，思春期のスパートと呼ばれる身体の発育の急伸期が訪れる。

青年期は中学生から20代後半までの時期で，この時期に論理的思考が完成し，身体・運動能力の発達もピークに達する。アイデンティティ形成が重要な課題となり，アルバイト，ボランティアなどの経験も活かして，将来の職業の模索が行われる。伝統的には，職業選択（就職）と配偶者の選択（結婚）を行い，社会的・経済的に自立した個人として生活を始めるまでの期間として考えられてきたが，近年，若者のライフ・スタイルが多様化するなかで，この伝統的な捉え方が必ずしも当てはまらない場合もある。

成人期は一人前の大人の時期である。法的には20歳以降であるが，心理学的には，就職して結婚し家庭を築く20代後半ないし30代から60代半ば頃までの期間と考えられている。職業生活の充実，子どもの養育，仕事と家事・育児の両立，配偶者との関係の維持，年老いた親の世話などが課題となる。

老年期は人生の最後の発達段階で，65歳から始まると一般に考えられている。60歳から65歳までは前期高齢者，75歳以降は後期高齢者と呼ばれる。

本書では胎生期から青年期までの人間発達の特徴を第3章から第6章にかけて詳しく紹介する。

３　発達課題

前項で見たように，人間の生涯は身体的，心理的，社会的に異質ないくつかの発達段階に分けて捉えることができる。それぞれの発達段階には，その時期に達成することが期待される課題がある。このような課題をハヴィガースト（J. R. Havighurst）は発達課題（developmental task）と呼んだ。例えば，幼児期に基本的生活習慣を獲得すること，児童期に読み・書き・計算の基礎的な知識・技能を獲得すること，青年期に職業を選択しそれへの準備をすることなど，各発達段階ごとにいくつかあげることができる（表2-2）。発達課題は，それぞれの発達段階である程度以上達成できれば，その時期の心理的・社会的適応が得られ，その後の発達が順調に進みやすくなるが，達成できないと，その時期の心理社会的適応も得られず，その後の発達に支障をきたすものである。それぞれの発達段階における発達課題の具体的な内容は，身体的成熟の度合いや，社会からの要請から成り立つ。したがって，身体的発達にかかわるもの以外は，それぞれの社会文化的条件によって異なる可能性があり，すべての

第Ⅰ部　教育心理学の基礎知識

表2-2　発達課題のリスト

発達段階	発達課題
乳・幼児期	歩行の学習／固形食をとる学習／話すことの学習／排泄の学習／善悪の区別／社会的・物理的現実についての単純な概念の形成／両親，きょうだいの人間関係の学習など
児童期	日常の遊びに必要な身体的技能の学習／遊び仲間とうまくつき合うことの学習／読み・書き・計算の基礎的能力の発達／良心・道徳性・価値観の発達など
青年期	両性の友人との新しい，成熟した人間関係をもつこと／男性・女性としての社会的役割の達成／両親や他の大人からの情緒的独立の達成／経済的独立の目安を立てる職業選択とそれへの準備／結婚と家庭生活への準備など
壮年期初期	就職／配偶者の選択／結婚相手との生活の学習／子どもをもうけること／子どもの養育／家庭の管理／市民的責任の負担など
中年期	大人としての市民的社会的責任の達成／一定の経済的生活の確立と維持／10代の子どもたちが信頼できる幸福な大人になれるよう支援すること／中年期の生理的変化を理解し，それに適応すること／老年の両親への適応など
老年期	肉体的強さと健康の衰弱に適応すること／隠退と減少した収入に適応すること／配偶者の死に適応すること／同年輩の老人達と明るい親密な関係を確立することなど

出所：小川（1981）をもとに作成。

文化・時代に普遍的に当てはまるものはあり得ない。

4　個人と環境との相互作用

　生涯にわたる人の心身の構造や機能の変化のなかには，歩行の開始や生殖機能の発現などのように，特定の時期になれば多くの子どもに共通して現れる変化がある。これらの変化は成熟（maturation）と呼ばれ，遺伝的・生物学的に規定される割合が高く，時間的経過のなかで自然に生じてくる変化である。成熟とは対照的に，特定の経験によって生じる持続的な行動の変化は学習（learning）と呼ばれる。例えば，他者と上手くかかわっていくためのソーシャル・スキルは，他者との直接的なかかわりを通じて，あるいは他者のやり取りを観察することを通じて，効果的であることを経験することを通じて身につく。学習が成立するためには，それを可能にする準備状態（レディネス：readiness）が整っている必要があるが，その一つに心身の成熟が一定の水準に達していることがあげられる。発達による変化は，一定の成熟を遂げている個人が，環境と相互に作用しあう経験を重ねることによって，特定の行動，技能，知識を獲得して環境に適応する過程で進行する。

5　発達の方向性と順序性

　以上のように，人間の心身の発達は一生涯の時間の流れのなかで進行するが，ここで留意すべきは，発達的な変化には方向性があるということである。ウェルナー（H. Werner）は，生物の長期にわたる発達的変化には方向性がある

と主張した（定向進化の原理[1]：orthogenetic principle）。すなわち，人間を含めて生物の構造や機能は，最初は非常に未分化で混沌とした状態であるが，やがて次第にいくつかの領域や部分に分かれ，階層化され，全体としてまとまりのある状態に進むというのである。例えば，言語は，最初は他者とのコミュニケーション機能のみの社会的言語から，思考の手段としての言語行為が機能的に分かれ，最終的には両者が言語的機能全体のなかに組み込まれる。

2　発達の規定要因①──遺伝的要因

　人間の心身の発達は遺伝と環境の2つの大きな要因により規定される。遺伝的要因の本体は細胞内の染色体に含まれるDNAであり，個人内の生物学的要因である。一方，環境的要因は生体を外部から規定する事象をさし，物質的・社会・文化的な側面から構成される。ここではこれらの要因が単独で，あるいは互いに関連しあいながら人間の心身の発達に影響を与える様子を見ていこう。

1　遺伝子とは何か

　人間の身体の最小構成単位は細胞である。この細胞（体細胞）の核には23対46本の染色体がある。染色体の対の一方は父親に，もう一方は母親に由来し，減数分裂によってそれぞれの染色体の対の一方のみを継承する生殖細胞（精子と卵子）ができる。受精卵は，性交渉や体外受精等の結果，これらが結合（受精）することによってできあがる。染色体上にはDNA（デオキシリボ核酸）が乗っており，DNAは2重螺旋状の連鎖（リン酸）と，塩基と糖（デオキシリボース）によって構成されている。塩基はアデニン（A），チミン（T），シトシン（C），グアニン（G）の4種類があり，3つの塩基で1つの組になり，この配列（コドン）が，形成すべき特定のアミノ酸を決定する（例，GAAならグルタミン酸）。人間の身体を構成するアミノ酸は20種類である。この20種類のアミノ酸がさまざまな配列で長く連なったものがタンパク質であるが，アミノ酸の配列によって形成されるタンパク質の種類は異なる[2]。DNA中にあって，特定のアミノ酸・タンパク質の形成を指示する塩基の配列こそ遺伝子であり，遺伝的要因の本体である。特定の形質（特性）の形成に関与する特定の遺伝子は，対をなす染色体上の同じ位置（遺伝子座）に存在する。これらの遺伝子を対立遺伝子（アレル）と呼び，一方は父方，他方は母方に由来する。受精により，子どもが両親から受け継ぐ遺伝子の組は一定に定まる。これを遺伝子型（genotype）と呼ぶ[3]。

　人間の身体を構成するタンパク質は実に10万種類とも言われている。タンパク質は，人間の外形的身体，内臓，神経系といった身体構造だけでなく，これ

▷1　定向進化の原理
未分化から分化へ，複合から分離へ，混沌から分節へ，固執から可塑へ，不安定から安定へという方向性をさす。

▷2　特定のタンパク質の形成を規定する塩基の配列は構造遺伝子と呼ばれる。これは塩基の配列全体のほんの数％に過ぎない。

▷3　受精によって決定される遺伝子の組み合わせである遺伝子型に対して，これが具体的に形となって現れたものを表現型（phenotype）と呼ぶ。

第Ⅰ部　教育心理学の基礎知識

▷4　一塩基多型（SNPs, スニップス）と呼ばれる。遺伝子多型には他に，数塩基から数十塩基の配列の繰り返し回数をもつ多型等がある。

▷5　仮にこれら数万の構造遺伝子の遺伝子多型が，すべて最小限である［AA, aA, aa］の３通りしかなかったとしても（単一の遺伝子によってのみ形質が規定される場合），その組み合わせによる遺伝子型のヴァリエーションは３の数万乗という天文学的な数になる。

▷6　PKU は単一の主働遺伝子によって引き起こされる先天性の代謝障害である。両親ともに PKU を引き起こす主働遺伝子をもっている場合に子どもに生じる。

らの働きを調整する酵素や神経伝達物質をも構成する。遺伝子はこのようにして人間の心身の構造や機能を大きく規定するが，外見的特徴，行動，知能，パーソナリティ，精神疾患等の個人差は，これらの形質（特性）の形成にかかわる特定の遺伝子の塩基配列のヴァリエーション（遺伝子多型[4]）によって規定される。１つの塩基配列の違いによる遺伝子多型は1000塩基に１つの割合で発生すると言われる。これは言い換えれば，全塩基配列の99.9%までが他者と共通で，異なるのはわずか0.1%に過ぎないことになる。しかし，構造遺伝子に限ってもその数は数万個に及ぶため，人間の心身の構造や機能に影響が及ぶ可能性のある遺伝的個人差は，けたはずれに大きいと言われている[5]。

2　遺伝子の機能の多因子性と間接性

　教育心理学でとくに関心があるのは，知能やパーソナリティ，精神疾患等の個人差に対する遺伝的要因の影響である。人間の心身のさまざまな特性の内，連続量として現れる個人差は，単一の遺伝子（主働遺伝子，メジャー・ジーン）の働きによるものではなく，多数の遺伝子の効果が加算された多因子（ポリジーン）によるものと考えられている（poligenity：多因子性）。一方，同じ１つの遺伝子が複数の形質の表現型に影響することがある。これを遺伝子の多面発現性（pleiotropy）と言い，１つの遺伝子が，複数の精神疾患の併存（注意欠如・多動症と限局性学習症，大うつ病性障害と不安障害）や，異なる症状の発現を同時に促す。例えばフェニルケトン尿症（PKU[6]）は，フェニールアラニンというアミノ酸をチロシンに転換する酵素に関与する遺伝子の異常のために引き起こされる疾患だが，フェニールアラニンの過剰蓄積により脳に障害が生じ，精神遅滞を引き起こすと同時に，メラニンの不足も引き起こし，頭髪や皮膚の色が薄くなることが知られている。

　ところで，行動や知能，パーソナリティや精神疾患への遺伝子の影響は，間接的なものである。先にも述べたように，遺伝子はアミノ酸の配列を決定するだけで，特定のアミノ酸の配列が人間の肉体のすべての成分と相互作用し，間接的に行動等に影響するのである。例えばアルコール依存症には遺伝子が関与しているが，これはアルコールの大量飲酒を直接導く特定の遺伝子があることを意味するのではない。アルコールへの感受性に遺伝子が影響し，そのためにアルコールを飲むと一層よい気分になりやすく，結果として多くのアルコールを飲みアルコール依存になる，というわけである。この場合，アルコールに対する感受性の高さは言わば遺伝的素質であるが，これがアルコール依存という表現型として現れるにはいくつかのステップがあり，大量の飲酒を可能にし得る環境側の条件によっても左右されよう（Plomin, 1994）。

3　発達の規定要因②——環境的要因とその働き

　環境とは，一般に生体を外部から規定する事象をさす。一口に環境と言っても，人が一生涯に出会う環境には，母親の子宮内部の環境，出生後の養育環境など多様である。環境内の物理的条件，そこに属する人々との関係性，子どもが担う役割，従事する活動などにより，環境内での子どもの経験が規定される。子どもが直接参加していなくても，重要な他者が属しているために間接的に子どもが影響を受ける環境や，特定の価値観や理念を反映する社会・文化的環境も子どもの発達に大きくかかわっている。

1　ヘッブの行動発達における要因の分類

　神経心理学者ヘッブ（D. O. Hebb）は発達初期の子どもに影響を与える要因について，表2-3のように整理した。要因Ⅰは遺伝的要因だが，要因ⅡからⅣまでは環境的要因である。要因Ⅱは子宮内部の化学的要因，つまり毒物や栄養の要因で，第3章で述べる催奇形因子はその典型例である。とくに人体としての形態や基本的な組織形成がなされる受精後5週から11週頃までの器官形成期における母体の放射線への暴露や薬剤の服用等は有害で，胎児の先天的な形態異常を引き起こしやすい。1950年代末期から1960年代初期にかけてドイツで開発されたサリドマイド含有の鎮静剤・睡眠薬を妊娠初期の妊婦が摂取したことにより，世界中で手足や耳等に先天的な形態異常をもつ子どもが大勢生まれた事件は，非常に重大な薬害事件として歴史に刻まれている。ほかにも母体のウイルス感染，高血糖，アルコール摂取，喫煙等は先天的な形態異常の危険因子である。要因Ⅲは出生後の化学的要因である。代表的なものとしては，誕生時に難産のため長時間にわたって赤子の脳に酸素の供給が阻害され，その結果，赤子の大脳の神経細胞にダメージが残ることがよく知られている。

▷7　日本でもほぼ同時期に製薬会社が製造し，旧厚生省が認可して，睡眠薬や胃腸薬として販売された。ドイツでサリドマイドと新生児の形態異常の関連が指摘されてから10か月あまりも製造・販売が継続され，被害の拡大を招いた。日本では300名あまりの胎児の症例が認定されている。

表2-3　行動の発達における要因の分類

No.	分　類	原因，作用様式ほか
Ⅰ	発生的	受精卵の生理学的特質
Ⅱ	化学的，生まれる前の	子宮内部の栄養的ないし毒物的影響
Ⅲ	化学的，生まれた後の	栄養的ないし毒物的影響：食物，水，酸素，薬物など
Ⅳ	感覚的，変化しない	異常な場合でないかぎり種のあらゆるメンバーが避けることのできない出生前後の経験
Ⅴ	感覚的，変化する	種のメンバーごとに変化する経験
Ⅵ	外傷的	細胞を破壊するような身体的事象：要因Ⅰ—Ⅴと異なって動物がめったに身をさらすとは思われないような"異常な"部類に属する事象

出所：ヘッブ（1975）。

第Ⅰ部　教育心理学の基礎知識

② 発達初期の経験の重要性

　　表2-3の要因Ⅰ～Ⅲは身体的・生物学的な要因であるが，要因Ⅳ・要因Ⅴは経験的要因である。とくにⅣは発達の初期の学習要因と位置づけられている。神経心理学者であったヘッブは，動物の赤子を暗室で長期間飼育すると網膜の神経節細胞が消失するために視覚を失い，後に正常な環境下で飼育しても二度と視力が戻らないという実験的事実に基づいて，発達初期に正常な環境下で十分な感覚的刺激を受けなければ，神経構造が退化し，通常の感覚が機能しなくなると主張した（Hebb, 1972）。

　　大型の離巣性の鳥類の雛に，孵化後間もなく見られる刻印づけ（imprinting）と呼ばれる現象も，発達初期の経験による非可逆的な学習の代表的な例である。動物心理学者のローレンツ（K. Lorenz）は，ハイイロガンの雛が，孵化後初めて接触した動く対象であるローレンツ本人に対して親鳥に対するのと同じ行動を示し，彼がどこに行ってもついてくることを報告した（ローレンツ，1998）。このようにニワトリ，アヒル，ガンなどの大型の離巣性の鳥類が，孵化して間もない時間に最初に見た動く対象物を親として追尾し，後の経験によって修正が困難となる現象は刻印づけと呼ばれる。後の研究から，動く対象は，他の種族の鳥類でも，人間でも，鳥の模型などでもよいこと，刻印づけが成立するのは，孵化後12～24時間（種によって異なる）の限られた時間帯だけ（臨界期：critical period）[8]であることが判明した。自然条件の下でこれらの鳥類の雛が出会う最初の対象は親鳥である場合がほとんどであろうことを考えると，刻印づけという特殊な学習により，雛たちが親鳥を仲間と認識し，追尾するようになることは，仲間を識別する生得的な能力を備えて生まれてくるという負担を軽減するものであり，自然の摂理に適合した現象である。

　　人間の子どもで，発達初期に通常の養育環境で育てられないために心身の発達が損なわれる現象には，ホスピタリズム（hospitalism）がある。これは，発達の初期に乳児院，養護施設，病院などの施設に収容され，家庭から離れて集団的に養護された時に子どもたちに見られる心身の障害で，20世紀初頭頃から報告されていた。最初は死亡率の高さや身体の発育不良が中心であったが，1940年代以降は知的障害，情緒的発達障害，パーソナリティ形成や対人関係能力の問題が注目されるようになった。イギリスの児童精神科医のボウルビィは，この原因をマターナル・デプリヴェーション（maternal deprivation：母性的養育の剥奪）すなわち，個別的な親身な世話の欠如によるものとした。その後，施設における保育士の増加や里親制度の導入などの対策がとられ，発達の遅れやヘッドバンギング（激しく頭を振り動かす動作）などの施設児特有の習癖の軽減などの効果が見られた。

▷8　**臨界期**（critical period）
発達の早期において特定の経験（刺激）の効果が最もよく現れる時期。その時期を中心に，その前後では効果の現れ方が弱くなり，一定の範囲を越えると効果がほとんど現れない。効果が及ばなくなるまでの時期を指す。最も経験（刺激）に敏感で効果が上がる時期をとくに敏感期（sensitive period）と言う。

第2章　発達とは何か

③　発達初期以降における環境の影響

　要因Ⅴについてはヘッブ自身多くを述べていないが，発達初期以降，子ども
が各児の育つ社会・文化的環境のなかで繰り広げる個人的経験で，個人差が非
常に大きい。この要因の機能については，後述する生態学的環境の観点からの
説明がより適合する。要因Ⅵは事故による怪我等の外傷的経験による影響で，
要因Ⅳ同様かなりの個人差のある要因である。ヘッブが言及しているわけでは
ないが，身体的暴力による傷害をともなう児童虐待の経験もここに含まれるで
あろう。暴力による外傷の影響は年少児ほど大きく，最悪の場合は死亡であ
る。死に至らずとも脳損傷，骨折，広範囲の熱傷といった重い身体的損傷を与
え，長期にわたる医療措置やリハビリテーションが必要な場合もある。保護者
から身体的虐待を受けている子どもの場合，脅しや侮辱，無視など言語的・心
理的攻撃を用いた養育を同時に受けていることが多く，そうした不適切な養育
による悪影響も含めて，長期間・広範囲にわたる心身への悪影響をもたらすこ
とが知られている。

④　生態学的環境

　子どもの発達は子どもが置かれた社会・文化的文脈のなかで，遺伝子型を含
め，特定の生物学的条件をもつ子どもと環境とのダイナミックな相互作用を通
じて進む。こうした観点から環境を捉えなおしたのがブロンフェンブレンナー
（U. Bronfenbrenner）の生態学的環境の概念である（Bronfenbrenner, 1979 =
1996）。子どもを取り巻く環境は4つのレベルからなる一つの大きなシステム
で，互いに影響しあいながら全体として子どもの発達を規定すると考えられて
いる（図2-1）。子どもにとって最も直接的なレベルの環境は，マイクロシス
テムと呼ばれ，子どもが行動する場面で，子どもが経験する活動，役割，対人
関係のパターンから構成される。最も代表的なものは家庭と学校である。家庭
で子どもは，睡眠，食事，着替え，洗顔・入浴，娯楽など基本的な日常生活上
の諸活動を父・母，きょうだいなどの家族構成員とともに行う。子どもとして
両親から世話と教育を受け，出生順位に対応した役割の遂行を期待されること
もある（兄・姉として年少のきょうだいの世話を手伝うよう親たちから期待されるな
ど）。学校では，特定の学級に配属され，担任の教師の下で，同年齢の他の仲
間たちと学習活動や遊びに従事する。学級内で何らかの公的な役割を果たすと
ともに，自然発生的な仲間集団のなかで，リーダーあるいはフォロワーとして
振る舞う。仲間集団から拒否されたり，仲間集団内でいじめなどの一方的な攻
撃にさらされることもある。マイクロシステムにおける子どもの経験は直接子
どもの発達を規定する重要な要因である。こうした複数のマイクロシステム相

23

互の関係を含む中規模の環境はメゾシステムと呼ばれる。これはマイクロシステムのシステムで、例えば家庭、学校、子どもの通う学習塾、スポーツクラブなど、子どものマイクロシステム相互間のつながり、相互で取り交わされるコミュニケーション、マイクロシステムが互いについてもっている知識や態度などからなる。子ども自身は直接参加しないが、子どものマイクロシステム内での出来事に影響を与えたり、逆に影響を受けたりする行動場面をエクソシステムと言う。例えば両親の職場、両親の友人関係、きょうだいの通っている学級などがこれに当たる。両親の職場に子どもが行き、そこで何らかの経験をすることはまずないが、例えば職場で親が長時間の過酷な労働を強いられ、そのため平日はおろか休日も親子の交流機会が大きく妨げられ、子どもの親子関係の経験が貧しくなるなどの仕方で間接的に子どもの発達を規定する。マクロシステムとは、マイクロ、メゾ、エクソの各サブシステムと、これらを含む社会全体のレベルで存在し、各システムの内容の一貫性と、それの背景にある信念体系やイデオロギーをさす。例えば、民主主義の国家であれば、その価値観・理念・行動原理は、その国のどの家庭でも、どの学校でも、どの職場でも原則的に共有されておりどこでも通じるはずである。このようなレベルの環境がマクロシステムである。ただし、同じ国内であっても、人種や宗教、社会経済的条件などによりそれぞれ固有の下位文化があり、ある程度独自の価値観や考え方で行動する場合もあり得る。

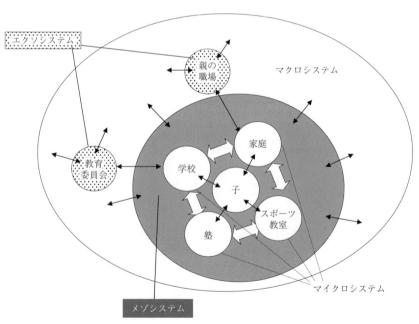

図2-1 ブロンフェンブレンナーの生態学的環境

出所：筆者作成。

子どもたちは、さまざまなレベルをもち相互に影響しあうシステムとしての環境に対して働きかけ、逆に影響を受けながら発達を遂げてゆくのである。

4 遺伝・環境論争

　これまでの心理学の歴史のなかで、人間の発達に対する遺伝・環境両要因の貢献について、いくつかの立場の考え方があった。代表的な説としては、環境説（学習優位説）、遺伝説（成熟説）、輻輳説、環境閾値説、相互作用説などがある。これらの内、環境説と遺伝説は、遺伝と環境のいずれか一方のみを重視する立場で孤立要因説と一括りにされる。これに対して輻輳説、環境閾値説、相互作用説は遺伝・環境の両要因を重視する立場である。

　環境説は古くはロックのイギリス経験論に由来する考え方であるが、20世紀初頭の行動主義心理学者ワトソンが代表的な心理学者である。彼は人間の発達は、生後の環境における経験によって規定されると考え、「私に体格の良い健康な1ダースの赤子と彼らを育てるために私自身がしつらえた環境を与えたまえ。そのなかの誰か1人を無作為に選んで訓練をし、その子どもの生来の才能や彼の祖先の好み、傾向、能力、職業、人種に関係なく、私が選ぶどんなタイプのスペシャリストにでもして見せよう。医者、法律家、芸術家、商人そして、乞食や泥棒にさえ」という有名な言葉を残している。

　遺伝説（成熟優位説）は、子どもの発達は遺伝的に規定されたものが年齢に応じて展開されると主張し、遺伝的要因を重視し学習や環境の影響はあまりないと考える。この立場の代表的研究者はゲゼル（A. Gesell）である。彼は生後約11か月の一卵性双生児ペアを対象として階段登り訓練を行ったところ、後から訓練を始めた乳児の方が先に始めた乳児より短い訓練期間で早いタイムで階段登りができることを発見し、これを根拠として遺伝説を唱えた。

　輻輳説は、ある特性の発達は遺伝と環境の両要因の効果が加算的に合わさってもたらされ、遺伝と環境の寄与する割合は特性によって異なるとする説で、シュテルンによって唱えられた。ルクセンブルガーの図式（図2-2）はこの立場を端的に説明している。

　環境閾値説も、発達には遺伝と環境の両要因が必要と考えるが、環境要因は閾値要因として機能すると考える立場である。ある心身の特性について個人がもつ潜在的な遺伝的素質が、実際にその個人に発現するには、一定の豊かさをもった環境が必要であるが、どの程度の豊かさが必要かは特性によって異なる。そして、その特性の発現に必要な環境の豊かさは、ある一定の値を超えればその潜在的可能性が実現する

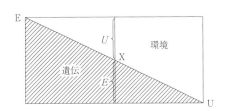

図2-2　ルクセンブルガーの図式
注：E点寄りの形質ほど遺伝の規定を強く受け、U点寄りの形質ほど環境の規定を強く受ける。E点、U点は極限点であって、遺伝または環境の規定だけを受ける形質は存在しないと考える。
出所：新井・濱口・佐藤（2009）。

第Ⅰ部　教育心理学の基礎知識

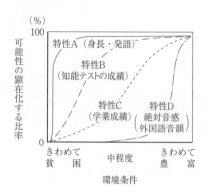

図2-3　遺伝的可能性が顕在化する程度と環境の質との関係
出所：新井ほか（2009）。

が，その値に達しなければ実現しないという働き方をするという（図2-3）。これはジェンセン（A. R. Jensen）が唱えた説である。

相互作用説は，ある遺伝的素質をもった個人と環境との動的な相互作用が個人の心身の発達を規定するという立場である。この立場はピアジェの認知発達論がよく当てはまる（本書の第4章を参照）。ピアジェの理論では，子どもが外界の現象を理解しようとする時，まずは自分がすでにもっている認知構造（シェマ）をその現象に当てはめるが（同化），それがうまくいかなければ，認知構造それ自体を修正して（調節），現象の理解が可能になる。そしてより精緻化された認知構造が得られ，論理的思考の発達を促す（均衡化）。

5　行動遺伝学の知見

遺伝・環境論争のテーマ——人の知能，パーソナリティ，精神疾患や問題行動等の発達には遺伝と環境はどのようにかかわりあい，それぞれどの程度の割合で寄与するのか——行動遺伝学はこのような問いに科学的・実証的な根拠のある答えを与えてくれる学問である。そこでは，一卵性双生児，二卵性双生児，いとこ，半きょうだい（片方の親だけ共有）など，遺伝的な類似度の異なるペアから，知能，パーソナリティ，問題行動等の特定の特性のデータを収集し，高度な統計的手法を用いて，これらの特性の個人差への遺伝と環境のそれぞれの効果，さらには遺伝と環境の相互作用による効果が検討されている（図2-4）。行動遺伝学で扱う環境要因の効果は，共有環境によるものと非共有環境によるものとに分けられる。前者は同じ家庭で生活したペア間で共有され，ペア間の類似性を高める働きをもつ環境要因である。後者は，同じ家庭で生活していても，ペアそれぞれに独自の共有されない環境による影響で，ペア間の類似性を低める働きをする。一つの特性だけ取り上げて遺伝と環境の効果を検討する場合を単変量遺伝分析，同時に複数の特性を取り上げて，それらの関連に対する遺伝と環境の効果を検討する場合を多変量遺伝分析と言う。表2-4は単変量遺伝分析を行ったいくつかの研究から明らかにされたさまざまな特性の双生児ペア間の相関係数と，各特性の個人差のバラつきに対する遺伝，共有環境，非共有環境の効果をまとめたものである。一卵性双生児ペアと二卵性双生児ペア

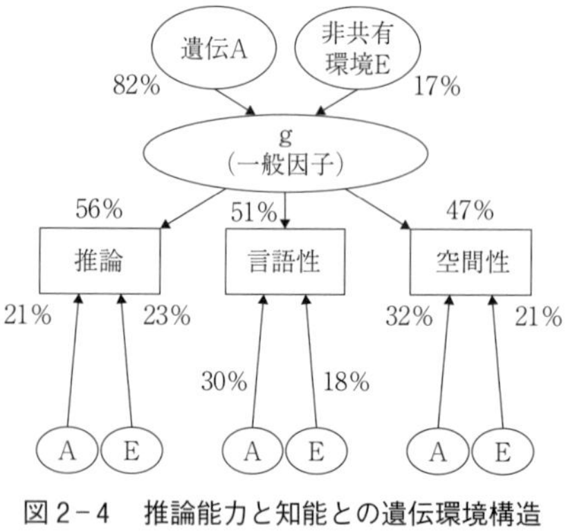

図2-4　推論能力と知能との遺伝環境構造
出所：Shikishima et al.（2009）をもとに作成。

の相関係数の差が大きい特性は遺伝の効果が大きくなること，多くの特性にわたって遺伝的要因の効果が見られること，共有環境（双生児ペア間に共通の家庭環境）の効果は非常に低く，むしろ各個人に独自の環境内での経験の効果が大きいことがわかる。

表 2-4　さまざまな心理的特性の双生児間相関と遺伝・共有環境・非共有環境の割合

		一卵性	二卵性	遺 伝	共有環境	非共有環境
認知能力	学業成績	0.71	0.48	0.55	0.17	0.29
	言語性知能	0.73	0.62	0.14	0.58	0.28
	空間性知能	0.69	0.28	0.70	—	0.29
	一般知能	0.77	0.49	0.77	—	0.23
パーソナリティ	神経質	0.46	0.18	0.46	—	0.54
	外向性	0.49	0.12	0.46	—	0.54
才 能	音 楽	0.92	0.49	0.92	—	0.08
	美 術	0.61	0.05	0.56	—	0.44
	外国語	0.72	0.48	0.50	0.23	0.27
	スポーツ	0.85	0.42	0.85	—	0.15
社会的態度	自尊心	0.30	0.22	0.31	—	0.69
	権威主義的伝統主義	0.33	0.16	0.33	—	0.67
メンタルヘルス	う つ	0.36	0.27	0.40	—	0.59
	統合失調症	0.48	0.17	0.81	0.11	0.08
社会行動	反社会的行動（男性・青年期）	0.80	0.52	0.63	0.17	0.21
	反社会的行動（女性・青年期）	0.80	0.42	0.61	0.22	0.17
	登校拒否（15歳未満）	0.26	0.19	0.28	—	0.72
	窃盗（15歳未満）	0.46	0.36	—	0.41	0.59
	攻撃行動（15歳以上）	0.50	0.27	0.50	—	0.50

注：一卵性・二卵性の欄の数値は相関係数。遺伝，共有環境，非共有環境の欄は割合を示す。
出所：安藤（2014）をもとに作成。

▷9　脳内の MAOA はノルエピネフリン，セロトニン，ドーパミンといった神経伝達物質を代謝する。MAOA 遺伝子に異常があって MAOA の脳内の濃度が低下すると，これらの神経伝達物質が不足するため，衝動のコントロール，注意等の認知機能が低下し，攻撃行動や薬物濫用，アルコール依存等の反社会的行動を行いやすくなる。

表 2-4 には，各特性に対する遺伝と環境のそれぞれの単独の効果が記載されているが，遺伝的要因の効果が環境要因によって左右される（逆に，環境的要因の効果が遺伝的要因によって左右される）こともある。これを遺伝と環境の交互作用と呼ぶ。モノアミン酸化酵素 A（MAOA）の生成が阻害されると，脳内のモノアミンの濃度が低下するが，攻撃行動や反社会的行動傾向が強い人々のなかに MAOA 遺伝子に異常のある人が少なくないことが知られている。さらにこの MAOA 遺伝子の異常は，幼少時にひどい虐待を経験した若者にとくに目立った効果が現れ，彼らの反社会的行動傾向を大幅に上昇させている（Caspi et al., 2002：図 2-5）。

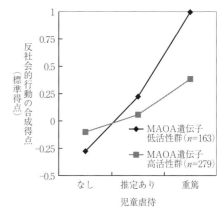

図 2-5　児童虐待の影響
出所：Caspi et al.（2002）をもとに作成。

第 I 部　教育心理学の基礎知識

　行動遺伝学では以上のほかにも，特定の特性の個人差を説明する具体的な環境要因の特定，遺伝と環境の効果の年齢にともなう変化，特定の特性の個人差を説明する遺伝子の特定などについての研究が行われている。

Exercise

① 　人間の生涯にはいくつかの発達段階があるが，各発達段階の名称とその時期の人間の心身の発達的特徴をまとめてみよう。
② 　発達初期の経験が，人や生物の発達に重大な影響を与えることを示す現象についてまとめてみよう。
③ 　人間の発達に対する遺伝と環境の影響について，どのような考え方があるかまとめてみよう。

📖次への一冊

無藤隆・子安増生編『発達心理学 I』東京大学出版会，2013年。
　　現代の日本の代表的な発達心理学者たちによって執筆された本格的な発達心理学のテキストである。発達心理学の総論と胎児期・周産期から児童期までの発達についてまとめられている。各章ごとに「身体」「認知」「感情」「言語」「社会」の各領域について興味深いトピックが設けられている。
無藤隆・子安増生編『発達心理学 II』東京大学出版会，2013年。
　　前掲書の続巻。青年期，成人期，老年期の発達と家族・地域・メディア，障害と支援についてまとめられている。
堀野緑・濱口佳和・宮下一博『子どものパーソナリティと社会性の発達』北大路書房，2000年。
　　子どもを取り巻く人間関係や子どものパーソナリティと社会性の諸側面の発達について，各分野の代表的な研究者が最近の研究を紹介している。「原因帰属の発達」「遊戯行動の発達」「社会的問題解決能力の発達」等，ユニークな章がある。
安藤寿康『遺伝と環境の心理学──人間行動遺伝学入門』培風館，2014年。
　　日本の行動遺伝学の代表的な学者が，現代の行動遺伝学の基礎から最新の知見まで明快に論じている。かなり専門的な内容を含んでいるが，説明が巧みでわかりやすい。

引用・参考文献

新井邦二郎・濱口佳和・佐藤純『教育心理学──学校での子どもの成長をめざして』培風館，2009年。
安藤寿康『遺伝と環境の心理学──行動遺伝学入門』培風館，2014年。

Bronfenbrenner, U., *The ecology of human development: Experiments by nature design*, Harvard University Press, 1979（ブロンフェンブレンナー，U., 磯貝芳郎・福富護訳『人間発達の生態学——発達心理学への挑戦』川島書店，1996年）.

Caspi, A., McClay, J. M., Moffit, E. T., Mill, J., Martin, J., Craig, I. W., Taylor, A., & Poulton, R., "Role of genotype in the cycle of violence in maltreated children," *Science*, 297, 2002, pp. 851–854.

Hebb, D. O., *Textbook of psychology, 3rd edition*, W. B. Saunders Company, 1972（ヘッブ，D. O., 白井常ほか訳『行動学入門　第3版』紀伊國屋書店，1975年）.

Jensen, A. R., "Social class, race, and genetics," *American Educational Research Journal*, 5, 1968, pp. 1–42.

小泉令三「発達」山本多喜司監修『発達心理学用語辞典』北大路書房，1991年，249ページ。

子安増生「発達心理学とは」無藤隆・子安増生編『発達心理学II』東京大学出版会，2011年，1～37ページ。

ローレンツ，K., 日高敏隆訳『ソロモンの指輪』早川書房，1998年。

小川捷之『臨床心理学用語事典』至文堂，1981年。

Plomin, R., *Nature and Nuture: An introduction to human behavioral genetics*, Wadsworth, 1994.

Shikishima, C., Hiraishi, K., Yamagata, S., Sugimoto, Y., Takemura, R., Ozaki, K., Okada, M., Toda, T., & Ando, J., "Is *g* an entity? A Japanese twin study using syllogisms and intelligence tests," *Intelligence*, 37, 2009, pp. 256–267.

第Ⅱ部

発達の道筋への理解

第3章
胎生期から乳児期の発達

〈この章のポイント〉

　人間の赤ちゃんは，運動機能が未熟で養育を受けなければ生きていけない状態で生まれ，誕生後１年程度の期間で身体や心の機能は急激に成長していく。本章では，人間の発達の始まりである胎生期（受精から出生まで）から乳児期（生後１歳ないし１歳半頃まで）の特徴について解説する。

1　胎生期の発達

1　胎生期の区分と特徴

　ヒトの一生は受精から始まる。受精から出生までの期間を胎生期と言い，胎生期はさらに，卵体期，胎芽期，胎児期の３つの時期に分けられる（馬場，2011）。

① 卵体期（受精～約２週間）

　受精卵が子宮内膜に着床するまでの時期を卵体期と言う。卵管膨大部で受精した受精卵は，細胞分裂を繰り返しながら卵管内を通過し，子宮腔へ到着し着床する。

② 胎芽期（受精後３週～８週頃まで）

　中枢神経系・心臓・腕・足・目・耳などのすべての器官が形成され始める時期である。胎児の発達および器官形成時期の目安を図３－１に示す。

③ 胎児期（受精後９週頃～出生まで）

　胎児の外観は人間らしい形態になり，身体の諸器官がさらに成熟する。出生後の外界に適応できるよう準備が整えられる時期である。

　出生までの妊娠期間は40週前後である。妊娠５か月の終わり頃（18週頃～）には胎動が感じられはじめ，超音波検査で性別も明らかになってくる。この頃には胎児の聴覚機能もほぼ完成し，外界の音にも反応するようになる。なお，妊娠22週未満の分娩では胎児の胎外生活は不可能であるが，22週以降の分娩ならNICU（neonatal intensive care unit：新生児集中治療室）管理下で生存できることがあり，その可能性は妊娠週数が長くなるごとに高くなってくる。妊娠34週以降の早産児においては，生存率は正期産児とほとんど変わらないが，新生児

▷１　妊娠期間

最終月経開始日を起点（満０日）とした妊娠期間の定義では，妊娠37週未満を「早産」，37週以降42週未満を「正期産」，42週以降を「過期産」としている。最終月経開始日から約２週間で排卵が起こることから，妊娠２週までは実際には妊娠していない。そのため，妊娠週数では満期が40週なのに対して，受精齢（週）は満期が38週と２週間少なくなっている。

第Ⅱ部　発達の道筋への理解

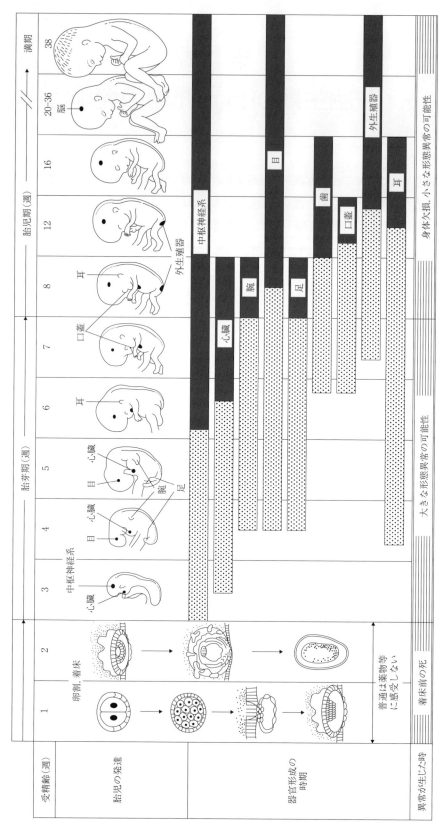

図3-1　人の発生と器官の形成時期

出所：中島ほか（1992, 14〜15ページ）。

期の合併症のリスクはやや高い（医療情報科学研究所編，2013）。

2 胎生期の発達のリスク要因

　胎児の先天異常を引き起こす因子を催奇形因子と言う。受精後最初の2週間は，まだ受精卵が子宮内の壁に着床していないため外界からの影響はあまり受けないが，妊娠5～11週頃は，急速に神経系・呼吸器系・循環器系・消化器系などの主要な臓器が形成される時期（器官形成期）であるため，母体が催奇形因子にさらされると，胎児に重篤な先天異常が起こりやすい。代表的な催奇形因子として，母子感染，薬剤，放射線，高血糖，アルコール，タバコなどが母体を通じて胎児の発育に悪影響を与えることが知られている。

　妊娠中の喫煙の影響については，流産・早産，胎児機能不全，低出生体重児[2]などのリスクが高まることが指摘されており，本人の禁煙だけでなく，副流煙にも注意が必要である。妊娠中の喫煙本数と出生児の体重の関係を表3-1に示す。一日あたりの喫煙本数が多いほど，出生時の体重が低い傾向がうかがえる。

▷2　低出生体重児
出生体重の正常値は2500グラム以上4000グラム以下とされており，出生体重が2500グラム未満の新生児を「低出生体重児」と言う。さらに，1000グラム以上1500グラム未満を「極低出生体重児」，1000グラム未満を「超低出生体重児」と言う。一方，4000グラム以上4500グラム未満を「巨大児」，4500グラム以上を「超巨大児」と言う。

表3-1　一般調査による妊娠中の喫煙本数と児の性別，出生時の体重平均値および標準偏差

喫煙本数（本／日）	男　子			女　子		
	実　数（人）	体重平均値（kg）	標準偏差（kg）	実　数（人）	体重平均値（kg）	標準偏差（kg）
0	3,584	3.06	0.43	3,410	2.97	0.43
1～2	21	2.94	0.39	24	2.91	0.40
3～5	63	2.96	0.41	45	2.86	0.32
6～10	77	2.95	0.41	80	2.81	0.46
11～20	31	2.86	0.36	36	2.81	0.41
21～	3	3.12	0.24	2	2.82	0.20

出所：厚生労働省雇用均等・児童家庭局（2012）。

　また，妊娠中のアルコール過剰摂取によって，中枢神経系の機能障害，子宮内発達遅延，顔面の形成障害などが生じることがあり，胎児性アルコール症候群（fetal alcohol syndrome：FAS）と呼ばれている（医療情報科学研究所編，2013）。妊娠中の母親の精神状態が胎児の運動や発達に影響を与えるという報告もあり，とくに長期間にわたる心理的なストレスが子どもに悪影響を与えることが示唆されている（中島ほか，1992）。

第Ⅱ部　発達の道筋への理解

2　乳児期の身体・運動能力の発達

1　新生児期の特徴

　誕生から生後1か月頃までを新生児期と呼ぶ。新生児期を含み，誕生から生後1年ないし1年半頃までの時期を乳児期と言う。

　スイスの動物学者のポルトマン（A. Portmann）は，さまざまな動物を出生時の状態から就巣性（巣に座っているもの）と離巣性（巣立つもの）に分類した（Portmann, 1951）。哺乳類のなかでは，ネズミやネコなどが就巣性の特徴をもち，系統発生的に遅く出現したウマやウシなどの高等動物が離巣性に含まれる。人間の新生児は，誕生時からさまざまな感覚器官を働かせているが，運動能力はかなり未熟な状態で生まれてくる。自分で移動したり食事をしたりすることは困難で，他者から適切な保護や養育を受けなければ生きていくことができない。ポルトマンは，人間の赤ちゃんは二次的就巣性であるとし，本来は2年間ほどが胎児期にあたるが，1年早く生まれて子宮外で胎児期を過ごしていると考えた。このことから，人間はほかの高等哺乳類の赤ちゃんに比べて1年ほど早く生まれる生理的早産であるとした。

　新生児期は，原始反射をはじめとした生得的な反応様式によって外界に適応する時期である。原始反射は出生直後から見られ，生後数か月で消失する。乳児の主な原始反射を表3-2に示す。原始反射は脳神経系の正常な発達を示す指標としての意味ももっており，見られるべき反射が見られなかったり，消失すべき反射が消失しないなどの異常がある場合には，何らかの神経学的障害を疑う必要性が出てくる（浅川, 2015）。

表3-2　乳児の主な原始反射

反射名	内　容	出現時期
歩行反射	脇の下を支え，床に立たせると，下肢を交互に動かし，歩いているような動作をする。	3～4か月まで
把握反射	手のひらに指などを置くと，その指を握ろうとする。	4か月まで
吸啜反射	口のなかへ指を入れると強く吸う。	4～6か月まで
モロー反射	頭を支えて仰向けに寝かせ，急に頭の支えをはずすと，両腕を胸の前へ突き出して広げ，何かにしがみつくような動作をする。	4～6か月まで
遊泳反射	うつ向けで水につけると，腕と足を使って泳ぐような動作をする。	9～12か月まで
口唇探索反射	口唇部周辺に何かが触れると，その方向に口唇部をゆがめる。	9～12か月まで
バビンスキー反射	足底をかかとから指先へと刺激すると，足の親指が足の甲のほうに反り返る。	9～15か月まで

出所：浅川（2015, 63ページ）。

2　身体の発達

　2010（平成22）年の乳幼児身体発育調査（厚生労働省雇用均等・児童家庭局，2012）において，出生時の平均体重は男子2.98キロ，女子2.91キロ，平均身長は男子48.7センチ，女子48.3センチ，1歳0～1か月の平均体重は男子9.28キロ，女子8.71キロ，平均身長は男子74.9センチ，女子73.3センチである。生後1年ほどで体重は約3倍，身長は約1.5倍になり，身体的な成長が著しい時期である。

　身体発達の程度は身体各部によって異なる。スキャモン（R. E. Scammon）は，身体各部の発達を一般型，神経型，リンパ型，生殖型の4つに区分し，20歳時の重量を100とした時の各年齢での割合を発達曲線として示している（図3-2）。乳幼児期はとくに神経型の発達が顕著であり，2歳で成人の50％程度，5歳で成人の80％程度の大きさに達する。

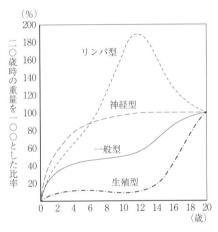

スキャモンは，出生後の身体各部の発達をその発達曲線によって，リンパ型・神経型・一般型・生殖型の4つの型に区別している。成人を100％としたそれぞれの型は，左図に示すとおりである。
《リンパ型》　扁桃腺・リンパ腺・アデノイドなどの分泌組織の発達曲線。
《神経型》　脳髄・脊髄・感覚器官などの神経組織の発達曲線。
《一般型》　骨格・筋肉・内臓諸器官などの，全体的な身体組織の発達曲線。
《生殖型》　睾丸・卵巣・子宮など，すべての生殖器官の発達曲線。

図3-2　身体各部の発達の型
出所：Scammon（1930），石﨑（2017, 24ページ）。

3　運動能力の発達

　生後1～2か月頃までは原始反射といった不随意で無意識的な運動が中心であるが，生後2～3か月頃になると，大脳や筋の発達にともなって自分の意思によって実行される随意運動がしだいに現れてくる。数多くの随意運動のなかでも最初に習得されるのが，直立二足歩行と，対象物に手を伸ばして握り放すという手の操作運動である（杉原，2014）。

　直立二足歩行の習得までは一定の順序に従って発達する。最近の乳児の運動発達の様子を見てみると，厚生労働省雇用均等・児童家庭局による調査では，半数以上の子どもが通過する時期として，「首のすわり」が生後3～4か月，「ねがえり」が4～5か月，「ひとりすわり」および「はいはい」が7～8か

月,「つかまり立ち」が8〜9か月,「ひとり歩き」が1歳1〜2か月である。1歳5か月までにはほぼすべての子どもがひとりで歩けるようになっているが,歩行習得までの月齢には個人差も大きい(図3-3)。

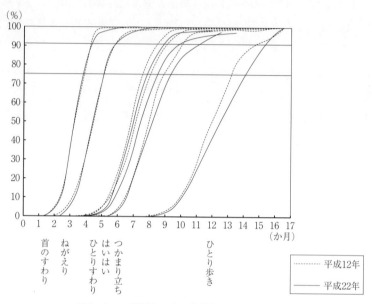

図3-3　一般調査による乳幼児の運動機能通過率
出所:厚生労働省雇用均等・児童家庭局 (2012)。

　次に,乳児期における手の操作運動の発達について概観する。生後すぐから指の内側や手のひらを刺激するとギュッと握る把握反射が見られる。生後3か月頃になると,目の前にある興味を引くものに手を伸ばして触れようとするようになる。4〜5か月頃になると,触れたものを手で握ることができるようになる。最初はすべての指と手のひらで握っていた動きが,7〜8か月頃になると親指が他の4本の指と独立して動くようになり,その後さらに人差し指なども独立して動くようになる。1歳頃になると,指先で小さなものがつまめるようになっていく(杉原,2014)。手の運動機能の発達により,自分でコップをもって飲む,スプーンでご飯をすくって食べるなど,幼児期以降の身辺自立が確立されていく。

3　乳児期の感覚能力の発達

1　視覚の発達

　人間は外界からのさまざまな情報を知覚し,環境に適応していく。外界の情報を受け取る感覚器官として,視覚,聴覚,触覚,味覚,嗅覚の五感があげら

新生児期の子どもの視力は大人に比べて弱く、およそ0.02ほどで、抱く人の顔が見える程度である（柏崎，2010）。また、生後2日目の新生児でも視覚パターンを区別し、人の顔のような模様をそうでない模様よりも長く見つめる傾向があることを、ファンツ（R. L. Fantz）は選好注視法という実験方法によって明らかにした（図3-4）。奥行き知覚については、ギブソンとウォーク（E. J. Gibson & R. D. Walk）の視覚的断崖実験が有名である（図3-5）。ハイハイによる移動が可能な乳児を碁盤目状の模様のついた床の上に乗せ、母親が視覚的断崖の反対側から乳児を呼ぶと、乳児でもこの断崖を恐れて母親のところに行くのを躊躇していた。したがって、何らかの形で奥行きを知覚し、行動を制御する仕組みが生得的に備わっていると考えられている。さらに、乳児は母親が微笑みを見せている場合には段差を渡って母親のもとへ行き、恐怖の表情を見せた場合には行かなかったという報告があることから、乳児が母親の表情を参考にしながら自分の行動を決めていること（社会的参照）が確認されている（馬場，2011）。

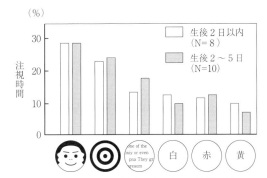

図3-4　6種類の刺激図形に対する注視時間
出所：Fantz（1961）, 馬場（2011, 31ページ）。

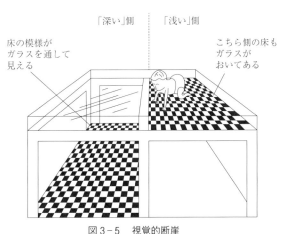

図3-5　視覚的断崖
出所：Gibson & Walk（1960）, 綾部（2006, 86ページ）。

▷3　選好注視法
乳児に対してさまざまな画像を対提示し、各画像への乳児の注視時間を計測する実験手法である。1950年代後半からアメリカの心理学者ファンツが報告した一連の研究によって確立された。

2　その他の感覚能力の発達

聴覚については胎児期から機能が発達している。外部の大きな音に反応して胎児が動くことがあり、母親の声を含めさまざまな音が子宮内の胎児に聞こえていることがわかる。出生後も、音に対して瞬目反射をしたり、顔や四肢の動き、筋緊張などが見られる。音の大小、周波数の違い（高音、低音）をかなり聞き分けることができるという。

味覚や嗅覚に関しては、母親の羊水を通じて胎児期から知覚が始まっている。妊娠後期になると胎児は羊水を飲むこともある。羊水にはさまざまな成分が含まれており、母親の摂取した食べ物の影響を受けると言われている。出生後の新生児でも、甘味・酸味・苦味のする水溶液に対して異なる反応パターンを示したことから、味覚反応は生得的に備わっていると考えられている。また、自分の母親の羊水のにおいと他のお母さんの羊水のにおいを区別し、自分

第Ⅱ部　発達の道筋への理解

が接していた羊水のにおいを選好するという報告もある（綾部，2006）。

　このように，乳児は物理的環境を知覚し，外界と活発にやり取りするなかで，物の認知や対象の概念を獲得していく（内田，1999）。

4　乳児期の言語の発達

1　言葉の前のコミュニケーション

　乳児は非常に未熟な状態で生まれてくるため，生後間もない時期から大人からの養育行動を引き出すためにさまざまなコミュニケーションが行われている。

　乳児期はまだ言語は獲得されていないが，言語発達の基礎となる音声を介したコミュニケーションが行われている。新生児が空腹，喉の渇き，痛みなど不快な状態で発する泣き声を叫喚発声という。叫喚は強力な発声であるため，養育者の注意を引きつけ，その結果として自己の欲求を満たすのに役立つ。生後1～2か月頃になると機嫌が良く快適な状態で「アー」「クー」というような穏やかな発声もするようになる。これを非叫喚発声（クーイング：cooing）という。しだいに発声の長さ・強さ・高さ・音色などの変化が生じてくる。生後3～6か月頃には，「バババ」「ママママ」など快適な時に発する無意味な音声（喃語：babbling）◁4も出現する。喃語は非叫喚音からなる一連の音声パターンであり，話し活動の前兆ないし原初形態と捉えられている（村田，1968）。

▷4　初期の喃語には，後の有意味語の形成に無関係な音韻も混ざっており，音韻の種類はどの文化圏でも共通である。3～6か月頃には反復的な喃語（子音と母音の単純な組み合わせを繰り返す喃語），9～10か月頃には複雑に変化する喃語（子音と母音の複雑な組み合わせの喃語）が現れる。

2　三項関係の成立と共同注意

　「自分―他者」や「自分―物」という二項関係が形成された後，それらが結合して「自分―物―他者」という三項関係が形成される。およそ9か月を過ぎた頃，三項関係が成立すると，指さし行動や共同注意（joint attention）◁5が可能になる。指さしと共同注意は，お互いが共通の対象に注意を向けて，テーマを共有することである。特定の音声と意味が結ばれれば，言葉の出現となる（柏崎，2010）。

　言葉の発達の時期は個人差も大きいが，12か月頃には初語（初めて発する意味のある単語）を話し始める。初語は「ママ」「マンマ」など，喃語から生じる発生しやすい言葉で，身近な人や物にかかわる名詞が多い（横山，2015）。その後，1歳過ぎ頃から一語文（1つの単語が文として機能する）が発せられるようになる。例えば，「ママ」という発声で“ママきて”“ママとって”“ママみて”などのさまざまな意味を表現している。1歳半～2歳頃には二語文が出現し，語彙の獲得も急速に進んでいく。

　言語は，人とつながるコミュニケーションの手段であるだけでなく，思考の

▷5　共同注意（joint attention）
対象に対する注意を他者と共有すること。具体的には，他者の視線や指さしの追跡，自分からある対象を指さしする行動などが含まれる。

手段，自己統制の手段としても機能しており（横山，2015），言語の獲得は幼児期以降の対人関係・認知・思考などの発達につながっていく。

Exercise

① 乳児を対象にした心理学の研究方法にはどのような方法があるか。それぞれの長所・短所も含めて説明してみよう。

② 乳児期の赤ちゃんを無能な存在と捉えるか，有能な存在と捉えるか，あなたの考えとその理由を説明してみよう。

③ 乳児期の「生理的微笑」と「社会的微笑」について説明してみよう。

📖次への一冊

内田伸子編『よくわかる乳幼児心理学』ミネルヴァ書房，2008年。
　　乳幼児期の発達に関する各トピックについて，疑問や問いに回答する構成でわかりやすく説明されている。
外山紀子・中島伸子『乳幼児は世界をどう理解しているか——実験で読みとく赤ちゃんと幼児の心』新曜社，2013年。
　　乳幼児の認知発達について，心理学の実験研究で明らかになった知見がわかりやすく紹介されている。
木原秀樹『240動画でわかる赤ちゃんの発達地図——胎児・新生児期から歩行するまでの発達のつながりが理解できる』メディカ出版，2011年。
　　胎児期・新生児期の特徴および新生児期から歩行開始までの各月齢ごとの発達の様子が多数の写真・動画とともに解説されている。
医療情報科学研究所編『病気がみえる vol.10 産科 第3版』メディックメディア，2013年。
　　医師・看護師・助産師など医療関係者向けの「産科」のテキスト。妊娠・分娩・産褥・新生児の各領域の基礎と臨床について，豊富な画像・図表でわかりやすく解説されている。

引用・参考文献

浅川淳司「身体的機能と運動機能の発達」児童育成協会監修，杉村伸一郎・白川佳子・清水益治編『基本保育シリーズ⑧　保育の心理学Ⅰ』中央法規出版，2015年，61〜72ページ。
綾部早穂「感覚と知覚」桜井茂男編『はじめて学ぶ乳幼児の心理——こころの育ちと発達の支援』有斐閣，2006年，79〜96ページ。
馬場康宏「胎児期から新生児期」新井邦二郎監修，藤枝静暁・安齊順子編著『保育者のたまごのための発達心理学』北樹出版，2011年，28〜40ページ。
Fantz, R. L., "The origin of form perception," *Scientific American*, 204, 1961, pp. 66–72.

Gibson, E. J., & Walk, R. D., "The 'visual cliff'," *Scientific American*, 202, 1960, pp. 64–71.

医療情報科学研究所編『病気がみえる vol.10 産科 第3版』メディックメディア，2013年。

石﨑一記「発達を促す」櫻井茂男編『改訂版 たのしく学べる最新教育心理学——教職に関わるすべての人に』図書文化社，2017年，21～38ページ。

柏崎秀子編著『教職ベーシック 発達・学習の心理学』北樹出版，2010年。

厚生労働省雇用均等・児童家庭局「平成22年 乳幼児身体発育調査」2012年。http://www.mhlw.go.jp/toukei/list/73-22.html（2017年3月1日閲覧）

村田孝次『幼児の言語発達』培風館，1968年。

中島誠編，成田朋子・高橋依子・庄司留美子『発達臨床心理学』ミネルヴァ書房，1992年。

日本発達心理学会編『発達心理学事典』丸善出版，2013年。

Portmann, A., *Biologische Fragmente zu einer Lehre vom Menschen*, Schwabe, 1951（ポルトマン，A., 高木正孝訳『人間はどこまで動物か——新しい人間像のために』岩波書店，1961年）.

桜井茂男編『はじめて学ぶ乳幼児の心理——こころの育ちと発達の支援』有斐閣，2006年。

Scammon, R. E., "The measurement of the body in childhood", Harris, J. A. (Ed.), *The measurement of men*, University of Minnesota, 1930.

杉原隆「幼児期の運動発達の特徴」杉原隆・河邉貴子編著『幼児期における運動発達と運動遊びの指導——遊びのなかで子どもは育つ』ミネルヴァ書房，2014年，12～30ページ。

内田伸子『発達心理学　ことばの獲得と教育』岩波書店，1999年。

横山真貴子「言葉の発達と社会性」児童育成協会監修，杉村伸一郎・白川佳子・清水益治編『基本保育シリーズ⑧　保育の心理学Ⅰ』中央法規出版，2015年，85～96ページ。

第4章
幼児期の発達

〈この章のポイント〉
　幼児期には環境との相互作用のなかで運動能力や認知能力，対人関係のとり方などに大きな発達が見られる。そして，それらの発達する側面のなかには幼児期に特有の姿も確認されている。本章では幼児期の子どもの発達の特徴について解説する。

1　運動の発達

1　幼児期の運動能力

　幼児期の運動の発達においてよく議論されるのが運動能力の低下である（図4-1）。幼児の運動能力検査とその改訂版を用いておよそ10年ごとに実施されている幼児の運動能力の全国調査からは，1966～1973年にかけてはほとんどの種目で得点の向上が見られたものの，1973～1986年にかけては停滞し，1986～1997年の間には全種目で得点の低下が見られた。そして，1997～2002年，2002～2008年の間はほとんど変化が見られていない（杉原ほか，2007；森ほか，2010）。

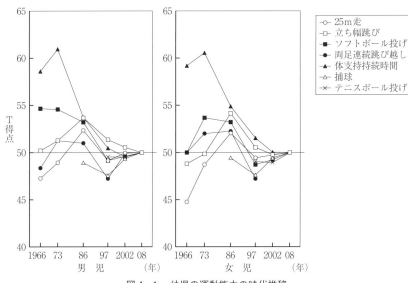

図4-1　幼児の運動能力の時代推移
出所：森ほか（2010, 66ページ）。

第Ⅱ部　発達の道筋への理解

　2 　　運動能力の発達

　「幼児期運動指針」（文部科学省，2012）によれば，動きの獲得には，立つ，座る，ぶら下がる，走る，投げるなどの多様な動きを獲得する「動きの多様化」と，力みやぎこちなさが減少して滑らかになり，目的に合った動きができるようになる「動きの洗練化」という2つの方向性がある。3〜4歳頃には全身を使った遊びなどを通して「体のバランスをとる動き」（立つ，座る，寝ころぶ，渡る，など）と「体を移動する動き」（歩く，走る，よける，すべる，など）を獲得し，4〜5歳頃には環境とのかかわり方や遊び方を工夫しながら「用具などを操作する動き」（持つ，運ぶ，投げる，捕るなど）を獲得し，5〜6歳頃には「体のバランスをとる動き」「身体を移動する動き」「用具などを操作する動き」といった多様化した動きを滑らかに行うことができる（「動きの洗練化」）ことが期待される。

　運動発達を考える際には，筋力，瞬発力，持久力などの運動体力と視覚や聴覚などを手掛かりとして運動をコントロールする能力である運動コントロール能力の2つがあり，運動体力は青年期にトレーニング効果が最も大きくなる。一方で，運動コントロール能力は幼児期から児童期にかけて急激に発達する（杉原，2014）。どのような運動にもこれら2つの能力がかかわるとはいえ，幼児期には運動コントロール能力に力点を置いた運動指導が望ましいであろう。幼児期の運動指導のあり方として，運動能力の発達には子ども自身の自己決定的で自発的な遊びが有効であることが示されている（杉原ほか，2010）。

2　感情の発達

　ブリッジス（K. M. B. Bridges）は乳幼児の行動観察を通して，誕生時の興奮という感情状態から3か月頃に不快，興奮，快の3つに分化し，さらに不快感情，快感情が分かれるという発達過程を示した（Bridges, 1932）。しかし，後年の乳幼児の表情を分析する研究からは異なる発達過程が示されている。ルイス（M. Lewis）によれば，子どもは誕生時に充足，興味，苦痛という3つの感情を有しており，それらから喜び，驚き，悲しみ，嫌悪，怒り，恐れといった感情が現れる（Lewis, 1993）。その後，自己意識や自己評価といった認知面での発達が進むにつれて，さらにさまざまな感情が確認されるようになる（図4-2）。スルーフ（L. A. Sroufe）は2歳までの感情発達をピアジェの認知発達論と対応させながら論じており，認知発達と感情発達が相互に影響しあうとしている（Sroufe, 1996）。

第4章 幼児期の発達

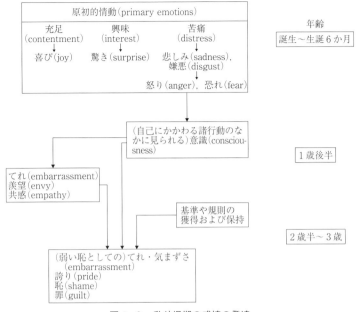

図4-2 乳幼児期の感情の発達
出所：Lewis（1993），遠藤（1995，139ページ）。

3 認知と言語の発達

1 認知発達論

　ピアジェはシェマ（schema）への同化と調節という概念によって知能の環境への適応を説明している（ピアジェ，1978）。すなわち，物事を理解する認知の枠組みをシェマと言い，人間は知覚した情報をシェマに取り入れていく（同化）。しかし，生活するなかでシェマに適合しない情報にも出会うため，シェマの方を修正して情報を適合させていく（調節）。このような同化と調節を繰り返して均衡する状態を作り出そうとする（均衡化）。つまり，新たな情報をシェマに同化し，同化できない時にシェマの方を調節することで均衡化を図る過程が知能の適応や認知発達の根底にある。◁1
　このような過程で進む認知発達には質的に異なる段階があり，それらは感覚運動期（誕生〜2歳半），前操作期（2歳半〜6歳），具体的操作期（6歳〜12歳），形式的操作期（12歳以降）に分類される。◁2

2 感覚運動期

　誕生から2歳頃の認知発達は感覚運動期である。生得的な反射の行使から，循環反応（新しい活動を獲得するために繰り返す反応）を通して目的と手段の関係

▷1　例えば，「昆虫とは羽をもつ6本脚の小さな生き物だ」というシェマをもった子どもには「トンボは生き物だ」と認識される（同化）。しかしアリは羽がないのでシェマに適合しないが，アリは昆虫らしいと知る。するとその子どもは既有のシェマを「昆虫は普通羽をもつ6本脚の小さな生き物だ。ただし，羽のない昆虫もいる」と修正することで（調節），「アリも昆虫だ」と認識する。このような調節によってシェマがより安定した状態になっていくのである（均衡化）。郷式（2009）参照。

▷2　本文で示したのはバターワースとハリス（1997）が紹介している年齢であり，文献によって年齢には若干の相違がある。

45

第Ⅱ部 発達の道筋への理解

づけを理解したり，行動する前に予測したりするなどの認知発達が進む。自らの感覚と運動を通して外界に働きかけてその結果を得ることを繰り返すなかで，子どもは次第に直接見えなくても対象が存在するという認識（対象物の永続性）を獲得し，イメージする力が高まる。

3 前操作期

「前操作」とは概念の使用ができる前という意味であり，言語とイメージによる思考（表象的思考）ができるようになるが，大人とは異なる特徴がある。前操作期の前半（～4歳）は前概念的思考の段階と呼ばれ，ふり遊び（バナナを電話の受話器に見立てるなど）や延滞模倣（目の前にいない人の真似をする）が活発に見られる。後半（4歳～）は直感的思考の段階であり，思考は外観の影響を受けやすく一貫性を欠く（郷式，2009）。

前操作期の思考の特徴がいくつかある。転導推理とは，帰納でも演繹でもなく特殊から特殊へと行われる推理で，自己中心性の現れである。例えば小石が水に浮かないことを観察して「小さいものは水に浮かない」と推理したり，晴れた日に遠足に行くので「遠足に行けば晴れる」と原因と結果を混同したりする様子が見られる（山，2013）。その他にも，一定の場面では物事の一つの側面しか注意を向けることができず他の側面を無視する傾向（中心化）があるため保存課題（図4-3）への正答が難しかったり，自分の立場からの見方・考え方・感じ方にとらわれる傾向（自己中心性）が強いことが三つ山課題（図4-4）の実験から示されていたりする（杉本，2011）。ピアジェが提唱した自己中心性を反映した思考の特徴には，アニミズム[3]，実念論[4]，人工論[5]などがある（堀内，2006）。

▷3 アニミズム
石や机にも命があるなど，客観的なことを主観視する傾向（堀内，2006）。

▷4 実念論
夢で見た架空のものを実在すると考えるなど，主観的なことを客観視する傾向（堀内，2006）。

▷5 人工論
山や川など自然界のすべてを人が作ったと信じる傾向（堀内，2006）。

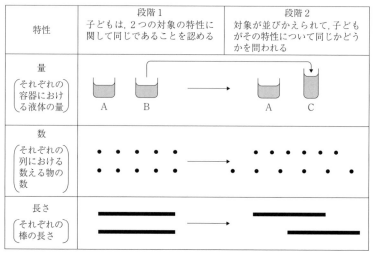

図4-3 保存課題
出所：バターワース・ハリス（1997，202ページ）。

4 言語の発達

認知発達を解明するための実験は幼児の言語能力（理解や表出）に負うところが大きく，認知と言語は切り離せない関係にある。

一般に15～18か月頃に二語文が現れた後に文法の獲得が進む。主要な助詞はおおむね2歳台に使われるようになり，幼児期の終わりまでには「は」と「が」の使い分けを含めて一応助詞を正しく使いこなせるようになり，他人の誤りを正しく修正して言い直すこともできるようになる（内田，1999）。生活環境のなかで文字やひらがなの読み書きに多く触れはじめるのも幼児期の特徴であるが，早期教育として幼児期に読み書きの学習を積極的に行うことには慎重さを要する。なぜなら，5歳から小学校1年生まで追跡した研究成果（内田，2012）から，5歳児の読み能力，書き能力（図形の模写能力），語彙能力のなかで，書き能力と語彙能力のみが小学校1年生の3月時点での国語能力と語彙能力に関係することが明らかになったからである。つまり，幼児期に語彙が豊かで手指の運動調整機能が発達していた子どもは国語の成績が高かった。そして幼児期の語彙能力を高めるためには「共有型しつけ」が重要であることが明らかにされている。

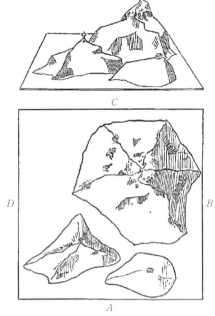

図4-4 三つ山課題
出所：Piaget & Inhelder（1956, p. 211）.

4 アタッチメントの発達

1 アタッチメントの重要性とアタッチメント行動

乳幼児期の養育者（親など）との関係を理解するうえでアタッチメント（attachment：愛着）の概念は欠かせない。アタッチメント理論では，特定の個人に対して親密な情緒的絆を結ぶ傾向を人間性の基本的な構成要素とし，その傾向は生涯にわたって存在し続けるものとされる（ボウルビィ，1993）。

アタッチメント行動とは，状況によりよく対処できると思われる特定の人物に接近し，接近を維持する行動（形態を問わない）であり，恐怖や疲労を感じたり病気になったりした時に最も顕著となり，なぐさめを受けたり世話をされたりすることで静まるものである。アタッチメント行動は，乳幼児期に最も顕著であるが生涯を通して見られるものであり（ボウルビィ，1993），定位行動，発信行動，接近行動という3つの行動型に分類される（ボウルビィ，1991）。接近

▷6 共有型しつけ
ふれあいを重視し，子どもとの体験を享受・共有するしつけ方。他のしつけのスタイルには大人中心のトップダウンのしつけや力によるしつけである「強制型」，子どもが何より大切で子育て負担感が大きく育児不安か放任・育児放棄に二極化する傾向の「自己犠牲型」がある（内田，2012）。

▷7 定位行動
生後6か月くらいまでに自分の母親を他人と区別できるようになり，母親の動きを目で追ったり耳で確かめたりし，母親の所在を知ろうとする行動（ボウルビィ，1991）。

▷8 発信行動
泣き叫んだり，微笑んだり，呼び求めたりして母親を子ども自身の方へ引き寄せる行動（ボウルビィ，1991）。

47

第Ⅱ部　発達の道筋への理解

▷9　接近行動
探し求めたり，後追いをしたり，しがみついたりして接近状態を維持し，子どもが自分を母親の方へ近づける行動（ボウルビィ，1991）。

行動は運動能力の発達（ハイハイやひとり歩き）にともなって活発になる。

2　アタッチメントの発達段階

　ボウルビィ（J. Bowlby）はまた，アタッチメントの発達段階を表4-1のように示している（ボウルビィ，1991）。第1段階では相手を問わず発せられていたアタッチメント行動が，第2段階では次第に重要な他者（養育者）を見分け，よく知っている人とそうでない人に対して反応が異なってくる。第3段階では運動能力の発達も影響してアタッチメント行動の種類が増加し，母親を安全基地として周辺を探索するようになる。第4段階になると，愛着対象が実際に近くにいなくても内的なイメージによって安心できるようになる。

表4-1　アタッチメントの発達段階

段　階	内　容
第1段階	人物弁別をともなわない定位と発信（誕生～3か月頃） 　乳児にはある人を他の人と弁別する能力はまだ存在せず，存在したとしても聴覚刺激だけによって弁別するなどきわめて制限されている。そのため周囲の人を定位し発信行動（つかむ，手を伸ばす，微笑する，喃語を言う，など）を行う。
第2段階	一人（または数人）の弁別された人物に対する定位と発信（3～6か月頃） 　3か月以降に聴覚的，視覚的な弁別が明確となり，第1段階と同様に人に接するが，他人に対してよりも母性的人物に対してより顕著に行うようになる。
第3段階	発信ならびに動作の手段による弁別された人物への接近の維持（6，7か月～2歳頃） 　ますます人を区別して，さまざまな方法で接近するようになる（外出する母親を追う，帰宅した母親を迎える，探索活動の拠り所として母親を利用する，など）。見知らぬ人たちはますます警戒される。
第4段階	目標修正的協調性の形成（3歳頃～） 　母性的人物が時間的，空間的に永続し，多少予測できる動きを示す対象として考えられるようになる。母親の感情や動機を洞察し得るようになり，協調的な関係の基礎が形成される。

出所：ボウルビィ（1991）をもとに作成。

5　社会性の発達

1　社会性と自我の発達

　仲間同士のコミュニケーション能力はソーシャル・スキル（social skill）の点から研究されている。高橋ほか（2008）は幼児のソーシャル・スキルの構造を検討し，「協調」（誰かが失敗すると励ましたり慰めたりする，など），「自己制御」（ほしいものがあっても説得されれば我慢できる，など），「自己表現」（誰かが話をし

たら何らかに明らかな反応をする，など），という3つの側面を見出しており，4〜6歳にかけて「協調」と「自己抑制」は年齢にともなって高まるものの，「自己表現」は高まりにくいことが示唆されている。

　ソーシャル・スキルに代表されるさまざまなコミュニケーション能力のなかでも，自分ではどうすることもできずに困った時に助けを求める援助要請は重要な能力である。乳幼児期の援助要請の研究は少ないものの（本田真大・本田泰代，2015），具体的な問題解決を要する課題を幼児に提示し，その課題に取り組む際に近くにいる実験者（大人）に援助を求めるかどうかを検討した実験結果からは，2歳児の時点で，問題解決に有効な相手とそうではない相手を見分けて有効な相手を選ぶことが確認されている（Cluver et al., 2013）。

　仲間とのかかわりの点から遊びの発達を観察・分類したパーテン（M. B. Parten）は，遊びの分類を図4-5のように示している（Parten, 1932）。この研究によれば，2歳では並行遊びやひとり遊びが多く，3歳以降に連合遊びと協同遊びが増加する。すべてのひとり遊びが発達的に未熟なことの現れというわけではないが，遊びのなかで見られるこれらの仲間とのかかわりは，幼児の仲間関係の発達の現れとして捉えることができよう。

遊　び	内　　容
専念しない行動	ひとりでからだを動かしたり何かをボーッと見ている状態
ひとり遊び	他の子どもとは違う遊びをしている状態
傍観者遊び	他の子どもの遊びを眺めているが，その遊びに積極的に参加しない状態
並行遊び	他の子どもと同じような遊びをしているが，お互いの交流がない状態
連合遊び	他の子どもと一緒に遊び，会話や遊具の貸し借りなどお互いの交流はあるが，遊びのなかでのはっきりとした役割分担や共通のルールがない状態
協同遊び	他の子どもと一緒に遊び，集団のなかでの役割分担やルールが見られる組織的な遊び

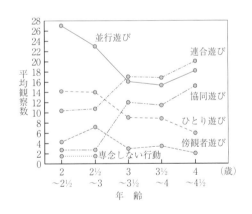

図4-5　遊びの発達
出所：Parten（1932），岩立（1997），黒田（2006）をもとに作成。

２　第一次反抗期と自己調整能力の発達

　3歳頃までに自己主張が次第に強まり，「自分でする，自分でできる」と主張し，親に対して何でも嫌がる時期がある。この時期は第一次反抗期と呼ばれ，何事も自分でしたい子どもと，しつけようとする養育者の間で，対立や葛藤が生じる。この経験によって子どもは自分とは異なる他者の存在を知り，自己意識を高めていく。

第Ⅱ部　発達の道筋への理解

　　第一次反抗期は「自我の芽生え」であり，親からの独立期・自立期と言えるため，自我の健全な発達にとっては望ましいことである（新井，2000）。しかし，この時期の子どもはたとえ自分でしたいと思ってもできないこともあり，思い通りにいかないことで葛藤する。この「やりたい気持ち」と「できない現実」の葛藤への対処が幼児期の重要な課題であり，子ども自身がこの課題を乗り越えるために，自己調整能力が必要になる（岡本，2013）。

　　自己主張・実現や自己抑制は自己調整能力の一部である（大内・長尾・櫻井，2008）。自己主張・実現は3～4歳にかけて大きく伸びる一方で，自己抑制は3～7歳にかけて緩やかに高まる（柏木，1988）。子どもたちが自分のやりたいことを言い合うことで（自己主張），けんかやいざこざを経験する。保育者の援助も受けながらお互いに動作や言葉で自らの思いと感情を表現しあうなかで，自分と他者の思いや感情の違いに気づき，時には我慢したり譲ったりする（自己抑制）という経験を重ねる。

　　自我の芽生えとしての第一次反抗期や仲間とのけんか・いざこざは自己調整能力（とくに自己主張）の成長の証であり，養育者や保育者などの大人や仲間たちとの相互作用を通して適切な自己主張の仕方や自己抑制を学び，自己調整能力の発達が促されていく。

Exercise

① 　幼児期によく見られる遊びを具体的に取り上げて，その遊びのなかに含まれる「体のバランスをとる動き」「身体を移動する動き」「用具などを操作する動き」（文部科学省，2012）について考えてみよう。

② 　幼児期の運動能力，言語能力，社会性の発達における幼児の主体性，自己決定，および他者（仲間や養育者）との関係の重要性について考えてみよう。

📖次への一冊

桜井茂男編『はじめて学ぶ乳幼児の心理』有斐閣ブックス，2006年。
　　乳幼児期の発達心理学について幅広くまとめられており，事例も多く掲載されている。
内田伸子編『よくわかる乳幼児心理学』ミネルヴァ書房，2008年。
　　乳幼児期の発達心理学に関する豊富なテーマを平易な文章でまとめてある。
岩井邦夫・高橋道子・高橋義信・堀内ゆかり『グラフィック　乳幼児心理学』サイエンス社，2006年。

図表が多く，心理学の実験の内容や結果がわかりやすく紹介されている。

引用・参考文献

新井邦二郎編著「愛着と自立」『図でわかる学習と発達の心理学』福村出版，2000年，
　　122ページ。

バターワース，G.・ハリス，M.，村井潤一監訳，小山正・神土陽子・松下淑共訳『発達
　　心理学の基本を学ぶ──人間発達の生物学的・文化的基盤』ミネルヴァ書房，1997年。

ボウルビィ，J.，黒田実郎・大羽蓁・岡田洋子・黒田聖一訳『新版　母子関係の理論 I
　　愛着行動』岩崎学術出版社，1991年。

ボウルビィ，J.，二木武監訳『ボウルビィ　母と子のアタッチメント──心の安全基地』
　　医歯薬出版，1993年。

Bridges, K. M. B., "Emotional development in early infancy," *Child Development*, 3,
　　1932, pp. 324–341.

Cluver, A., Heyman, G., & Carver, L. J., "Young children selectively seek help when
　　solving problems," *Journal of Experimental Child Psychology*, 115, 2013, pp. 570–578.

遠藤利彦「乳幼児期における情動の発達とはたらき」麻生武・内田伸子編『講座　生涯
　　発達心理学 2　人生への旅立ち──胎児・乳児・幼児前期』金子書房，1995年，129
　　～162ページ

郷式徹「乳幼児が世界を知るメカニズム」無藤隆・岩立京子編著『新　保育ライブラリ
　　子どもを知る　乳幼児心理学』北大路書房，2009年，32～43ページ。

本田真大・本田泰代「幼児期，児童期，青年期の援助要請研究における発達的観点の展
　　望と課題」『北海道教育大学紀要（教育科学）』65(2)，2015年，45～54ページ。

堀内ゆかり「認知発達と学習」岩井邦夫・高橋道子・高橋義信・堀内ゆかり『グラ
　　フィック　乳幼児心理学』サイエンス社，2006年，52～74ページ。

岩立志津夫「遊びの発達」桜井茂男・岩立京子編著『たのしく学べる乳幼児の心理』福
　　村出版，1997年，113～124ページ。

柏木惠子『幼児期における「自己」の発達──行動の自己制御機能を中心に』東京大学
　　出版会，1988年。

黒田祐二「社会性と友達関係」桜井茂男編『はじめて学ぶ乳幼児の心理──こころの育
　　ちと発達の支援』有斐閣ブックス，2006年，171～188ページ。

Lewis, M., "The emergence of human emotions," Lewis, M., & Haviland, J. M.,
　　Handbook of emotions, The Guilford Press, 1993, pp. 223–235.

文部科学省『幼児期運動指針ガイドブック──毎日，楽しく体を動かすために』2012年。

森司朗・杉原隆・吉田伊津美・筒井清次郎・鈴木隆弘・中本浩揮・近藤充夫「2008年の
　　全国調査からみた幼児の運動能力」『体育の科学』60，2010年，56～66ページ。

岡本祐子「幼児期の発達的課題と臨床的課題」岡本祐子・深瀬裕子編著『シリーズ生涯
　　発達心理学①　エピソードでつかむ生涯発達心理学』ミネルヴァ書房，2013年，64～
　　67ページ。

大内晶子・長尾仁美・櫻井茂男「幼児の自己制御機能尺度の検討──社会的スキル・問
　　題行動の関係を中心に」『教育心理学研究』56，2008年，414～425ページ。

Parten, M. B., "Social participation among pre-school children," *The Journal of
　　Abnormal and Social Psychology*, 27, 1932, pp. 243–269.

ピアジェ，J.，谷村覚・浜田寿美男訳『知能の誕生』ミネルヴァ書房，1978年。

Piaget, J., & Inhelder, B., Langdon, F. J., & Lunzer, J. L. (Trans.), *The child's conception of space*, Routledge, 1956.

Sroufe, L. A., *Emotional development: The organization of emotional life in the early years*, Cambrige University Press, 1996.

杉原隆「幼児期の運動能力，体力の捉え方」杉原隆・河邉貴子『幼児期における運動発達と運動遊びの指導　遊びのなかで子どもは育つ』ミネルヴァ書房，2014年，3〜11ページ。

杉原隆・近藤充夫・吉田伊津美・森司朗「1960年代から2000年代に至る幼児の運動能力発達の時代変化」『体育の科学』57，2007年，69〜73ページ。

杉原隆・吉田伊津美・森司朗・筒井清次郎・鈴木隆弘・中本浩揮・近藤充夫「幼児の運動能力と運動指導ならびに性格との関係」『体育の科学』60，2010年，341〜347ページ。

杉本敏夫「思考・言語」鹿取廣人・杉本敏夫・鳥居修晃『心理学　第4版』東京大学出版会，2011年，167〜210ページ。

高橋雄介・岡田謙介・星野崇宏・安梅勅江「就学前児の社会的スキル——コホート研究による因子構造の安定性と予測的妥当性の検討」『教育心理学研究』56，2008年，81〜92ページ。

内田伸子『発達心理学——言葉の獲得と教育』岩波書店，1999年。

内田伸子「日本の子育ての格差——学力基盤力の経済格差は幼児期から始まっているか」内田伸子・浜野隆『お茶の水女子大学グローバル COE プログラム　格差センシティブな人間発達科学の創成　2　世界の子育て格差——子どもの貧困は超えられるか』金子書房，2012年，1〜18ページ。

山祐嗣「仮説検証」日本発達心理学会編『発達心理学事典』丸善出版，2013年，80〜81ページ。

第5章
児童期の発達

〈この章のポイント〉
　児童期は小学生の時期にあたり，乳幼児期や青年期に比べて，身体的発達が緩やかで，心理的にも安定した時期だと言われている。しかし，小学生の間に，大人には見られないほど背が伸びるなど大きな身体発達が確認できる。また，論理的な思考を頭のなかで行えるようになるなど，認知能力の発達も著しい。さらに，仲間関係を通して社会性を発達させ，他者と自分との比較によって自己概念も明確にしていく。本章では，これら児童期の発達の特徴について解説する。

1　身体・運動能力の発達

1　児童期の身体の発達

　児童期の身長や体重の発達の割合は，幼児期に比べて緩やかな傾向である。スキャモン（R. E. Scammon）の発達曲線（本書の第3章を参照）では，身長や体重などの一般型が急激に発育するのは乳幼児期と思春期であり，それに比べて児童期の一般型は曲線が緩やかで，リンパ腺など免疫系の発達が著しいことがわかる。しかし，2016（平成28）年度の学校保健統計調査によると，小学校第1学年と小学校第6学年の平均身長と平均体重を比較した場合，身長は40センチ近く伸びること，体重の平均値も2倍程度増加していることが明らかになっている（文部科学省，2017）。このように，児童期の身体発達は，その割合としては乳幼児期や思春期よりも小さいが，体格の向上という大きな変化を観察できる特徴がある。また，体格が成人に近づくプロセスでは，骨も発達していく。例えば，手の関節部分である手根骨は，児童期を通して化骨していき，12～13歳頃に全部の数が揃う（新井・上田，1972：図5-1）。そして，これらの身体発達にともない，児童期には運動能力のめざましい発達がみられる。

2　児童期の運動能力の発達

　児童期の運動能力に関しては，文部科学省が体力・

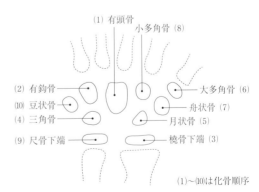

図5-1　手根骨の化骨順序
出所：新井・上田（1972）。

運動能力調査を毎年実施している。その結果によると、男女とも第1学年から学年の上昇にともない記録が上昇することが示されている（文部科学省，2016）。また、瞬発力と関連するソフトボール投げや、持久力と関連するシャトルランなどで男女差が確認されるようになる（図5-2）。この男女差は、児童期後期から始まる第二次性徴の影響もあり、学年の上昇にともなって拡大していく。

身体発達にともなう運動能力の向上と同様に、手腕による技巧性の発達も見られる。例えば、第1学年と第6学年では、運筆の精度が違うことは想像に難くないだろう。第1学年～第2学年では、まだ微細運動は発達途上であり、身体機能の成長の影響だけでなく、小学校や家庭での訓練を通して洗練されていく。

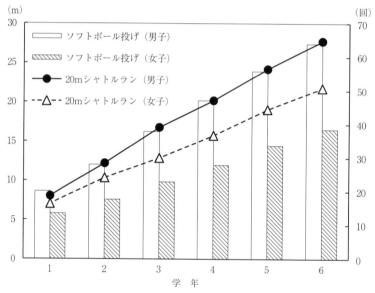

図5-2　学年・男女別ソフトボール投げとシャトルランの結果
出所：文部科学省（2016）をもとに作成。

このように児童期は大人の身体へと近づく時期である。そのため、身体発達を十分に促進させ、また、阻害させないように配慮する必要がある。例えば、児童期の骨格には負荷に弱い軟骨が多く含まれているため、体に大きな力が加わるような運動や同じ動作の多回数の反復は避けるべきである。児童期は、複数の運動遊びやスポーツを通して基本的な動きを習得することが推奨されている（長谷川，2011）。また、規則正しい生活習慣や十分な栄養、睡眠も身体の発達には不可欠である。しかし、家庭の問題や多忙な生活によって、これらの環境要因が十分に満たされない場合、子どもたちの身体発達は阻害されるうえ、それらが強いストレスとなって心理面にも影響する可能性もある。

2 認知の発達

1 ピアジェの認知発達理論——具体的操作期の特徴

　児童期は劇的な認知発達が見られる時期である。ピアジェ（J. Piaget）の認知発達理論によると，児童期に該当する7歳前後から具体的操作期が始まる。具体的操作期の子どもは，目の前に具体的な場面や課題対象を提示された場合に，見かけに左右されない論理的思考が可能になる。ここでは，具体的操作期に見られる認知発達の特徴を紹介する。

　具体的操作期における認知発達の特徴は，脱中心化（decentering）が見られることである。児童期では，幼児期の自己中心的な世界観が衰退し，複数の視点の存在に気づき，自分の視点だけでなく他者の視点からも対象を認知できるようになる。この脱中心化によって，子どもは自分と異なる位置に置かれた人形から見える光景を想像できるようになり，9〜10歳頃には三つ山課題（本書の第4章を参照）にも正答できるようになる。複数の視点から対象を捉えられるようになることは，知覚的に目立つ特徴にのみ注目することによって引き起こされる誤った判断を脱して，客観的で論理的な思考をもつことも意味する。

　具体的操作期における認知発達のもう一つの特徴は，操作が存在することである。操作とは，簡単に言うと頭のなかで行われる論理的な思考である。この操作の産物とされるのが，保存課題の達成である。児童期の子どもは，液量の保存課題において，液体は注ぎ足されておらず，取り去られてもいないので，変化がないことを説明可能になるのである（図5-3）。これが，可逆性の特徴をもった思考が機能している証拠と考えられているのである。また，この時期には，系列化，分類，時間・空間・速度概念の発達などの論理的な思考が見られるようになる。

① 系列化

　要素を一定の性質にしたがって順序立てることは系列化と呼ばれ，児童期になると可能になる操作の一つである。例えば，棒の長さの比較があげられる。幼児であっても2つの棒A，Bの長さであれば，A＜Bのように，その長短を判断することはできる。しかし，Aを視界から隠したまま，3本目の棒Cを追加し，B＜Cという判断をさせ，さらにAとCの長短を尋ねると，幼児は答えられないのである。一方，7歳頃になると，各項は次のすべての項よりも小さく（関係＜），かつ，前のすべての項よりも大きい（関係＞）といった全体系列が作られるようになり，課題に正答できるようになる。その後，重さの系列化は9歳頃，体積の系列化は11〜12歳頃に得られるようになる。

▷1　このように対象によって全体系列の操作が可能になる時期に違いがあるのは，重さの保存や体積の保存が発達にともない徐々に獲得されるためである。

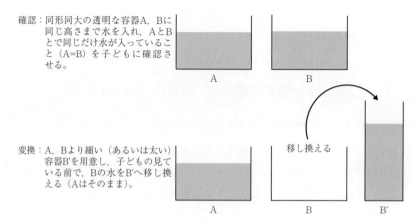

図5-3 液量の保存課題
出所：ピアジェ（1970＝2007）。

② 分類

児童期には，全体のなかに部分をはめこむことや，全体に関係させて部分を取り出すことなど，部分・全体の包摂関係を含めた分類概念が形成される。例えば，丸く赤いおはじき7個と，丸く白いおはじき2個を適当に並べて子どもに見せる。そして，「丸いおはじきが多いか，赤いおはじきが多いか」を子どもに尋ねる。すると，7歳以前の子どものほとんどは，「赤の方が多い」と答えるという（図5-4）。これは，全体を2つの部分に分ける限り，頭のなかで2つに分けられた全体と，部分の一方を比較することができないためだと考えられている。一方，7歳頃から「部分＝全体−他の部分」という操作が可能になり，全体と部分の比較が可能になる。

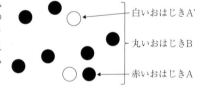

図5-4 クラス包含の量化課題
出所：ピアジェ（1970＝2007）。

③ 時間・空間・速度概念の発達

時間や空間，速度に関する概念の発達も児童期に見られるとされる（Piaget, 1927＝1969）。ピアジェの実験では，おもちゃの車を2台提示し，「どちらが長い時間走ったか」「どちらが先に止まったか」を子どもに比較させている。この一連の実験では，2台の車の速さや進行方向，停車位置，停車のタイミング

などを変え，複数の場面を子どもに提示している（図5-5）。この実験の結果，幼児期の子どもは「より距離が長い方が走った時間が長い」と捉え，「より手前である方が先に止まった」と判断をすることが示された。このことから，幼児期は時間と空間の概念が未分化であると考えられている。一方，児童期になると，より速い＝より短い時間という持続時間に関する正しい評価をもてるようになる。また，出来事の継起を順序づけられるようになり，かつ，持続時間と継起を体系的に結びつけて考えられるようになるとされている。しかし，後にピアジェのこの実験は批判され，速さの概念は小学校第5学年～第6学年でも誤答が見られることが明らかにされている（松田・岡崎, 2011）。

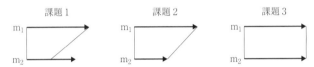

図5-5　ピアジェにおける走行時間の比較課題
注：m_1，m_2は2つの動体（おもちゃの車）。太線の矢印の向きは2つの動体の各々の進行方法，太線は運動の軌跡，細線は同時刻の2つの動体の位置。
出所：松田・岡崎（2011）。

2　児童期の認知発達と学校教育

　具体的操作期の段階にある子どもは，大人とすべて同じ思考ができるわけではない。仮説的・抽象的な状況で論理的な思考を展開するためには，次の認知発達段階への移行が必要とされる。これに関連して，小学校第3学年頃に分数など頭のなかで具体的に考えることが難しい課題に対してつまずく場合がある。これが，一般に「9歳の壁」と呼ばれる問題である。そこで，子どもたちは抽象的な思考に移行する途上であることを考慮に入れ，その発達を促進させるような教育の実践が求められる。また，児童期の認知発達の特徴である系列化，分類，時間・空間・速度概念の発達は，いずれも小学校で学習する算数，理科に関連するものである。小学校では，一定の知識内容や技能を組織的・系統的に教授・学習する経験を積むことができる。そのため，学校教育の経験は，子どもの認知発達に重要な影響を及ぼすと考えられる。実際，セネガル農村部の子どものなかで就学経験がない者は，色という見た目の特徴による分類に終始したのに対し，就学経験がある者は事物の機能という抽象度の高い要素での分類へと移行したことが示されている（Greenfield & Bruner, 1966）。

第Ⅱ部　発達の道筋への理解

3　社会性の発達

1　児童期の共感性の発達

　児童期になり小学校に入学すると，子どもの生活する世界は大きく広がる。子どもたちは一日の大半の時間を小学校で過ごすことになり，家族だけでなく，同級生や他学年の子どもたち，教師とかかわることを通して，社会的ルールを学習し，社会性を発達させていく。また，認知能力の発達にともない，他者の視点を理解することができるようになることも社会性の発達に大きく関連する。例えば，児童期では心の理論（theory of mind）の発達により，「Aさんは物Xが場所Yにあるのを知っている……とBさんは思っている」という二次的信念の理解や，他者を気遣った嘘の使用，皮肉の理解が可能になることが報告されている（Broomfield et al., 2002；子安，1997）。このように，学校での経験と認知発達を背景としながら，児童期の社会性の発達が進んでいく。本項では，社会性の指標の一つとして，他者の感情や意図を適切に理解する共感性（empathy）を取り上げる。

　共感性は，他者の感情を理解しようとする認知的側面と，他者の感情を知覚することにより生じる自分の感情反応的側面の2つの側面がある。共感性の2側面のうち，他者の感情を知覚することで生じる自分の感情反応は，発達の早期から確認されている。一方，共感性の認知的側面は，子どもの認知能力の発達にともなって洗練されていく。そして，この共感性について，ホフマン（M. L. Hoffman）は発達理論をまとめている（Hoffman, 2000 = 2001）。以下に，共感性の発達段階を示す。

　レベル1は生後1年までの子どもが該当する。まだ自己と他者を明確に区別できない。この時期の乳児には，他児の泣き声に反応して自分も泣き，そして母親に抱っこされようと母親のところまでハイハイするといった様子が見られる。

　レベル2は1歳頃の子どもが該当する。自分と他者の区別ができるようになってきてはいるが，まだ自他の内的状態を混同しており，自己中心的な共感を示す段階である。例えば，泣いている他児を慰めるために，自分のお気に入りの人形を渡そうとしたり，あるいは，その子どもの母親が近くにいても自分の母親を連れてくるなどの行為を示す。

　レベル3は2〜3歳以降の子どもが該当する。役割取得（role-taking）能力の始まりとともに，他者の感情が自分と異なるものだと考えることが可能となる。そのため，単純な状況なら，他者の感情を理解し，他者の要求に適した方法で援助しようという動機が芽生える。また，成長にともない，他者を援助す

▷2　心の理論（theory of mind）
自分と他者の欲求や感情，知識，信念などを理解し，区別し，他者の行動を予測したり解釈する一貫した考えのこと。科学的理論とは異なる，一般人のもつ素朴理論の一つである。

▷3　役割取得（role-taking）
周囲の他者の態度や期待を自己の内部に取り込むことで，社会から自分に要求されている役割を取得し，その役割を実行すること。

58

る行動レパートリーも増加する。

　レベル4は児童期後期〜青年期初期の子どもが該当する。この時期の子どもは，他者の慢性的な苦痛や，目の前には存在しない抽象的な他者の苦痛（貧困や被圧迫感，社会的に弱い立場にいる者など）に共感できるようになる。これらが可能になるのは，他者を目の前の状況を超えた人生経験を有する存在と捉えられるようになることが関連する。そして，それらの苦痛を軽減したいという他者志向の共感が起きるようになる。

　このように，他者と自分の感情も未分化である乳幼児は，自分の感じた苦痛の解消を求めるが，より年長の子どもは他者の感情を自分のものではないと理解できるので，他者の苦痛の軽減を試みるようになる。つまり，児童期において，共感性は他者志向的な感情反応が生じるように変化していくのである。

2　児童期の道徳性の発達

　共感性と同様に，学校生活や認知発達を背景に，規範意識や道徳性が発達していく。ここでは，行動の善し悪しをどのような基準で判断するのかを意味する道徳判断の発達理論を紹介する。

　コールバーグ（L. Kohlberg）は，子どもも自分なりの正しさの枠組みをもっており，それに基づいて道徳的判断をすると考えた。そこで，ハインツのジレンマという道徳的葛藤場面を子どもに提示し，登場人物であるハインツの行動をどのように判断するかを問うことで，道徳判断の発達を検討した。その結果，道徳判断は，表5−1の3水準6段階のように発達的に変化していくことを示した（Kohlberg, 1969）。この理論では，子どもは合理的認識を発達させることで，より高次の道徳性を導くと考えられた。具体的には，はじめは，罰を避け，報酬が得られるといった理由から判断を行う「前慣習的水準」，他人から肯定されるためや社会的ルールの理由から判断を行う「慣習的水準」，最後に，慣習を超えて普遍的な道徳的価値や原理によって判断を行う「脱慣習的水準」へと発達するとされた。このように，児童期には認知能力や共感性，道徳判断の発達が進みつつ，学校生活での社会経験も蓄積され，子どもの社会性が発達していくのである。同時に，コミュニケーションも洗練されていき，仲間関係や社会的行動も変化していくのである。

▷4　ハインツのジレンマ
妻の命を救うために，やむなく薬を盗んだハインツの行動について，どのような判断をするかを問う課題である。

第Ⅱ部　発達の道筋への理解

表5-1　コールバーグの道徳性の発達段階

水　準	段　階	概　要
前慣習的水準	1．罰と服従志向	罰を避け，力をもつものに服従することに価値が置かれる。
	2．報酬志向	自分の欲求や他者の欲求を満足させることに価値が置かれる。
慣習的水準	3．対人的同調志向	他者から肯定されることに価値が置かれる。
	4．「法と秩序」志向	権威を尊重し，自己の義務として社会秩序を維持することに価値が置かれる。
脱慣習的水準	5．社会的契約志向	個人の権利や社会的公平さに価値が置かれる。
	6．普遍的倫理的志向	法や社会の規則を考えるだけでなく，正義について自ら選んだ基準と，人間の尊厳の尊重に価値が置かれる。

出所：Kohlberg（1969），渡辺ほか（2008）をもとに作成。

4　仲間関係と社会的行動の発達

1　児童期の仲間関係

　先述したように，児童期に見られる身体・運動機能，認知，社会性の発達は，子どもたちの活動を広げ，結果として，幼児期よりも仲間との活発な交流が促進される。例えば，児童期には，協同遊びやルール遊びが増加する。これらの遊びでは，参加する成員内で同じ遊びのイメージを共有したり，1つのルールに従うことによって，幼児期よりも大きな集団での遊びが可能になる。また，児童期中期以降になると，ギャング・グループ▷5（本書の第6章を参照）と呼ばれる同性の親密な数名の友人と閉鎖的な仲間関係を形成するようになる。この仲間集団は，グループ内でしか通じない言葉やルール，秘密基地を作り，同じ遊びを共有できない仲間を排除し，リーダーとフォロワーの役割がはっきりとしているなどの特徴をもっている。こうした仲間関係を通して，子どもたちは仲間内の役割，規範，責任，約束など社会的な事柄を学ぶのである。さらに，児童期では，異性の仲間とではなく，同性の仲間同士で遊ぶことを好むようになる（Serbin et al., 1993）。そして，子どもたちは男女別の仲間関係において，それぞれの文化を形成することとなる。

　男子と女子の仲間関係は，遊びのスタイルや活動の好み，友人関係の点で違いが見られる（Maccoby, 1998）。男子の仲間関係では，荒っぽい身体的な遊びが多く行われ，競争的な活動や組織だったスポーツに参加する傾向が見られる。また，仲間のなかで誰が強いのかに関心をもち，社会的な地位の支配が重視される。そして，男子はより大きく構造化された集団や活動内容に関心をもつ傾向がある。ほかにも，男子の方が集団としてのまとまりが強く，男らしい行動に価値を置いて相互に強化しあう。対照的に，女子の仲間関係では，活動

▷5　近年は，放課後に子どもが自由に遊べる時間や場所が減少しており，ギャング・グループのような親密な関係性を築けない子どもが増加していると言われている。

内容よりも親和的な関係性を重視し，社会的な接触のために一緒にいることが多い。身体的な強さや競争的な遊びへの興味は薄い一方で，女子の方が活動の好みが幅広い傾向にある。また，女子は集団よりも，2人組の友人関係に焦点を当てており，誰と誰が親友であるかについて関心が高い。さらに，女子の人間関係は友人同士で打ち明け話をするなど親密性が高いが，排他的な一面がある。そして，これら男女の仲間関係の違いは，児童の社会的行動に影響する。

☐2 児童期の社会的行動の発達

　児童期は，仲間から認められたい，好かれたいという欲求が高まる時期だと考えられている。本項では，児童期の仲間関係において好かれる子ども，拒否される子どもの特徴について，社会的行動の観点から説明する。

　仲間指名法によって測定された社会的選好得点[▷6]の高い児童は，親切で，協力的であり，社交的であり，向社会的行動（prosocial behavior）傾向が高い（LaFontana & Cillessen, 2002）。向社会的行動とは，他者の利益を意図した自発的な行動であり（Eisenberg et al., 2006），「分与・援助・慰め」が代表的な行動である。アイゼンバーグ（N. Eisenberg）は，向社会的行動を行うか否かの判断の発達について検討している。それによると，幼児期では自分の利益や他者からの要求といった理由が多いのに対し，児童期では他者からの承認や一般的な善悪の判断，同情や罪悪感などの他者への気遣いといった愛他的な理由が増えると論じている（Eisenberg, 1992＝1995）。また，共感性の高い者ほど向社会的行動を示すことも明らかになっている。さらに，向社会的行動傾向の高い児童は，攻撃行動（aggression）傾向が低く，学業成績も良好であることが示されている（Bandura et al., 1996）。これらの特徴から，向社会的行動は，仲間内での人気に関連する。

　一方，仲間から拒否される子どもの特徴の一つとして，攻撃行動傾向が高いことがあげられる。攻撃行動は，他者に危害を加えようとする意図的行動である（大渕，2011）。その下位分類には，殴る，罵るなどの外顕的攻撃（overt aggression），仲間外れにする，無視するなどの関係性攻撃（relational aggression）がある（Crick & Grotpeter, 1995）。前者は力強さを重視する男子の仲間関係において，後者は関係性を重視する女子の仲間関係において，相手を傷つける有効な方略として採用される傾向がある。これらの攻撃行動は仲間からの拒否を招くが，それだけではなく，拒否された経験によって他者への敵意的な捉え方が形成されたり，攻撃的な仲間同士が結びついてお互いの攻撃行動を強化しあったりして，より攻撃的になることがわかっている（Dodge, 1993；Ladd, 1983）。このように，攻撃行動と仲間関係は複雑に関連しあい，否定的な結果をもたらす。しかし近年，児童期後期から青年期にかけて，攻撃行動が仲

▷6　社会的選好得点
同じクラスの好きな子3名と好きではない子3名を指名させる。次に，各児童が受けた好きな子としての指名数と好きではない子としての指名数をクラスごとに標準得点化する。そして，標準化された好きな子としての指名数から好きではない子としての指名数を引いた値が社会的選好得点となる。

第Ⅱ部　発達の道筋への理解

間内での中心性，魅力，影響力などの人気の高さとの関連を強めることが明らかになった（Cillessen & Mayeux, 2007；Rodokin et al., 2000）。よって，社会的行動と仲間関係の関連を検討することは，とりわけ青年期以降の心理社会的適応を理解するうえで，非常に重要である。

5　自己概念の発達

［1］　児童期の自己の捉え方の発達

　自己概念（self-concept）とは，性格や能力，身体的特徴など，自らのことを客観的に把握した概念のことである。児童期は，自己概念の大きな変化が生じる時期である（Harter, 2012）。

　幼児期では，目に見える行動や外見的特徴，好きなもの，所有物などの表面的な内容で捉えられていた自己概念も，児童期になると，より多面的に捉えられるようになる。小学校の第1学年〜第2学年では，自分の行動に関する言及が増えるくらいで，表面的な内容に関する言及が多いが，学年の上昇にともない，性格や人間関係などのより内面的な内容から自己を捉えるようになる。また，児童期の自己概念は，幼児期に比べて正確さが増す。幼児は，自己中心的な世界の捉え方をしているため，自己を理想的に捉え，肯定的な面ばかり言及する傾向がある。しかし，児童期になると，学校生活で学習や運動の成果を他児と比較することを経験し，認知能力の発達によって，複数の視点から客観的に自己を捉えられるようになる。このように自己と他者を比較し，自己を正確に評価したり評価の妥当性を確かめたりすることを，社会的比較（social comparison）という。こうした変化によって，児童は自己の肯定的な面と否定的な側面の両方を同時に捉えることもできるようになり，複雑な自己概念が形成されるようになる。さらに，小学校の高学年になると，現在の自分と過去や未来の自分はつながっているという感覚が生じ，過去の自分と現在の自分を比較したり，将来の自分について考えることもできるようになる。

［2］　児童期の有能感の発達

　「○○をすることができる自分」というように，自己を能力のある存在と捉えることも自己概念の一部である。とくに児童期では，学業成績，運動能力，仲間関係などの領域の能力が子どもたちに重要視される。これに関連して，環境と効果的に相互交渉する能力に有能感（competence）がある。桜井（1983）は，学業面，運動能力，仲間関係の3領域と全体的な面について有能感を測定し，その発達的変化を検証している。その結果，小学校の第3学年〜中学校の

第3学年の子どもたちでは、学年の上昇にともない学習面と全般的な有能感が減少することが明らかになった（図5-6）。有能感が減少する理由としては、無条件に自己に対して肯定的だった幼児期を脱し、児童期では客観的に自己を捉えられるようになり、他者との社会的比較を通して自己評価が低くなっていくためだと考えられている。このようにある意味、冷静に客観的に自己を評価できるようになることで、得意な面がある自分も、苦手な面がある自分も、どちらも自分の一部であるというように、自己の多側面が統合された自己概念が形成されていく。これは「自分らしさ」とは何かを明らかにしていくプロセスの始まりでもあり、続く青年期での大きな課題につながるのである。

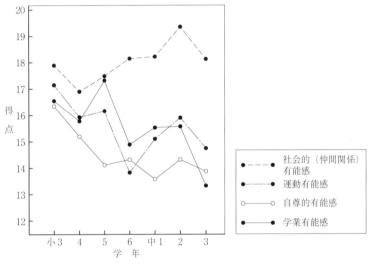

図5-6　有能感の学年による変化

出所：桜井（1983）。

Exercise

① 自分の小学校低学年の時を振り返り、算数の学習の理解を助けてくれた教材にはどのようなものがあったか考えてみよう。

② 児童期の社会性に対して、認知能力と仲間関係の発達が果たす機能について説明してみよう。

③ 自己概念の発達は、子どものキャリア発達の観点においてどのような意義があるか考察してみよう。

📖次への一冊

伊藤亜矢子『エピソードでつかむ児童心理学』ミネルヴァ書房，2011年。
　　各トピックの導入部分に具体的なエピソードが提示されており，現代の小学生像について非常に理解しやすい構成になっている。初学者におすすめである。
ピアジェ，J.，中垣啓訳『ピアジェに学ぶ認知発達の科学』北大路書房，2007年。
　　抽象的な用語が多く難解なピアジェの理論について，多くの訳注，図表を提示してわかりやすい解説を試みている。認知発達を専門に学びたい人向け。
渡辺弥生・伊藤順子・杉村伸一郎『原著で学ぶ社会性の発達』ナカニシヤ出版，2008年。
　　社会性の発達に関する有名な研究を，目的，方法，結果，考察のスタイルでコンパクトに紹介した内容となっている。関心のあるテーマ探しにも役立つ。
クーパーシュミット，J. B.・ダッジ，K. A.，中澤潤監訳『子どもの仲間関係——発達から援助へ』北大路書房，2013年。
　　児童・青年の仲間関係における拒否をキーワードに，主にアメリカの膨大な研究についてまとめられている。専門的な内容が多いが，児童・青年の仲間関係について深く学べる。

引用・参考文献

新井清三郎・上田礼子『リハビリテーション医学全書2　人間発達』医歯薬出版，1972年。

Bandura, A., Barbaranelli, C., Caprara, G. V., & Pastorelli, C., "Multifaceted impact of self-efficacy beliefs on academic functioning," *Child Development*, 67, 1996, pp. 1206–1222.

Broomfield, K. A., Robinson, E. J., & Robinson, W. P., "Children's understanding about white lies," *British Journal of Developmental Psychology*, 20, 2002, pp. 47–65.

Cillessen, A. H. N., & Mayeux, L., "Variations in the association between aggression and social status: Theoretical and empirical perspectives," Hawley, P. H., Little, T. D., & Rodkin, P. C., *Aggression and adaptation: the bright side to bad behavior*, Erlbaum, 2007, pp. 135–156.

Crick, N. R., & Grotpeter, J. K., "Relational aggression, gender, and social psychological adjustment," *Child Development*, 66, 1995, pp. 710–722.

Dodge, K. A., "Social-cognitive mechanisms in the development of conduct disorder and depression," *Annual Review of Psychology*, 44, 1993, pp. 559–584.

Eisenberg, N., *The caring child*, Harvard University Press, 1992（アイゼンバーグ，N.，二宮克美・首藤敏元・宗方比佐子共訳『思いやりのある子どもたち——向社会的行動の発達心理』北大路書房，1995年）.

Eisenberg, N., Fabes, R. A., & Spinrad, T., "Prosocial development," Eisenberg, N., Damon, W., & Lerner, R. M., *Handbook of child psychology: Social emotional, and personality development*, 6th edition, John Wiley & Sons, 2006, pp. 646–718.

Greenfield, P. M., & Bruner, J. S., "Culture and cognitive growth," *International Journal of Psychology*, 1, 1966, pp. 89–107.

Harter, S., *Construction of the self: Developmental and sociocultural foundations*, 2nd edition, The Guilford Press, 2012.

長谷川恵美子「子どもの体の成長」伊藤亜矢子編著『エピソードでつかむ児童心理学』ミネルヴァ書房, 2011年, 55～68ページ。

Hoffman, M. L., *Empathy and moral development: Implications for caring and justice*, Cambridge University Press, 2000（ホフマン, M. L., 菊池章夫・二宮克美訳『共感と道徳性の発達心理学——思いやりと正義とのかかわりで』川島書店, 2001年）.

Kohlberg, L., "Stage and sequence: The cognitive development approach to socialization," Goslin, D. A., *Handbook of socialization theory*, Rand McNally, 1969, pp. 347–480.

子安増生『子どもが心を理解するとき』金子書房, 1997年。

Kupersmidt, J. B., & Dodge, K. A., *Children's peer relations: From development to Intervention*, American Psychological Association, 2004（クーパーシュミット, J. B.・ダッジ, K. A., 中澤潤監訳『子どもの仲間関係——発達から援助へ』北大路書房, 2013年）.

Ladd, G. W., "Social networks of popular, average, and rejected children in school settings," *Merrill-Palmer Quarterly*, 29, 1983, pp. 283–308.

LaFontana, K. M., & Cillessen, A. H. N., "Children's perceptions of popular and unpopular peers: A multimethod assessment," *Developmental Psychology*, 38, 2002, pp. 635–647.

Maccoby, E. E., *The two sexes: Growing up apart, coming together*, Harvard University Press, 1998.

松田文子・岡崎善弘「時間概念の発達」子安増生・白井利明編『時間と人間』新曜社, 2011年, 258～273ページ。

文部科学省「平成27年度体力・運動能力調査」2016年。http://www.e-stat.go.jp/SG 1 / estat/List.do?bid=000000107238&cycode= 0 （2017年3月30日閲覧）

文部科学省「平成28年度学校保健統計調査」2017年。http://www.e-stat.go.jp/SG 1 / estat/NewList.do?tid=000001011648 （2017年3月30日閲覧）

大渕憲一『新版　人を傷つける心——攻撃性の社会心理学』サイエンス社, 2011年。

Piaget, J., *Le Developpement de la Notion de Temps chez l'Enfant*, Presses Universitaires de France, 1927（Piaget, J., & Pomerans, A. J. (Trans.), *The child's conception of time*, Routledge, 1969）.

Piaget, J., "Piaget's theory," Mussen, P. H., *Carmichael's manual of child psychology*, 3rd edition, John Wiley & Sons, 1970, pp. 703–732（ピアジェ, J. 中垣啓訳『ピアジェに学ぶ認知発達の科学』北大路書房, 2007年）.

Rodkin, P. C., Farmer, T. W., Pearl, R., & Van Acker, R., "Heterogeneity of popular boys: Antisocial and prosocial configurations," *Developmental Psychology*, 36, 2000, pp. 14–24.

桜井茂男「認知されたコンピテンス測定尺度（日本語版）の作成」『教育心理学研究』31, 1983年, 245～249ページ。

Serbin, L. A., Powlishta, K. K., & Gulko, J., "The development of sex typing in middle childhood," *Monographs of the Society for Research in Child Development*, 58, 1993, pp. 1–75.

渡辺弥生・伊藤順子・杉村伸一郎編『原著で学ぶ社会性の発達』ナカニシヤ出版, 2008年。

第6章
青年期の発達

〈この章のポイント〉

　青年期は，第二次性徴などの身体的変化や，進学・就職などの環境移行などによって，心理面での変化が生じやすい時期であるとされている。青年への理解やサポートを行う際には，青年期発達の知識が必要不可欠である。本章では，青年期における発達について，身体，認知能力，自己意識，人間関係の観点から解説する。さらに，古典的な理論に留まらず，近年の動向や実証的な知見についても紹介する。

1　身体の発達

1　第二次性徴

　青年期の初期における性的成熟に特徴づけられる時期を，思春期（puberty）と呼ぶ。この時期には，身長，体重，内臓，生殖器など，体が急激に大きくなっていく。この現象は，思春期の発育スパートと呼ばれている。そのなかでも，生殖器の違いなど，生まれながらにして判明している第一次性徴に対して，思春期に特有の身体の性的特徴は，第二次性徴と呼ばれている。例えば，男子であれば，精通，恥毛，声変わり，にきび，顎髭，腋毛，肩幅の拡大などが生じ，女子であれば，初経（初潮），月経，恥毛，声変わり，にきび，腋毛，乳房・臀部の発達などが代表的である。

　このような特徴は，性ホルモンの活性化によって引き起こされている。つまり，思春期になると，脳下垂体から分泌される性腺刺激ホルモンが，男子では精巣に，女子では卵巣に働きかけ，性ホルモン（男性ホルモンはアンドロゲン，女性ホルモンはエストロゲン）の分泌を促す。このような性ホルモンの役割によって，男女とも生殖可能な状態へと身体が変化していくのである。

2　発達加速現象

　親や祖父母世代と比べて，現代の子どもの発達が早いと感じたことはないだろうか。思春期における身体的成熟は，年を経るごとに早まっていることが知られている。世代が新しくなるにつれて身体的発達が促進される現象は，発達加速現象と呼ばれている。発達加速現象は，大きく分けて成長加速現象と成熟

▷1　思春期は，第二次性徴などの身体的特徴によって規定される用語であり，青年期は，社会・文化的文脈によって規定される用語として用いられることが一般的である。

前傾現象がある。成長加速現象とは，身長や体重などが世代が進むごとに増加する現象をさす。成熟前傾現象とは，初経や精通の発現年齢が早期化する現象をさす。

　以上のような発達加速現象が生じる要因としては，栄養状態の向上，ライフスタイルの欧米化（畳から椅子への移行など），都市化による刺激の増大（テレビ，PC，ラジオ，広告など）が取り上げられている。つまり，高度経済成長を経た現代社会では，物があふれており，貧しい生活をする人が減り，生活様式も体に負担のかからない生活をするようになったために，発達加速が促進されているという指摘である。このような社会的背景と身体的発達の関係は，別のデータからも示唆されている。例えば，初経を経験する月が平均的に4月，8月，1月に多いことや，早生まれの子どもほど初経年齢が早いことが明らかにされている（日比野，1993）。このことは，初経という身体的成熟が，環境移行，長期休暇，就学時期などの社会的要因の影響を受けることを意味している。

3　身体的変化にともなう感情

　思春期における急激な身体的変化について，当の本人はどのように感じているのだろうか。ここでは，精通や初経を経験した時のことを，どのように感じたかを調査した結果を紹介する。精通や初経があった時の気持ちとして，「めんどうな」という回答の肯定率は，男子は21.3％，女子は82.4％であった。また，「こまった」の肯定率は，男子は27.7％，女子は42.4％，「ドキドキした」の肯定率は，男子は40.4％，女子は15.3％であった（齊藤，2003）。これらの結果から，男子は精通を興奮がともなう経験として捉えやすい一方で，女子は初経を面倒で困った経験として感じていることがわかる。男子の射精と比べて，女子の月経はコントロールしにくい生理現象であることも，これらの結果に影響を与えていると考えられる。

　身体発達のタイミングと身体満足度の関係に関する研究では，男子の場合は，自分が早熟であると感じている者ほど身体満足度が高く，抑うつ傾向が低いことが示された。他方で，女子の場合は，実際に早熟であるほど身体満足度が低いことが示された（上長，2007）。このような性差については，社会的価値観の影響があることが指摘されている。とくに，女性は痩せていることが美しいという価値観が定着しているため，体重が増えていく身体発達に対して否定的な感情を抱きやすいと考えられる。

2 認知能力の発達

1 形式的操作期の特徴

　青年期は，認知的能力が成熟する時期である。ピアジェ（J. Piaget）は，認知発達が大きく分けて(1)感覚運動期，(2)前操作期，(3)具体的操作期，(4)形式的操作期の 4 つの段階を踏むことを提唱した。(4)の形式的操作期は，抽象的思考や論理的思考が可能となる青年期をさしており，11〜12歳頃から始まり，14〜15歳の時期に完成するとされていた。しかしながら，後の研究によってそれ以降も形式的操作が発達することが示され，ピアジェも後にそのことを認めている（Piaget, 1972）。

　形式的操作期の子どもは，現実の具体的な内容や時間的な流れにとらわれるのではなく，現実を可能性のなかの一つとして位置づけて論理的に思考を行うことができる。具体的には，仮説に基づいて結論を導くような「仮説演繹的思考」が可能となる。また，仮定された命題同士を関連づける「命題論理」も理解できるようになる。

　ピアジェが用いた，命題論理の例をあげてみよう。「エディスはスザンヌよりも髪の色が明るい（金髪である）。エディスはリリーよりも髪の色が濃い（褐色である）。では 3 人のうちで誰の髪の色が一番濃いでしょうか」という問題に対して，11歳以降の形式的操作期の子どもは，「スザンヌが一番濃い」と答えることができる。「明るい」と「濃い」が相対的な関係になっていることを理解できなければ，その序列について頭のなかで整理することはできない。

　そのほか，この時期の特徴として「比例概念」や「組み合わせ思考」の獲得があげられる。例えば，天秤の両側に重さをつるして，つり合わせる課題において，天秤につるす重りの「重さ」と支点からの「距離」の関係性について，考慮しながら回答することができる。つまり，「支点からの距離が 4 対 1 であるならば，重りを 1 対 4 にするとつり合う」といった比例関係を理解できるのである。「組み合わせ思考」の例では，4 種類の液体をいくつか混ぜ合わせると色が変化することがわかっている場合に，その変化が生じる組み合わせを，順序立てて合理的に調べることができる。

2 将来を展望する力

　青年期では，認知的な発達によって，まだ経験したことのない将来について，過去や現在との連続性を踏まえながら，現実的かつ具体的に考えることができるようになる。将来は，過去や現在と違って仮想的な対象であるため，抽

象的・論理的な思考能力がなければ，現実的なイメージは難しい。このこと
は，現在の欲求を抑えて我慢する自己制御の働きや，後で困らないように今か
らすべきことを考える計画性とも密接にかかわっている。

　未来や過去に対する個人の見方は，時間的展望（time perspective）と呼ばれ
ている。時間的展望とは，「ある一定時点における個人の心理学的過去，およ
び未来についての見解の総体」と定義されている（Lewin, 1951）。レヴィン（K.
Lewin）は，児童期から青年期にわたる時間的展望の発達を次の2点から定式
化している。第1に，より遠い未来や過去の事象が，現在の行動に影響を及ぼ
すようになる「時間的展望の拡大」である。第2に，願望するだけの実現不可
能な水準と，実際に努力すれば実現可能な水準とが分化する「現実と空想の分
化」である。これらの知見は，実証研究においても大部分が支持されている。
例えば，小学生，中学生，高校生になるにつれて未来志向的になる一方で，
「あの頃をもう一度やり直したい」などの過去への関心ももつようになること
や（白井, 1997），未来展望の現実性は，年齢を重ねるほど増加すること
（Verstraeten, 1980）などが実証されている。

　以上をまとめると，青年期には，認知発達の影響も相まって，それまでバラ
バラだった過去や未来という時間が現在と結びついていき，「今」という時間
を，広がりや意味をもったものとして解釈し直す時期であると言える。この時
間的展望の発達によって，自分が進むべき進路について，現実的・自律的に考
えられるようになっていく。

　最後に，時間的展望の青年期発達に関して，10～30歳を対象に行われた調査
を紹介する（Steinberg et al., 2009）。この調査では，計画性，時間的展望，結果
の予期について尋ねた。計画性は，前もって計画することが時間の無駄か，そ
れとも物事をうまく進めるための良い方法かを尋ねるものであった。時間的展
望は，将来欲しいものを得るために，今の幸せを我慢するかを尋ねるものでで
あった。ここでの時間的展望は，上述の定義よりも限定的な内容を意味してい
る点に注意する必要がある。結果の予期は，何かを決める時に，事前に起こり
うる可能性を考えておくかどうかを尋ねるものであった。それらの年齢的変化
としては，主に青年期から成人前期にかけて，得点が上昇していた（図6-1）。
このように，青年期は将来を展望する力が養われる時期であることが，データ
からも示されている。

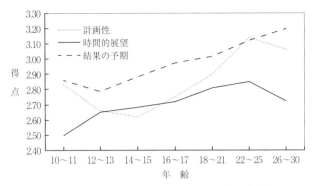

図6-1 計画性，時間的展望，結果の予期の年齢差
出所：Steinberg et al.（2009）をもとに作成。

3 アイデンティティ・自己意識の発達

1 エリクソンの発達理論

　自分とはどのような存在か，自分という存在はどこからきて，どこへ向かうのか……このような自己への実存的な問いが，青年期には生じやすい。以下では，そのようなアイデンティティ（identity）に関する心理学研究の祖である，エリクソンの心理社会的発達理論について紹介する。エリクソンは，図6-2にあるとおり，人生を8つの段階に分けて，各々に発達課題を見出した。この図は，個体発達分化の図式（epigenetic scheme）と呼ばれるものである。エピジェネティックという用語は，個体が生まれて少しずつ成長していくという意味をもち，この図にはエリクソンの独自の考え方が包含されている。各課題が「vs」という形式をとっているのは，両者のせめぎ合いのなかで危機を解決することを強調している。エリクソンは，発達を単なる前向きの方向性のみで考えるのではなく，退行的・病理的方向を含めて捉えている。それゆえに，エリクソンの理論における「発達的危機」は，成長に向かう方向と退行へと向かう方向の分かれ目や岐路を意味しており，否定的な意味だけを表しているのではない。人は危機を経験することによって，一つひとつ発達課題をクリアしてゆくのである。

　ここで注目したいのが，第V段階の青年期の発達課題として設定されている「アイデンティティ vs アイデンティティ拡散」である。アイデンティティとは，「個人が自分の内部に斉一性と連続性を感じられることと，他者がそれを認めてくれることの両方の事実の自覚」と定義されている（Erikson, 1959）。すなわち，私は他の誰でもなく独自な人間であり，今までもこれからも私であり続けるという感覚をもっていることに加えて，その感覚を他者が認めてくれて

▷2　E. H. エリクソン（E. H. Erikson, 1902-94）ドイツ出身のアメリカの心理学者。『幼児期と社会』『アイデンティティとライフサイクル』などの著書で有名。エリクソン自身が，アイデンティティの探求者であり，提唱された理論は多くの臨床経験だけでなく，彼自身の体験にも基づいている。

いるという感覚の両方を合わせたものがアイデンティティなのである。一方で，アイデンティティの拡散状態は，自己定義が不確かで，これまでの軌跡や今後の展望が見えにくくなっている状態であるとともに，他者とのつながりも弱まっている状態である。そのため，アイデンティティ拡散状態に陥っている者は，空虚感や孤独感が強まり，さまざまな問題が引き起こされる。

　日常的に「アイデンティティ」という言葉を使用する時には，他者や社会とのかかわりについて軽視されることが多いが，実はこの点がアイデンティティの概念やエリクソンの理論を理解するためには重要な点である。このように，他者や社会からの要求や是認と，自己の相互作用に着目していることが，「心理社会的」発達理論と呼ばれるゆえんである。

Ⅷ 老年期								統合 vs 絶望
Ⅶ 成人後期							世代性 vs 停滞	
Ⅵ 成人前期						親密 vs 孤独		
Ⅴ 青年期					アイデンティティ vs アイデンティティ拡散			
Ⅳ 児童期				勤勉性 vs 劣等感				
Ⅲ 幼児後期			自主性 vs 罪悪感					
Ⅱ 幼児前期		自律性 vs 恥，疑惑						
Ⅰ 乳児期	基本的信頼 vs 不信							
重要な関係を結ぶ範囲	母親的な人物	両親的な人物	基礎家族	近隣・学校	仲間集団・外集団	友情関係・協働の相手	労働における分業と家族	人類・自分の種族
活力・気力	希望	意志	目標	有能感	忠誠心	愛情	世話	知恵

図6-2　個体発達分化の図式

出所：Erikson（1959）をもとに作成。

2 心理社会的モラトリアム

　エリクソンは，青年期を表す表現として，「心理社会的モラトリアム（psychosocial moratorium）」という用語を使用している。モラトリアムとは，本来，恐慌や天災などの際に起こる金融の混乱を抑えるための支払猶予期間をさすものである。エリクソンはこの概念を，青年期発達に当てはめた。すなわち，青年期は，子どもと大人の狭間であり，大人になるための猶予期間であるとしたのである。この概念は，小此木啓吾によって，「モラトリアム人間」というマイナスのイメージで日本に紹介されたために（小此木，1978），現在では否定的な印象が付きまとうが，エリクソンは，そのような意味では使用していない。むしろ，大人になるための役割実験を積極的に行うことを通して，大人社会での居場所を模索する時期であるとしている。役割実験とは，さまざまな社会的役割を試すことで，自分の適性を見極めることである。現代においては，職業体験，アルバイト，インターンシップなどが役割実験の代表的な例である。

3 自己概念

　アイデンティティと類似した用語に，自己概念（self-concept）がある。自己概念とは，自分自身に対する考えや認識のことでであり，自分の性格や能力，身体的特徴などに関する比較的永続した認識を意味する。

　自己概念を簡単に測定する方法として，Who Am I テストというものがある。これは，「私は，_____。」という未完成な文章を20個用意し，自分自身にかかわる情報を空欄の箇所に自由に書いてもらう形式のテストである。

　このテストを小学生〜大学生を対象に実施した結果，以下の3つの発達的特徴が見出されている（山田，1989）。第1に，年齢が高くなるにつれて記述数が多くなる。とくに，小学生から中学生にかけて記述は急増する。第2に，記述の内容は，外面的なものから内面的なものへと変化する。例えば「私は，男性である」という自己の客観的特徴に関する記述から，「私は，教師になりたい」などの意志や性格に関する記述が増えていく。第3に，記述の内容は，ネガティブで葛藤を含むものから葛藤のないポジティブなものへ変化する。とくに高校生は，他人から見られる自己への関心が高まり，ネガティブな内容の記述が多く見られる。このようなテストからも，自己概念が児童期から青年期にかけて大きく変化することが見て取れるだろう。言うまでもなく，自己概念は，教師や親といった大人，そして友人や先輩・後輩などの人間関係のなかで形成される。そのため，「自分は，ダメ人間だ」などとネガティブな自己概念をもっている者に対しては，周りの大人がポジティブな部分を見出し，伝えることが重要であろう。

4 自己評価

　青年期は，生涯のなかでもとくに自己評価（self-evaluation）が低い時期である。すなわち，若者ほど，自分が好きになれない，自信がもてないという傾向がある。図6-3に，自分への好意度の得点を，年齢別に示した（Ogihara, 2016）。「私は自分が好きだ」という項目に対して，「0. まったくあてはまらない」から「3. とてもあてはまる」の4段階評定で尋ねている。この図から読み取れるとおり，中学生や高校生の年齢では得点が低くなっていることがわかる。自尊感情の研究においても，同様の結果が確認されている（Robins et al., 2002）。青年期に自己評価が否定的になるメカニズムとして，身体的・性的成熟にともなう「身体環境」の変化，大人社会へと活動領域が拡大することによって生じる「活動環境」の変化，大人としてやっていく実感が出る「時間環境」の変化などがあげられている（溝上, 1999）。同時に，他者から見られている自分や，他者よりも劣っている自分を意識するようになる認知的変化も，自己評価を下げる一因となっているだろう。

▷3　**自尊感情**
self-esteem の訳であり，自尊心とも訳される。自分に対する肯定的態度のことである。

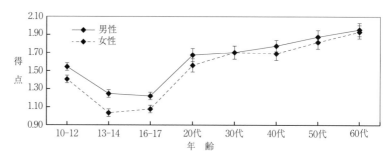

図6-3　自分への好意度の年齢差
注：エラーバーは，95％信頼区間を意味する。
出所：Ogihara（2016）をもとに作成。

4　人間関係の発達

1　親子関係

　青年期における親子関係について，ホリングワース（L. S. Hollingworth）は「心理的離乳」という言葉で表現した（Hollingworth, 1928）。ホリングワースは，12～20歳までのすべての青年に「家族の監督から離れ，一人の独立した人間になろう」という衝動が現れると説いた。また，ブロス（P. Blos）は，幼児期の母子関係における「分離―個体化」の理論に基づいて，青年期における母子関係の発達を「第2の分離―個体化」と呼んだ（Blos, 1967）。青年は，母親から

分離をする不安と母親に飲み込まれる不安の両面を経験しながら，友人へと移行対象を移していくことで，自我理想を確立すると考えられている。

　また，「反抗期」という言葉も，一般的によく知られている。親への反抗は，親からの自立欲求の現れであり，親から独立した人間になるために必要な経験であるとされてきた。ただし，近年では，反抗期やその様態には個人差が大きく，一般的にあてはまる現象とは言えないことが指摘されている。一例として，明治安田生命福祉研究所（2016）が行った，15〜29歳の未婚男女とその親の約1万6000名を対象とした調査を紹介する。この調査では，反抗期を経験した時期について，「小学生時代」「中学生時代」「高校生時代」「高校卒業以降」「反抗期と思える時期はなかった」の選択肢で，親子の両方に尋ねている。その結果，反抗期がなかったと回答した子どもの割合は，男性で42.6％，女性で35.6％という割合であった。親が子どもだった頃に反抗期を経験しなかった割合は，父親で28.1％，母親で26.4％であることを踏まえると，近年では反抗期を経験する者が少なくなってきていることが見て取れる。ただし，回答した子どものなかには，これから反抗期を経験する者が一定数含まれることに注意する必要がある。

[2] 友人関係

　青年期においては，親子関係だけでなく，友人との関係も大きく変化する。以下では，児童期から青年期にかけての仲間集団の発達について，サリヴァン▷4のチャムシップ（chumship）の概念を基にした保坂・岡村（1986）の理論を紹介する。仲間集団の発達は，(1)ギャング・グループ（gang-group），(2)チャム・グループ（chum-group），(3)ピア・グループ（peer-group）の順に整理されている。

　ギャング・グループとは，小学校高学年の児童期後期に特徴的な，一体感を重視する仲間集団をさす。ギャング・グループを形成する時期は，ギャング・エイジとも呼ばれている。この時期の仲間集団は，同性かつ同年齢の大きな集団であり，同じ遊びや同じ行動を前提に集まるという特徴をもっている。このような集団は，とくに男子で形成されやすい。例えば，小学校の休み時間や休日などに，みんなでドッジボール，鬼ごっこ，カード遊びなどをしている様子はよく目にする光景であろう。排他性が強く，同じ行動をしない者を仲間に入れないなど，周囲との一体感を重視した集団である。

　チャム・グループとは，青年期前期の中学生によく見られる，共通性・類似性を重視する仲間集団である。同性・同年齢の小さな集団であり，共通の趣味や関心を会話や物などで確認するという特徴がある。例えば，中学生の女子が，何をする時でも一緒に行動したり，お揃いのグッズを身につけたり，好き

▷4　H. S. サリヴァン（H. S. Sullivan, 1892-1949）アメリカの精神分析家。対人関係の機能や発達について，精神医学や精神分析の立場から研究を行った。とくに，児童期の親子・友人関係がその後の精神疾患等を引き起こす重要なファクターであると考えた。

な芸能人について語り合ったりするような関係性のことである。一緒の時間を共有しているということで結びつきを強化する一方で、仲間から「浮いていない」ことが非常に重視される。これは、ピアプレッシャー（peer pressure：同調圧力）とも呼ばれており、集団の規範からはみ出すことが許されないような雰囲気がある。また、集団間の隔たりも強く、他の集団・人物の特徴を否定することで集団の凝集性を高めることもある。この時期にいじめの認知件数が最も多いのは、このような集団の特徴が深くかかわっている。

ピア・グループとは、青年期中期の高校生以降に現れる、異質性を許容する仲間集団のことである。メンバーは男女混合であり、異年齢の者が含まれる場合もある。価値観や理想について語り合い、それらが異なっていたとしても、お互いに尊重し合えるという特徴をもっている。そのため、無理にでも周りに合わせることに躍起になる必要はなく、一人ひとりの独立した個性をもつ人間として、その集団に属することができる。

以上のように、児童期から青年期にかけて、仲間集団は大人数から少人数になり、類似性だけでなく異質性も含む関係へと変化し、同調的な雰囲気から相互独立的な雰囲気をともなうものへ発達することがわかる。これらの発達的変化については、ある程度実証研究でも支持されている。例えば、中学生と高校生の女子を対象に行われた研究では、心理的距離が近く同調性が高い密着型（チャム・グループに相当）は比較的中学生に多く、心理的距離が近く同調性が低い尊重型（ピア・グループに相当）は高校生に多いことが示されている（石本ら，2009）。さらにこの研究では、高校生においても友人関係が密着型である者は、他の者と比べて心理的適応を損いやすいことも明らかにされている。

③ 現代的な友人関係

近年の青年の友人関係は、以前よりも希薄化が進んでいると指摘されて久しい。さらに、「ノリ」を重視する軽躁的な関係や、プライバシーに踏み込まないことへの気遣いが増えているとも言われている（岡田，2010）。また、「キャラ」（キャラクターの略語であり、集団内での個人の立ち位置や役割を意味する）という言葉に代表されるように、場面や状況によって自分の立ち位置や役割を切り

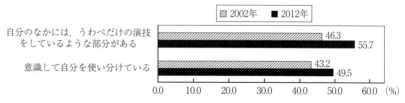

図6-4　調査時期による肯定率の差
出所：青少年研究会（2013）をもとに作成。

替える傾向が強くなっている（千島・村上, 2016；大谷, 2007）。図6-4で示したとおり，近年は友人関係における演技性や自己の使い分けの傾向が強まっている（青少年研究会, 2013）。

Exercise

① 自分の5年後，10年後の将来について，どのような生活をしているか，どのような人間になっていたいかを考えて，話し合ってみよう。

② 「アイデンティティ」を簡単な日本語に置き換えるなら，どのような言葉が適切か，自分なりの言葉を当てはめて説明してみよう。

③ この章で取り上げた現代的な親子・友人関係のほかに，どのような「現代的な」人間関係のスタイルがあるかを考え，何がそのようなスタイルをもたらしているのかを話し合ってみよう。

📖次への一冊

溝上慎一『自己形成の心理学——他者の森をかけ抜けて自己になる』世界思想社, 2008年。
　　青年期における自己形成やアイデンティティ発達について，理論的・実証的に論じている。現代社会における自己形成について学びたい人には，うってつけの本である。

髙坂康雅・池田幸恭・三好昭子『レクチャー青年心理学——学んでほしい・教えてほしい青年心理学の15のテーマ』風間書房, 2017年。
　　青年心理学で扱われている15のテーマについて，わかりやすく丁寧に解説している著書である。青年心理学に興味をもった者が最初に読む本として最適である。

都筑学・白井利明『時間的展望研究ガイドブック』ナカニシヤ出版, 2007年。
　　時間的展望に関する心理学的知見を，網羅的にまとめた労作。過去・現在・未来に関する心理学研究を概観することができる。やや専門的ではあるものの，初学者にもおおむね理解可能な内容である。

浅野智彦『「若者」とは誰か——アイデンティティの30年』河出書房新社, 2013年。
　　若者のアイデンティティに関する研究やその歴史的変遷について，社会学の観点から論じている。若者が置かれている社会的背景や友人関係の時代的な変化について興味がある人は，ぜひとも手に取ってみてほしい。

中間玲子『自尊感情の心理学——理解を深める「取扱説明書」』金子書房, 2016年。
　　これまでの膨大な自尊感情に関する研究について整理し，その研究結果について多角的な観点から論じている。とくに，自尊感情を高めることであらゆる問題が解決されるという信念（自尊感情神話）の論考は興味深い。

引用・参考文献

Blos, P., "The second individuation process of adolescence," *The Psychoanalytic Study of the Child*, 22, 1967, pp. 162–186.

千島雄太・村上達也「友人関係における"キャラ"の受け止め方と心理的適応——中学生と大学生の比較」『教育心理学研究』64, 2016年, 1〜12ページ。

Erikson, E. H., "Identity and life cycle: Selected papers," *Psychological Issues*, 1, 1959, pp. 1–171.

日比野俊彦「今の子どもの性的な成熟——発達加速の現状」『現代のエスプリ』309, 1993年, 54〜65ページ。

Hollingworth, L. S., *The psychology of the adolescent*, D. Appleton Century Company, 1928.

保坂亨・岡村達也「キャンパス・エンカウンター・グループの発達的・治療的意義の検討——ある事例を通して」『心理臨床学研究』4, 1986年, 15〜26ページ。

石本雄真・久川真帆・齊藤誠一・上長然・則定百合子・日潟淳子・森口竜平「青年期女子の友人関係スタイルと心理的適応および学校適応との関連」『発達心理学研究』20, 2009年, 125〜133ページ。

上長然「思春期の身体発育のタイミングと抑うつ傾向」『教育心理学研究』55, 2007年, 370〜381ページ。

Lewin, K., *Field theory in social science: Selected theoretical papers*, Harper & Brothers, 1951.

明治安田生命福祉研究所「親子の関係についての意識と実態」2016年。http://www.myilw.co.jp/research/report/pdf/myilw_report_2016_02.pdf（2017年7月9日閲覧）

溝上慎一『自己の基礎理論——実証的心理学のパラダイム』金子書房, 1999年。

Ogihara, Y., "Age differences in self-liking in Japan: The developmental trajectory of self-esteem from elementary school to old age," *Letters on Evolutionary Behavioral Science*, 7, 2016, pp. 33–36.

大谷宗啓「高校生・大学生の友人関係における状況に応じた切替——心理的ストレス反応との関連にも注目して」『教育心理学研究』55, 2007年, 480〜490ページ。

岡田努『青年期の友人関係と自己——現代青年の友人認知と自己の発達』世界思想社, 2010年。

小此木啓吾『モラトリアム人間の時代』中央公論社, 1978年。

Piaget, J., "Intellectual evolution from adolescence to adulthood," *Human development*, 15, 1972, pp. 1–12.

Robins, R. W., Trzesniewski, K. H., Tracy, J. L., Gosling, S. D., & Potter, J., "Global self-esteem across the life span," *Psychology and Aging*, 17, 2002, pp. 423–434.

齊藤誠一「からだの成長は心にどう影響をあたえるか——思春期の危機の構造」『児童心理』57, 2003年, 20〜25ページ。

青少年研究会「都市住民の生活と意識に関する世代比較調査」2013年。http://jysg.jp/img/flash20130724.pdf（2017年7月9日閲覧）

白井利明『時間的展望の生涯発達心理学』勁草書房, 1997年。

Steinberg, L., Graham, S., O'Brien, L., Woolard, J., Cauffman, E., & Banich, M., "Age differences in future orientation and delay discounting," *Child Development*, 80, 2009, pp. 28–44.

Verstraeten, D., "Level of realism in adolescent future time perspective," *Human Development*, 23, 1980, pp. 177–191.

山田ゆかり「青年期における自己概念の形成過程に関する研究——20答法での自己記述を手がかりとして」『心理学研究』60，1989年，245〜252ページ。

第Ⅲ部

学習指導の理論と方法

第7章
学習のメカニズム

〈この章のポイント〉

　私たちは日常のなかで，意識的にも無意識にもさまざまな学習を行っている。教科学習だけでなく，新しい行動が身につくことや対人関係について知ることも，すべて学習と言える。本章では，「学習がどのように起きるか」の仕組みを理解し，人や動物の学習がいかに成立するのかについて学ぶ。学習理論の代表的な古典的条件づけと道具的条件づけ，また認知理論について，提唱者や各理論の概要について，具体的な実験をもとに紹介する。さらに心理療法や教育への応用事例についても解説する。

1　行動主義と学習

1　学習とは

　学習とは，知識や技術を身につけることだけをさすものではない。心理学では，「ある経験が繰り返されることで生じる比較的永続性のある行動の変化」を広く学習と呼ぶ。「経験」による変化をさすため，遺伝的性質や身体の成長・成熟，恒久的な障害によって生じた変化は含まれない。また「比較的永続性のある」という点で，飲酒や薬物，病気，疲労などによる一時的な行動の変化も学習とはみなされない。

▷1　最終的な行動の変化だけでなく，それを生じさせる操作，およびその過程も学習に含まれる。

2　行動主義

　学習に関する理論は，行動主義心理学の台頭によって発展を遂げてきた。20世紀当時の心理学では，本人の内省に基づいて「意識」を扱うことが中心であった。これに対して，心理学が科学的であるためには，客観的に観察可能な「行動」を対象とすべきとの流れが起こり，ワトソンは「行動主義心理学」を提唱した（本書の第1章を参照）。この行動主義心理学では，人や動物のあらゆる行動は「環境や外的刺激（S：stimulus）と，それに対する反応（R：response）」の連合によって説明できるとした。

　つづくハルらは，この説を発展させ，刺激（S）と反応（R）だけでなく，反応を行う対象自身（O：Organism, 有機体）の要因を含めて行動を評価する立場をとった（新行動主義）。これにより，刺激（S）と反応（R）の単純な連合のみ

▷2　J. B. ワトソン（J. B. Watson, 1878–1958）
アメリカの心理学者。行動主義心理学の創始者。

▷3　刺激（S）に対する反応（R）として行動を理解する理論は「S–R理論」もしくは「S–R連合説」と呼ばれる。

▷4　C. L. ハル（C. L. Hull, 1884–1952）
アメリカの心理学者。新行動主義の立場から『行動の原理』を著した。

第Ⅲ部　学習指導の理論と方法

では説明できない複雑な行動や反応の個体差についても説明が可能となった。

3　条件づけ理論

これらの刺激（S）や反応（R）の連合による行動の変容には，条件づけの過程があると考えられている。条件づけ（conditioning）とは，外的刺激（S）の操作によって，人や動物の特定の反応（R）を引き起こす学習手続きやその過程をさす。学習理論における条件づけは，古典的（レスポンデント）条件づけと，オペラント（道具的）条件づけの2つに大別されている。

2　古典的（レスポンデント）条件づけ

古典的条件づけは，無条件刺激（unconditioned stimulus：US）と条件刺激（conditioned stimulus：CS）を繰り返し一緒に呈示（＝対呈示）することで，無条件刺激に対して起きていた反応（無条件反応, unconditioned response：UR）が，条件刺激に対しても生じるようにする（条件反応, conditioned response：CR）ものである。

1　パブロフの条件反射実験

▷5　I. P. パブロフ（I. P. Pavlov, 1849–1936）
ロシアの生理学者。1904年に消化腺の研究でノーベル生理学・医学賞を受賞。

古典的条件づけの代表的な実験に，パブロフの犬の実験がある（図7-1）。犬はエサを見ると，無条件の反射（unconditioned reflex）として唾液が生じる。これは犬が自発的に唾液を出そうとしているわけではなく，エサという無条件刺激（US）によって誘発される反射的行動である。この実験では犬に対して，エサ（US）を与える前にベルの音を鳴らした。最初はベルの音を聞かせただけでは唾液は生じなかった（ベル＝中性刺激）。しかし，ベルの音とエサの対呈示を繰り返すと，次第に犬はベルの音を鳴らすだけで唾液反応が生じるようになった。この現象を「条件反射（conditioned reflex）」という。

このように，単なるベルの音（中性刺激）が無条件刺激（US）と繰り返し対呈示されることで，唾液反応を引き起こす誘因，つまり条件刺激（CS）として学習されることが明らかとなった。

その後，条件づけは生得的な反射にだけ認められるものではないため，条件反射はひろく条件反応（CR）と呼ばれるようになったが，こうした「刺激の対呈示により，条件反応（CR）が学習される」という条件づけは，条件づけ理論の先駆けとなったことから「古典的条件づけ（classical conditioning）」と呼ばれる。また条件刺激（CS）に対して，反応が応答的（レスポンデント：respondent）に形成されるという意味で「レスポンデント条件づけ（respondent conditioning）」とも呼ばれる（表7-1）。

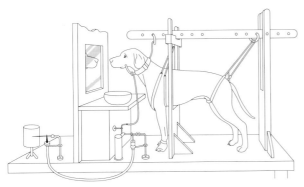

図7-1 パブロフの条件反射実験
出所：Yerkes & Morgulis (1909).

表7-1 用語の分類

用語	意味
無条件刺激 (US)	無条件反射を起こす刺激 例：エサ，光など
無条件反応 (UR)	無条件刺激によって生じる反応 例：唾液，瞬きなど
中性刺激	もともとは無条件反射を生じさせない刺激 例：ベルの音
条件刺激 (CS)	条件づけに基づく刺激 例：学習成立後のベルの音
条件反応 (CR)	条件刺激に対して形成された反応 例：ベルの音に対する唾液

出所：筆者作成。

2 強化と消去

　条件づけの成立後に，条件刺激（例：ベルの音）に後続して無条件刺激（例：エサ）を与えることで学習が促進される。このような刺激の対呈示手続きやそれにともなう反応の促進を「強化」という。なお，古典的条件づけにおける強化には，刺激間の随伴性が必要とされており，条件刺激と無条件刺激の呈示間隔が広くなる（例：ベルの音が鳴って1時間後にエサが与えられる）と，刺激間の結びつきが弱まり，強化されにくくなる。

　また，条件づけを行った後に，無条件刺激（例：エサ）を与えずに条件刺激（例：ベルの音）のみを繰り返し呈示すると，次第に条件反応（例：唾液反応）が減少もしくは消失する。これを反応の「消去」という。また消去手続きを途中で中断すると，一時的に条件反応が回復する「自発的回復」の現象が見られる。

▷6 **随伴性**
随伴とは，先行事象の生起にともなって，後続事象が起こること。

3 般化と弁別

　条件刺激に類似した刺激に対しても同様の反応を示すことがある（例：ベルの音→サイレンの音でも唾液反応が生じる）。これを「般化」と呼ぶ。その際に，一方の刺激だけを強化する手続き（例：ベルの音の後にだけエサを与える）を繰り返し行うと，強化された刺激に対してのみ条件反応が生起するようになる（サイレンの音では唾液反応が生じなくなる）。このように，類似した刺激を異なるものと識別することを「弁別」と呼び，一連の手続きを「分化条件づけ」と言う。

4 恐怖条件づけ

　古典的条件づけでは，特定の行動だけでなく，さまざまな情動反応のメカニズムも説明している。

「アルバート坊やの実験」として有名なワトソンの恐怖条件づけの実験では，生後9か月の子どもに白ネズミを見せた。最初はまったく恐怖を示さなかったが，見せている途中で急に大きな金属音を鳴らすと，子どもは音に対しておびえた様子を示した。これを繰り返すうちに，子どもは白ネズミを見るだけでおびえるようになった。この実験では，不快な刺激（嫌悪刺激）と対呈示されることで，白ネズミ（条件刺激）が恐怖反応（条件反応）を引き起こすように条件づけられた。坊やは白ネズミを恐れるようになり，さらに毛のあるものや白いもの（ウサギや犬，毛皮，脱脂綿など）にも恐怖反応が般化していった。こうした実験から，不安や恐怖症といった精神症状についても条件づけのメカニズムで説明できることが明らかとなった。

▷7 倫理的観点から，現在ではこのような研究は行われていない。

5 心理療法への活用——系統的脱感作

こうした学習理論の知見は心理療法に応用され，「行動療法」として確立されている。行動療法では，心身の不適応状態は「学習の誤り」（適切な行動の獲得失敗か，不適切な行動の獲得）が原因と考え，行動の改善を目指して治療が行われる。

ウォルピ（J. Wolpe）により開発された「系統的脱感作法」も，古典的条件づけ理論に基づく行動療法の一つである（図7-2）。例えば学校恐怖症（不登校）の場合，学校に対して不安や恐怖が条件づけられ，さらに登校しないことで恐怖を回避できるために状態が維持されていると考える。よってこの条件づけを消去するために，恐怖と反対の反応（安心やリラックス）を呈示し，新たな条件づけを行う。

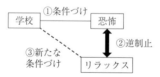

図7-2 系統的脱感作法のメカニズム
出所：筆者作成。

表7-2 不安階層表の例

項　目	SUD
玄関まで歩いている時（自転車置き場から）	100
朝起きた時（学校に行く日）	90
休み時間（いすに座っている時）	85
学校に着いた時（自転車置き場）	80
靴箱の前	70
教室に入る時（前のとびら）	65

出所：小野ほか（2002）。

手続きとして，まずはクライエント（相談者）に恐怖を感じる場面を列挙させ，それに対する主観的な苦痛度（subjective unit of distress：SUD）をつけてもらう。そして恐怖場面を SUD 得点順に並べた「不安階層表」を作成する（表7-2）。次にリラックス状態を作り出したうえで，比較的 SUD 得点の低い場面から順に想起させて苦痛度が下がるまで繰り返す。この手続きにより，恐怖

場面に対する不安や恐怖を徐々に低減させることができる。

このように古典的条件づけの原理は心理臨床の場でも活用され、とくに恐怖症や不安神経症などの治療に効果を上げている。

3 オペラント（道具的）条件づけ

1 オペラント条件づけ

「オペラント条件づけ」も、代表的な条件づけ理論の一つである。先述の古典的条件づけでは、無条件刺激と条件刺激の学習によって、行動が誘発されるメカニズムを説明している。しかし私たちの日常行動の多くは、刺激に誘発されるだけでなく、自発的に行われることが多い。オペラント条件づけでは、人間や動物の自発的な行動（オペラント行動）について、その原理を検討している。以下にオペラント条件づけの代表的な実験例と理論を紹介する。

2 ソーンダイクの問題箱の実験（試行錯誤学習）

動物の自発的行動が学習によってどのように変化するかを調べた最初の研究は、ソーンダイク[8]によるものであった。ソーンダイクは動物の知能を研究するために、問題箱と呼ばれる実験装置にネコを閉じ込め、そこから脱出するまでの行動を測定した（図7-3）。ネコは最初のうちは脱出までに時間がかかっていたが、試行の積み重ねによって偶然箱から出られる（問題解決）ことを繰り返し経験すると、徐々に短時間で箱から脱出できるようになった。このように試行錯誤を繰り返すことで問題解決にかかる時間が減少していくことは「試行錯誤学習」と呼ばれ、学習の基本原理として現在広く知られている。

▷8 E. L. ソーンダイク（E. L. Thorndike, 1874-1949）アメリカの心理学者・教育学者。試行錯誤学習の実験を行った。学習心理学および教育評価の開拓者。

またソーンダイクは、反応が環境に対して何らかの効果をもつ時に行動の変化が起こるという「効果の法則」を発見した。問題解決にかかる時間が短くなっていくのも、この効果の法則によるものとした。

▷9 B. F. スキナー（B. F. Skinner, 1904-1990）アメリカの心理学者。行動分析学の創始者。

3 スキナーのオペラント箱の実験

スキナー[9]は、自発的行動を研究するための実験装置（スキナー箱またはオペラント箱）を作成した。ネズミ用の実験では、レバーを押すとエサが出る仕掛けをした箱のなかに、空腹のネズミを入れた。ネズミはエサを求めて動き回り、偶然レバーを押した時にエサを得ることができた。これが繰り返されると、ネズミは次第

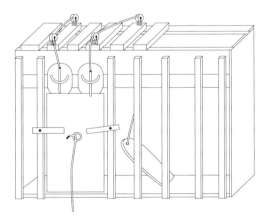

図7-3 ソーンダイクの問題箱の実験
出所：Chance（1999）.

第Ⅲ部　学習指導の理論と方法

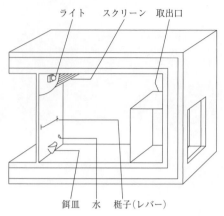

図7-4　スキナーのオペラント箱の実験
出所：篠原（1999）。

に自発的にレバーを押す頻度が高くなった（図7-4）。

この自発的行動の学習は「オペラント条件づけ[10]」として，古典的条件づけと区別された。また何らかの結果を得るための道具として行動が学習されるとして「道具的条件づけ[11]」と呼ばれることもある。

4　オペラント行動の強化と罰

オペラント条件づけでは，自発的な反応に対して刺激を随伴させることで条件づけが形成される。

つまり，どのような刺激を与えるかによって，その後の反応は変化する。このとき反応の増加を「強化」，それを引き起こす刺激を「強化子（または好子）」と呼ぶ。強化には正と負の強化がある。「正の強化」は，刺激が出現することで行動の頻度が増加すること（例：エサが出ることで，レバーを押す行動が増加する），「負の強化」は，刺激が消失する（または延期される）ことで行動の頻度が増加することをさす（例：電気ショックを止めるために，停止ボタンを押す行動が増加する）。

なお古典的条件づけでは「条件刺激―無条件刺激の対呈示と，それによる反応の増加」を強化と呼ぶが，オペラント条件づけにおける強化は「自発的反応に対し刺激を与えることによる反応の増加」をさし，両者で意味合いが異なる。

またオペラント行動の頻度の減少を「罰」，減少させる刺激のことを「罰子（または嫌子）」と呼び，刺激を与えることで行動の頻度が減少することを「正の罰」（例：叱責によっていたずらが減る），取り除くことで行動の頻度が減少することを「負の罰」と呼ぶ（例：小遣いを減らすことで，いたずらが減る）。

こうした強化と罰のメカニズムを利用することで，行動学習の操作を行うことができる（表7-3）。

▷10　オペラントは，オペレート（operate：操作する）をもとにしたスキナーによる造語。

▷11　厳密にはオペラント条件づけと道具的条件づけは異なるが，一般的には区別されずに用いられることが多い。

表7-3　強化と罰

	反応・増↑	反応・減↓
刺激の呈示（＋）	正の強化	正の罰
刺激の除去（－）	負の強化	負の罰

出所：筆者作成。

5　強化スケジュール

強化子は，与え方によってもその効果が異なることが確認されている。反応に対する強化の仕方を「強化スケジュール」と呼ぶ。強化スケジュールには，反応に対して毎回強化子を与える「連続強化」，毎回ではなく，時々強化子を与える「部分強化（間歇強化，間欠強化）」がある。一般的に連続強化に比べて部分強化で条件づけが消去されにくい（消去抵抗が高い）とされる。身近な例では，ギャンブルも部分強化である。毎回ではないが時々は強化子（報酬）が与えられるために，行動が消去されにくいことが知られている。

6 シェイピング（行動形成）

シェイピングは，目標行動（ターゲット行動）を設定し，行動獲得に向けて段階的に行動を習得させる方法である。スキナー箱（ハト用）の実験では，ハトを箱に入れてターゲット行動（くちばしでボタンをつつく）を訓練させた。その際に，偶然ハトがボタンを押すことがあった。このように学習に先立ちターゲット行動が出現する頻度を「オペラント水準」と呼ぶ。ターゲット行動のオペラント水準が高い場合は，その行動は比較的簡単に学習されやすい。しかしターゲット行動が（ほとんど）見られない，つまりオペラント水準が低い場合には，行動獲得のために「シェイピング（行動形成）」の手続きが必要となる。

シェイピングでは，複雑なターゲット行動をいくつかの単純な行動に分けた「スモールステップ」の方法をとることが特徴である。はじめはターゲット行動に類似した単純な行動を強化し，徐々にターゲット行動により近い行動だけを強化し，行動形成をさせていく（例：ボタンの前に立つ→ボタンの近くを口ばしでつつく→口ばしでボタンをつつく（ターゲット行動の獲得））。

またシェイピングは，動物に高度で複雑な行動を教えるだけでなく，人間の教科学習にも用いられている。スキナーはシェイピングの原理を応用して，学校教育の場において「プログラム学習」の原理を提唱した（本書の第10章を参照）。

7 心理療法への活用——ペアレント・トレーニング

オペラント条件づけを利用した行動の強化は，ペットのしつけから子どもの教育まで広く日常場面で利用されている。また問題行動の治療や発達障害児の療育にも応用されている。オペラント条件づけを取りいれた行動療法は「応用行動分析」と呼ばれている。応用行動分析では，困った行動がなぜ維持されているのかを，「どんな時に（Antecedent：先行刺激）→何をして（Behavior：行動）→どうなったか（Consequence：結果）」という三項随伴性の枠組みから理解し，改善を図る（ABC分析：図7-5）。

応用行動分析をベースにした治療法の一つに「ペアレント・トレーニング」がある。これは1960年代にアメリカで知的障害や自閉症の子どもの親向けのプログラムとして開発されたものである。親自身がサブ治療者となり，日常での身辺自立や問題行動の修正を目標としている。

進め方として，まずは困った行動のABC分析を行う。例えばすぐにかんしゃくを起こす子どもの状況を分析すると，気に入らないことがあった時（A）にかんしゃくを起こすことで（B），いつも周りの助けが得られている（C）とする。

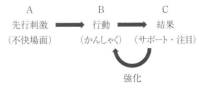

図7-5　応用行動分析（ABC分析）
出所：筆者作成。

第Ⅲ部　学習指導の理論と方法

▷12　トークンは代用貨幣のことで，一定量に達すると特定の物品と交換できたり，特定の活動を許されたりする。治療場面ではシェイピングとの併用が効果的と言われている。

ここでは周りの助けが子どもにとってのごほうび（強化子）となり，かんしゃく行動が強化されていると考える。そこで望ましくない行動が起きた時は無視をし（注目しない＝強化子の消去），望ましい行動が起きた時にだけ強化子（トークン）を与える「トークンエコノミー法」によって目標行動を強化する。また望ましい行動を形成するために，簡単な行動からスモールステップで獲得させるシェイピング法などを組み合わせて行う。このトレーニングは現在日本でも広まっており，公共機関や教育施設で実施されている。

4　学習の認知説

▷13　E. C. トールマン（E. C. Tolman, 1886–1959）アメリカの心理学者。ゲシュタルト学派の影響を受け，サイン・ゲシュタルト説を提唱した。

条件づけ理論では学習を刺激と反応，強化によって説明するが，これに対してトールマンらは，学習は経験によって環境への認知が変わることであり，環境という記号（S：sign）がいかなる意味（S：significate）をもつかを認知することで学習が成立するという「認知説（もしくはS–S説：サイン・ゲシュタルト説）」を唱えた。以下に代表的実験を紹介する。

1　潜在学習

▷14　W. ケーラー（W. Köhler, 1887–1967）ドイツの心理学者。ゲシュタルト心理学の創始者の一人で，「洞察説」を提唱した。

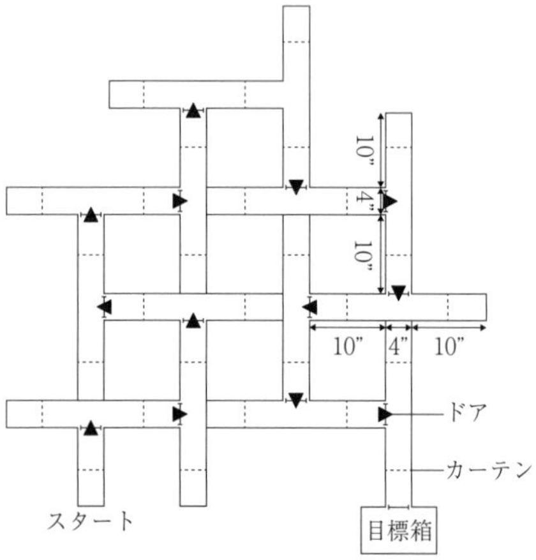

トールマンの実験では，数日間にわたりネズミに迷路の脱出訓練を行った。この時，(1)目標箱に最初からエサが置かれた群，(2)エサが置かれない群，(3)実験開始数日後からエサが置かれた群の３つに分けて脱出時間を比べた。すると(3)の群は，途中からエサが置かれると急激に成績が良くなり，(1)の群の成績と並んだ。このときネズミの頭のなかでは，迷路の空間情報である「認知地図」が主体的に学習されており，エサという報酬によって急激に表面化したと考えられている（図7-6）。

このように，エサという報酬（強化）がなくとも学習は潜在的に行われるとして，トールマンは「潜在学習（latent learning）」を提唱し，学習成立には強化が不可欠であるという説に異議を唱えた。

2　洞察学習

ケーラーの実験では，チンパンジーを檻のなかに入れ，外の離れた場所にバナナを置いた。チンパンジーは何度も手を伸ばしてバナナを取ろうとするが届かない。しかし繰り返すうちに，突然チンパンジーは檻のなかにあった棒を使い，バナナを引き寄せることができた。このように問題場面に対する認知が変化することで，一気に問題解決の見

図7-6　トールマンの認知地図の実験
出所：篠原（1999）。

通しが立つことを「洞察学習」と呼ぶ。ここでは棒を「バナナを引き寄せる道具」とみなすという認知的変化が起こったことで，一気に問題解決がなされたと考えられる。ソーンダイクが説明した試行錯誤学習と違って，突然問題解決の確信がひらめく（「あー，わかった！」というアハー体験（aha experience）をしばしばともなう）ことが特徴である。

3 モデリング

バンデューラ[15]は，子どもたちに実験を行い，大人が人形に攻撃している様子を観察させたグループとそうでないグループとに分けて，その後の様子を調べた。子どもたちは人形が置いてある部屋に残されたが，攻撃行動を観察したグループは，人形に対して明らかに多くの攻撃的な行動をとっていた。このように，他者の行動を観察することで観察者の行動にも変化が生じることを，「モデリング」と呼ぶ。また他人の行動が強化（罰や報酬）を受けるのを見ることで，観察者の行動も間接的に強化される「代理強化」も確認されている。例えばクラスメイトが教師に叱られているのを見て，ほかの子どもたちがその行動をしなくなる（頻度が減る）ことも，代理強化によるものである。このように直接的経験がなくとも，他者の行動の結果を手がかりに自身の行動が選択されることが知られており，攻撃行動だけでなく道徳的行動や性役割行動などの社会的行動の獲得とも密接に関連している。

▷15 A. バンデューラ（A. Bandura, 1925-）
カナダ出身の心理学者。モデリングによる社会的学習理論，自己効力感の理論を唱えた。

Exercise

① 「梅干し」を想像すると唾液が出てくるのは，古典的条件づけとオペラント条件づけのどちらで説明できるか考えてみよう。
② 赤色の物を身につけている日に試合に勝つことが続いたので，大事な勝負の時は赤色の物を身につけるようになった。この行動は，古典的条件づけとオペラント条件づけのどちらで説明できるか考えてみよう。

📖次への一冊

実森正子・中島定彦『学習の心理——行動のメカニズムを探る』サイエンス社，2000年。
　　コンパクトなサイズながら基礎的な学習理論から最新の研究成果までわかりやすい文章で余すところなくまとめられている。学習心理学の初学者にも最適なテキスト。
今田寛『学習の心理学』培風館，1996年。
　　学習心理学についてより発展的に理解を深めたい人におすすめしたい。実際に行われた実験の様子が図や写真で載せられており，結果もデータに基づき詳細に知るこ

とができる。コラムも充実している。

ハート＝デイヴィス，A.，山崎正浩訳『パブロフの犬──実験でたどる心理学の歴史（創元ビジュアル科学シリーズ 1 ）』創元社，2016年。

パブロフやスキナーの条件づけの実験をはじめ，心理学の代表的な実験の内容とその意義がカラーでわかりやすく書かれている。心理学の歴史的な流れと学習心理学の位置づけも知ることができる。

上里一郎編著『登校拒否Ⅱ──行動療法ケース研究 9 』岩崎学術出版社，1993年。

教育学博士で臨床心理士である編者による事例研究集。登校拒否（不登校）の理解と対応について，学習理論の観点から説明されている。さまざまな実例をもとに行動療法の実際を学ぶことができる。

ウィッタム，C.，上林靖子・中田洋二郎・藤井和子・井潤知美・北道子訳『読んで学べる ADHD のペアレントトレーニング──むずかしい子にやさしい子育』明石書店，2002年。

ADHD の子をもつ親だけでなく，子育てにかかわる保護者や教育者，援助者にも役立つ 1 冊。具体的な場面をあげながら，してほしい行動を増やし，困った行動を減らすためのさまざまなかかわり方の技法を解説している。

引用・参考文献

上里一郎編著『登校拒否Ⅱ──行動療法ケース研究 9 』岩崎学術出版社，1993年。

Chance, P., Thorndike's puzzle boxes and the origins of the experimental analysis of behavior, *Journal of the Experimental Analysis of Behavior*, 72(3), 1999, pp. 433-440.

ハート＝デイヴィス，A.，山崎正浩訳『パブロフの犬──実験でたどる心理学の歴史（創元ビジュアル科学シリーズ 1 ）』創元社，2016年。

市川伸一『学習と教育の心理学』岩波書店，2011年。

今田寛『学習の心理学』培風館，1996年。

Mazur, J. E., *Learning and behavior*, 3rd edition, Prentice Hall, 1994（メイザー，J. E.，磯博行・坂上貴之・川合伸幸訳『メイザーの学習と行動　第 3 版』二瓶社，2008年）.

森敏昭・中條和光・岡直樹『学習心理学──理論と実践の統合をめざして』培風館，2011年。

中島義明・安藤清志・子安増生・坂野雄二・繁桝算男・立花政夫・箱田裕司編『心理学辞典』有斐閣，1999年。

大村彰道編『教育心理学 1 ──発達と学習指導の心理学』東京大学出版会，1996年。

小野昌彦・大橋勉・城律男・小野昌彦・大橋勉・城律男「生活習慣改善による男子中学生不登校への再登校援助」『教育実践総合センター研究紀要』11，2002年，97～105ページ。

実森正子・中島定彦『学習の心理──行動のメカニズムを探る』サイエンス社，2000年。

篠原彰一『学習心理学への招待──学習・記憶のしくみを探る』サイエンス社，1999年。

Skinner, B. F., *Science and human behavior*, Macmillan, 1953（スキナー，B. F.，河合伊六・長谷川芳典・高山巌・藤田継道・園田順一・平川忠敏・杉若弘子・藤本光孝・望月昭・大河内浩人・関口由香訳『科学と人間行動』二瓶社，2003年）.

Thorndike, E. L., *Animal intelligence: An experimental study of the associative processes in animals*, Macmillan, 1898.

Tolman, E. C., & Honzik, C. H., "Introduction and removal of reward, and maze performance in rats," *University of California Publications in Psychology*, 4, 1930, pp. 257–275.

Tolman, E. C., "Cognitive maps in rats and men," *Psychological review*, 55(4), 1948, pp. 189–208.

Whitham, C., *Win the whining war & other skirmishes: A family peace plan*, Perspective Publishing, 1991（ウィッタム，C., 上林靖子・中田洋二郎・藤井和子・井澗知美・北道子訳『読んで学べる ADHD のペアレントトレーニング──むずかしい子にやさしい子育て』明石書店，2002年）.

Yerkes, R. M., & Morgulis, S., "The method of Pawlow in animal psychology," *The Psychological Bulletin*, 8, 1909, pp. 257–273.

第8章
記憶と問題解決

〈この章のポイント〉

　子どもたちの学びや日常生活は，記憶と問題解決により支えられている。記憶は，その機能や保持できる時間により，感覚記憶，短期記憶，長期記憶に分類される。本章では，それぞれの記憶の特徴とともに，それぞれの記憶の関係をモデル化した二重貯蔵モデルを紹介する。また，なぜ私たちは一度覚えたことを忘れてしまうのか，記憶を定着させるためにはどうしたらよいのかを考える。さらに，現在の状態と目標の状態を一致させる手段・方法を見つけ出し，それを用いて目標状態に到達する問題解決について，そのプロセスと関連する事柄などを解説する。

1　学習を支える記憶

1　記憶のプロセス

　記憶とは，経験したことを覚え（符号化・記銘），維持し（貯蔵・保持），必要なときに思い出す（検索・想起）プロセスである。この3プロセスのうち，符号化（記銘）とは入力された刺激・情報を内的情報に変換することであり，貯蔵（保持）とは符号化により作られた内的情報を蓄えておくことである。そして検索（想起）とは特定の情報を必要な時に蓄えられている情報のなかから取り出すことであり，記憶研究では再生法や再認法が用いられる。

2　記憶の種類

① 記憶の種類とその特徴

　人間の記憶は，その機能や保持時間により，感覚記憶，短期記憶，長期記憶の3つに分類されることが多い。感覚記憶とは，目や耳などの感覚器官を通して入力された外界からの刺激が，そのままの形式で一時的に保存されたものである。その保持時間は非常に短く，視覚情報はおおよそ1秒以内，聴覚情報は数秒間である。多くの情報はそのまま消失するが，注意を向けられた情報は短期記憶へ送られる。短期記憶とは，情報を一時的に蓄えておく貯蔵庫である。保持時間は十数秒ほどであるが，その情報を頭のなかや口頭で唱え続ける維持リハーサルをしている限りはその情報を維持することができる。また容量が限

▷1　再生法
記憶の実験法の一つで，対象者が経験したことを自ら思い出す方法である。

▷2　再認法
記憶の実験法の一つで，対象者が経験したことと経験していないことをリスト化し，対象者がそのなかから経験したことを区別して判断する方法である。

第Ⅲ部　学習指導の理論と方法

▷3　チャンク
情報の心的なまとまりのことである。

られていることも特徴であり，その容量はミラー（G. A. Miller）によると，成人では7±2チャンク[3]程度である（Miller, 1956）。情報を短期記憶から長期記憶へ送るためには，情報の意味的なつながりを考えたり，視覚的イメージと結びつけたりする精緻化リハーサルなどをすることが必要となる。短期記憶では，長期記憶から送られた情報に基づいて情報処理をすることもある。長期記憶とは，永続的に保持し続けられる，膨大な容量をもつ貯蔵庫である。長期記憶に蓄えられている情報は，いわゆる知識である。

② 二重貯蔵モデル

先述した記憶分類をモデル化したものに，アトキンソン（R. C. Atkinson）とシフリン（R. M. Shiffrin）の二重貯蔵モデルがある（Atkinson & Shiffrin, 1968：図8-1）。このモデルでは，環境から入力された情報はごく短い時間，感覚貯蔵（感覚記憶）に蓄えられ，注意を向けられた情報については短期貯蔵（短期記憶：STS）に送られる。ここで，情報は一時的に維持され，認知活動に使われる。さらに，リハーサルなどの処理をされた情報は長期貯蔵（長期記憶：LTS）に送られ，長期貯蔵に送られた情報は，必要に応じて短期貯蔵に送られ処理され，反応として現れる。このモデルのなかでは，短期記憶は記憶の貯蔵庫としてだけでなく，制御過程としての役割も想定されている。このように，貯蔵庫と制御過程の両方の役割を重視した場合に，短期記憶はワーキング・メモリーと呼ばれることもある。

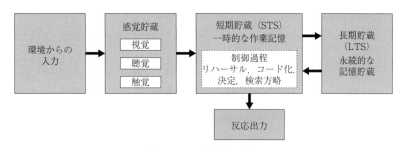

図8-1　二重貯蔵モデル
出所：Atkinson & Shiffrin（1968）をもとに作成。

このモデルにおいて短期記憶と長期記憶を区別することの根拠の一つとして，自由再生法による系列位置効果がある。リスト化された項目を一つずつ提示して覚えさせ，自由に思い出させると，リストの最初に提示された数項目とリストの最後に提示された数項目の再生率が高いことが知られている（図8-2）。この最初に提示された数項目の再生率が高いことを初頭効果，最後に提示された数項目の再生率が高いことを新近効果と言い，これらをあわせて系列位置効果と言う。また，リスト化された項目の提示後，計算問題などの妨害課題を実施してから自由に思い出させると，初頭効果は見られるが，新近効果は

見られなくなることも知られている。これらの結果から，初頭効果は長期記憶からの想起により起こり，新近効果は短期記憶からの想起により起こることが考えられている。つまり，リストの最初に提示された数項目は十分にリハーサルなどをすることができ長期記憶に送られているため，妨害課題を実施した場合でも影響を受けないが，リストの最後に提示された数項目は短期記憶にあるため，妨害課題を実施した場合は維持しておくことができず，新近効果が見られなくなったと考えられる。しかしこの考察については，その後も研究や議論が続けられている。

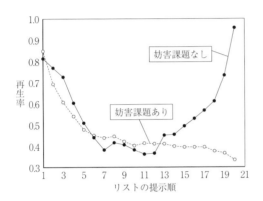

図 8-2　系列位置効果
出所：Atkinson & Shiffrin (1968) をもとに作成。

3　短期記憶とワーキング・メモリー

　アトキンソンとシフリンの二重貯蔵モデルにおいて，短期記憶は貯蔵庫としての役割だけでなく，制御過程としての役割も想定されていた。その貯蔵庫と制御過程の両方の役割を重視して，ワーキング・メモリーの概念が提唱された（Baddeley & Hitch, 1974）。ワーキング・メモリーとは，「さまざまな課題の遂行中に一時的に必要となる記憶。とくに，そうした記憶の働き（機能）や仕組み（メカニズム），そしてそれらを支えている構造（システム）を指す」と定義されている（齋藤・三宅，2014）。学校の机を想像してほしい。授業が始まる前，私たちは机の上に教科書，ノート，筆箱などを必要に応じて用意する。そして授業が始まると，教師の指示に従って教科書を開いて読んだり，教師の板書を見ながらノートを開き，筆箱から鉛筆を取り出してノートに書いたりするだろう。このように，授業に必要なものを置く貯蔵庫としての役割と，教科書を開いて読んだり，ノートを開いて書き写したりして処理をする役割との両方をもつのがワーキング・メモリーなのである。机の例でも，机の上が物でいっぱいになってしまうと，そこで処理をするのが困難となるが，ワーキング・メモリーの場合も貯蔵庫と制御過程を合わせた容量は決まっており，それを分け

合っていると考えられている。

　ワーキング・メモリーは中央実行系，音韻ループ，視空間スケッチパッド，エピソード・バッファといった下位システムからなると考えられている（Baddeley, 2000：図8-3）。音韻ループと視空間スケッチパッドは，扱う情報が異なっている。音韻ループは言語や文章の理解など音韻的情報に関する下位システムであり，視空間スケッチパッドは視覚的な記憶やイメージの生成など視空間的情報に関する下位システムである。エピソードバッファはさまざまな情報をまとめる下位システムで，他の2つの下位システムと中央実行系，長期記憶をつなぐ役割を果たしている。そして中央実行系がワーキング・メモリーの中心であり，制御を担う下位システムである。

4　長期記憶の分類

① 長期記憶の分類

　長期記憶は大別すると，エピソード記憶，意味記憶，手続き記憶に分けられる。エピソード記憶は個人的な経験に基づく出来事の記憶であり，意味記憶は個人的な経験とは独立した，概念や事実など一般的な知識の記憶である。そして，手続き記憶は自転車の乗り方やクロールの泳ぎ方など手順や技能についての記憶で，意識的に思い出したり，言葉で表現したりすることが難しい。エピソード記憶と意味記憶をまとめて宣言的記憶と言い，手続き記憶を非宣言的記憶と言う（図8-4）。

▷4　宣言的記憶
意識的に言葉やイメージで表現することが容易な，出来事や概念・事実についての記憶のことである。

▷5　非宣言的記憶
何らかの行動を通して示されるものであり，意識的に思い出したり，言葉で表現したりすることが難しい記憶のことである。

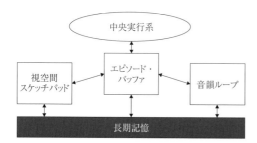

図8-3　バドリーによるワーキング・メモリーのモデル
出所：齋藤・三宅（2014，5ページ）をもとに作成。

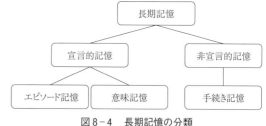

図8-4　長期記憶の分類
出所：筆者作成。

② 長期記憶の保持にかかわる理論

　上述のように分類される長期記憶はどのように保持されているのであろうか。

　宣言的記憶については，意味ネットワークモデルという考え方が示されている。意味ネットワークモデルでは，宣言的記憶において，概念同士が意味的な関連性により相互に結びつき，ネットワークを形成して保持されると考える（図8-5）。このとき，関連が強い概念同士は近くに表される。そしてある一つ

の概念が活性化すると，近くの概念（つまり意味的な関連が強い概念）にも活性化が広がると考えられている。

手続き記憶についてはプロダクションルールという考え方が示されている。プロダクションルールとは「もし〜なら，……しなさい」という，条件と行為が組み合わさったもので，手続き記憶はこのプロダクションルールの形式で保持されていると考えられている。

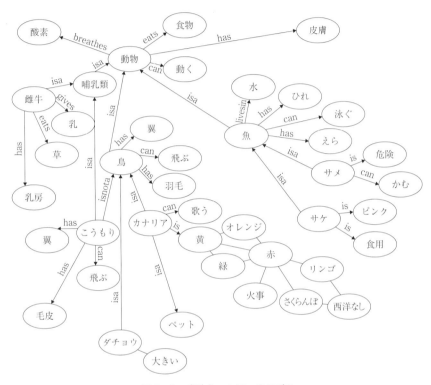

図 8-5　意味ネットワークモデル
出所：井関（2016, 189ページ）。

5　忘却の理論

私たちは，一度覚えたことをどのくらいの期間，記憶しておくことができるのだろうか。エビングハウスは無意味つづりと再学習法を使った実験で，この質問への答えを示した（エビングハウス，1978：図 8-6）。この結果から，一度覚えたことは記銘直後から急速に忘れていくものの，一定の期間をすぎると忘れ方はゆるやかになると言える。覚えたことを忘れてしまう忘却については，いくつかの説明がなされているが，ここでは①干渉説と②検索失敗説を取り上げる。

① 干渉説

干渉説では，記憶した情報が互いに干渉するために忘却が生じると考える。

▷6　無意味つづり
母音と子音の組み合わせでできている，でたらめで意味のない文字列である。

▷7　再学習法
ある項目を一度覚えた後で再び覚え（再学習），一度目よりも再学習のほうが覚えるまでにかかる時間や繰り返し回数が少なく節約されていることを使って，記憶保持の測定をする方法である。

第Ⅲ部　学習指導の理論と方法

以前の記憶によって新しく記憶しようとしたことが妨害されることを順向干渉，新しく記憶したことによって以前の記憶が妨害されることを逆向干渉と言う。例えば，ある項目を覚えた後で睡眠をとった方が，そのまま起きているよりも記憶テストの成績が良いことが知られている。これは，睡眠をとることで新しい情報が入ってくることがなく，記憶が干渉を受けなかった結果だと考えられ，干渉説の根拠となっている。順向干渉・逆向干渉は，それぞれ順向抑制・逆向抑制と呼ばれることもある。

② 検索失敗説

検索失敗説では，情報が失われたために忘却が生じるのではなく，情報を適切に検索できないために忘却が生じると考える。手がかりがない状態で記憶テストを行い，テストの後で手がかりが与えられると，記憶テストの成績が向上することが実験により確認されている。この結果から，思い出すことができなかったのは，情報がなくなっていたからではなく，手がかりを使うなどの適切な検索がなされなかったためと考えられる。

▷8　節約率
節約率が高いことは，記憶が保持できていることを示している。以下の式で求められる。
節約率（％）＝
元学習に要した回数(時間)－再学習に要した回数(時間)
 ──────────────
元学習に要した回数(時間)
×100

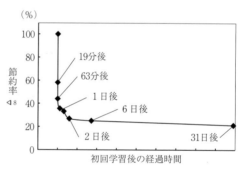

図8-6　エビングハウスの忘却曲線
出所：エビングハウス（1978）をもとに作成。

2　記憶の方略

では，少しでも記憶を定着させるためにはどのようにすればよいのだろうか。ここでは代表的な記憶方略を紹介する（表8-1）。

表8-1からも見て取れるように，どのように覚えるかと，どのように思い出すかは密接にかかわっている。例えば，水中で覚えた場合には水中で思い出したほうが，陸上で覚えた場合には陸上で思い出したほうが，テスト成績が良いという実験もある。私たちが何かを覚えようとする際には，思い出す時のことも考えて覚える必要があるのだろう。また，教師として子どもたちを支援する場合には，表8-1にあげた取り組みを子どもが自発的にできるように，手がかりを与えたり練習したりすることも有効であろう。

表8-1 記憶の方略

記銘段階	体制化方略	体制化：情報を何らかの形でまとめて覚えるほうが，記銘も検索も容易になる ①チャンキング：バラバラな情報をまとめる（このときに意味をもたせてまとめるなどすると効果的） ②群化：ランダムに入ってきた情報をカテゴリにまとめる（カテゴリを手がかりにすることができ，検索時にも効果を発揮する） ③オーガナイザー：情報の提示前に，既知の知識の一部やより一般的な知識を与える ④関連づけ：情報を，すでにもっている情報と関連づけ，整理する（すでにもっている情報を手がかりにすることができ，検索時にも効果を発揮する）
	イメージ化	イメージ化：与えられた情報を，視覚情報や言語情報に置きかえ意味づけをすることで，記銘も検索も容易になる ①場所法：多くの項目を一定の順序で覚える際，身体の部位など，並び方を熟知した場所に結びつける ②ストーリー法：提示された情報について物語を構成する ③キーワード法：提示された情報を結びつけるキーワードを見つける
	処理水準	処理水準効果：情報を処理する際の水準が，思い出しやすさに影響する 　浅い処理（形態などの表面的処理）よりも深い処理（意味的な処理）をする 　維持リハーサルよりも精緻化リハーサルをする 自己関連づけ効果：自己に関連づけることが思い出しやすさに影響する 　提示された情報について「自分に当てはまるか」など自分と関連づけた処理をする
検索段階		検索手がかり：やみくもに検索するのではなく適切な手がかりを利用するほうが検索に成功する 　思い出そうとしている事項が含まれるカテゴリや覚えた状況など手がかりを提示する 検索訓練：ただ記銘するだけでなく，同時に検索する練習も行うほうがテスト成績が上昇する

出所：筆者作成。

3 一般的問題解決

1 問題解決とは何か

　学校で算数・数学の問題を解いたり，授業終了後に何をしようかと考えたり，地球温暖化を食い止める方策を考えたりと，私たちは生活のなかで大小さまざまな問題に直面している。問題解決とは，ある目標が存在し，その目標と現在の状態（問題状況・初期状態）が異なっている時，目標とする状態（目標状態）に到達するための手段や方法（操作子）を見つけ出し，その手段や方法を用いて目標状態に到達することをいう。例えば「背の高いコップのなかに少量の水とクルミが入っており，それをカラスが食べようとしている状態」を想像してほしい。カラスはくちばしが届かず，コップのなかのクルミを食べることができない（図8-7）。初期状態は「カラスはくちばしが届かず，クルミが食べられない」という状態であり，「カラスはくちばしが届き，ク

▷9　オペレータ，演算子と表現されることもある。

図8-7　問題解決の例
出所：筆者作成。

ルミが食べられる」という目標状態に到達するために、「小石をコップに入れる」という操作子を見つけ出し、用いるということが問題解決である。

問題には、算数・数学の問題のように、初期状態、操作子、目標状態が明らかな「よく定義された問題」と、放課後の過ごし方や地球温暖化に対する方策のように、操作子、目標状態が明らかでない「よく定義されていない問題」がある。

2　問題解決のプロセス

では、問題解決はどのように進むのであろうか。ここでは、情報処理による問題解決と推論・類推による問題解決について説明する。

① 情報処理による問題解決

問題解決の過程を情報処理と捉えた時、目標状態まで到達する操作子を見つけ出す方法は、アルゴリズムとヒューリスティックスに分けられる。アルゴリズムとは、その方法に従うと、必ず成功に到達できるという手続き・方法のことである。つまり、問題空間をくまなく探索することであり、成功は保証されているものの、成功に到達するまでに多くの手間や時間を要し、問題が煩雑になると処理が困難になる。一方で、ヒューリスティックスとは、必ず成功に到達できるとは限らないが、うまくいけば成功に到達するまでの手間や時間を節約することのできる、効率的な手続き・方法のことである。例えば、ロッカーの鍵など3桁の暗証番号を忘れてしまった場合に、考えられるすべての組み合わせを1つずつ試してみるのがアルゴリズムであり、自分や家族の身長などにあたりをつけて試してみるのがヒューリスティックスである。

問題解決の研究においてよく用いられる課題の一つに「ハノイの塔」問題がある（図8-8）。この課題において、問題空間をくまなく探索すること（図8-9）がアルゴリズムであるが、円盤の数が多くなると、私たち人間は処理が困難となり、あたりをつけて問題解決を目指すこととなる。

▷10　問題空間
初期状態、目標状態、操作子からなり、問題解決者がとりうるすべての状態である。

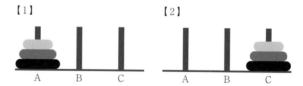

中央に穴の開いた大・中・小の3枚の円盤と、3本の棒がある。円盤は必ずA～Cいずれかの棒に置かれていなければならない。棒Aに3枚の円盤が重なっている【1】の状態から、以下の3つの規則を守りながら、【2】の状態にするためにはどうすればよいか。

〈規則〉
・1回に1つの円盤しか動かすことができない
・棒の1番上にある円盤しか動かすことはできない
・すでにある円盤の上に、それより大きい円盤を置くことはできない

図8-8　「ハノイの塔」問題
出所：服部（2016, 218ページ）をもとに作成。

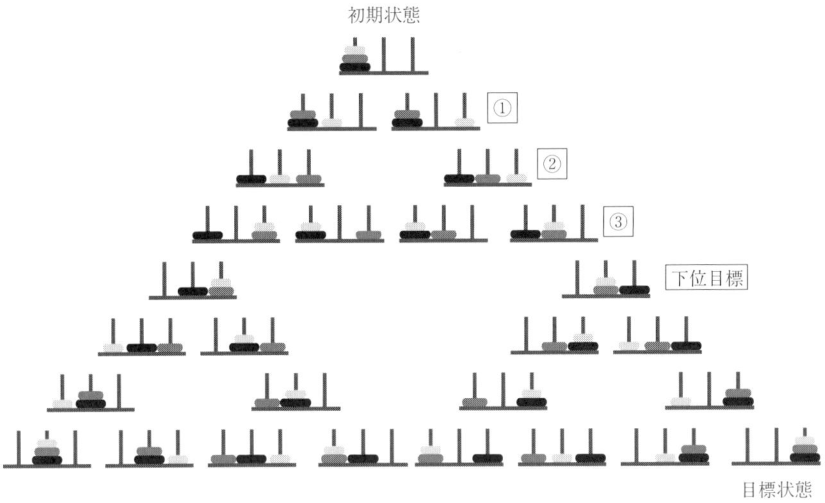

初期状態

① ② ③

下位目標

目標状態

図8-9 「ハノイの塔」問題の問題空間
出所：服部（2016，218ページ）をもとに作成。

　有効なヒューリスティックスの一つに手段目標分析がある。手段目標分析とは，現在の状態と目標の状態の差を小さくするように操作子を見つけ出し，用いる手続きのことである。ただし，操作子を現在の状況で用いることができない場合には，その操作子を用いることができるようになる下位目標を設定することになる。例えば「ハノイの塔」問題では，目標状態は「棒Ｃに大中小の円盤が置かれている状態」であるが，すぐにその目標状態に到達することはできないので，まず下位目標として「棒Ｃに大きな円盤が置かれている状態」が設定される。そしてその下位目標に到達するために，図8-9中の①，②，③の順に円盤を動かすことになる。他のヒューリスティックスには，利用可能性ヒューリスティックス[11]や代表性ヒューリスティックス[12]などがある。こうした問題解決過程の研究は，人工知能の発展により，認知心理学の分野で盛んに行われるようになった。そのなかでニューウェル（A. Newell）とサイモン（H. A. Simon）は，初期状態から目標状態に到達するための操作子を発見する問題解決のコンピュータ・プログラムである一般問題解決器（general problem solver：GPS）を提案した。GPSでは手段目標分析を用いて問題を解決する。

② 推論・類推による問題解決

　私たちは，すでにもっている情報や知識を使って問題解決をすることもある。それが推論・類推による問題解決である。推論とは，情報が与えられた時に，その情報に基づいて結論を導く心の働きである。推論には，演繹的推論[13]と帰納的推論[14]がある。類推とは，2つの事柄が関連・類似している時に，その一方がもつ性質を，もう一方ももつだろうと推論することである。つまり，現在直面している問題（ターゲット）の解決に，類似した過去の問題解決の経験

▷11 利用可能性ヒューリスティックス
自分が思い出しやすい事柄はその事柄が起こる確率が高いと判断すること，または利用しやすい情報に基づいて判断をすることである。例えば，大きな飛行機事故が起こると，飛行機は危険だから自動車で移動しようと判断する傾向が見られる。しかしながら，実際には飛行機で事故に遭う確率は自動車で事故に遭う確率よりもかなり低い。

▷12 代表性ヒューリスティックス
ある事柄があるカテゴリに属するかどうかを考える時，その事柄がそのカテゴリに典型的，代表的な特徴を示しているかに基づいて判断することである。例えば，「難しいテストで100点を取った人が1人だけいるとする。この100点を取ったのは，(a)男子生徒，(b)眼鏡をかけた男子生徒のどちらか」と質問された時，(b)の「眼鏡＝真面目」といった典型的な特徴に基づいて可能性の低い(b)と判断してしまうことである。

▷13 演繹的推論
一般法則や原理から個別的な結果を導くことであり，ある主張や仮説が正しいことを前提とした場合に，論理的な結論を導くことである。前提が正しければ，論理的に正しい結論に到達することが可能となる。

▷14 帰納的推論
いくつかの具体的，個別的な情報から一般的な結論を導くことである。結論が，正しい結論に達しているとは限らないが，導いた結論と一致しない情報が得られるまでは，導いた結論を正

第Ⅲ部　学習指導の理論と方法

しいこととする。人間は個別的な情報から仮説を立てて検証をすることとなるが，確証バイアス（仮説に合う事例にばかり注目し，仮説に合わない事例にはあまり注目をしない傾向，確認するための証拠にばかり目を向けてしまう傾向）により，検証がゆがめられることもある。

（ソース）を利用することである。このようにすでにもっている知識を生かすことは，問題解決を円滑に進めることを可能にする。しかし，ターゲットとソースの間の関連・類似性に気がつかなければ類推は起こらず，またその関連・類似性に自ら気がつくことは難しい。例えば表8-2のように，【A】放射線問題と【B】要塞問題を用いた研究では，【B】が【A】のヒントであることを明示した場合には【A】の正答率は高くなるが，【B】が【A】のヒントであることを明示しない場合には【A】の正答率はそれほど高くならないことが示されている。

表8-2　放射線問題と要塞問題

【A】放射線問題
あなたは医者で，胃に悪性の腫瘍をもった患者を担当しています。患者を手術することは不可能ですが，腫瘍を破壊しないと患者は死亡します。いま，腫瘍を破壊するため使えるある種の放射線があります。もし，この放射線が十分な強度で一度に腫瘍に当たれば，腫瘍は破壊されます。ところが残念なことに，この強度だと，腫瘍に到達するまでの放射線の通り道にある健康な組織まで損傷してしまいます。もっと低い強度だと，健康な組織には無害ですが，腫瘍に対しても影響がなくなってしまいます。この放射線で腫瘍を破壊し，同時に，健康な組織を損傷しないようにするには，どのような手続きを使ったらよいでしょうか。

【B】要塞問題
ある小国が独裁者の冷酷な支配を受けていました。独裁者は強固な要塞から国を支配していました。独裁者の要塞は国の中央に位置し，周りを農場や村々に囲まれていました。多くの道路が，車輪のスポークのように，要塞から放射状に伸びていました。一人の偉大な将軍が，要塞を攻め落として国を独裁者から解放するため，辺境の地で兵をあげました。将軍は，もし彼の軍隊が一度に攻めれば，要塞を攻略することができることを知っていました。彼の軍隊は要塞へ向かう1本の道先で待機していました。しかし，スパイが将軍に気がかりな報告をもってきました。冷酷な独裁者は，各道路に地雷を埋めたといいます。独裁者は自分の軍や労働者が要塞に出入りできるようにする必要があったので，この地雷は少数の人間が通っても爆発しないように設置されていました。しかし，大勢の力がかかると爆発するようになっていました。爆発すれば，道路が吹き飛ばされて通れなくなるだけでなく，独裁者は報復のために多くの村を破壊します。よって，全軍による要塞の直接攻撃は不可能と思われました。
しかし，将軍は屈しませんでした。彼は軍を小隊に分け，各小隊を異なる道の先に配置しました。すべての準備が整ったところで彼は合図を送り，各小隊は別々の道を通って進軍しました。小隊はすべて安全に地雷を通過し，全軍で要塞を攻撃することができました。こうして，将軍は要塞を攻め落とし，独裁者を倒すことができました。

出所：服部（2016, 226～227ページ）をもとに作成。

③　問題解決を促進・妨害する要因

　類推は，ターゲットとソースの関連・類似性に気がつくことができれば，問題解決を促進する。他にも問題解決を促進する要因として，事柄や手続きなどに関する既存の知識の量が豊富であることや，知識が類似性で関連づけられて構造化されていることなどがある。一方で，過去の経験が構え（一定方向での

認知や反応をする傾向)を生じさせ，問題解決を妨害することもある。つまり，一度ある問題解決の方法を見つけ出すと，その方法にこだわってしまい，別の(より簡単な)方法を見つけ出すことが困難になる。経験による構えの一つに，機能的固着がある。機能的固着とは，あるものの本来の機能や用途にこだわり，別の機能や用途に気がつきにくくなることである。二本紐問題(図8-10)ではこの機能的固着が確認されている。二本紐問題の正解は，ペンチを本来の用途以外の重りとして一方の紐にくくりつけ，その重さを利用して大きく揺らし，もう一方の紐に近づいたところで両方の紐を結ぶという方法である。なお構えは，それに合わない認知や反応が起こりにくくするため問題解決を妨害するが，その問題が構えに合う認知や反応を必要としている場合には，問題解決は促進される。

天井から二本の紐がぶら下がっている。片方の端を片手で握って手を伸ばしても，もう片方には届かない。この時，二本の紐を結びつけるにはどうしたらいいか。

図8-10　二本紐問題
出所：Maier (1931) をもとに作成。

4　問題解決とメタ認知

　問題解決をする時に，私たちは直面した問題がどのような問題かを捉えて理解し，自分のもっている知識と照らし合わせて解決方法を探り，実際に見つけ出した解決方法を用いて解決を目指し，解決後には答えが適切であったかを確認する。こうした過程と密接にかかわっているのがメタ認知である。メタ認知とは，自分の認知活動(理解する，考える，覚える，判断するなど)についての認知のことで，メタ認知的知識とメタ認知的活動に分けることができる(図8-11)。何らかの問題を解決する時に，私たちはメタ認知的知識に基づいて目標や計画を立てる。認知活動を行う間，メタ認知は，活動が適切に行われているかをモニタリングし，適切に行われていない場合には，メタ認知的知識を使って修正を行う。さらに，その修正された活動が適切に行われているかをモニタリングする。このようにメタ認知的知識とメタ認知的活動は循環的な働きをしている。

　問題解決に重要な役割を果たしているメタ認知を促す学習支援法としては，メタ認知的手がかりの提示や仲間との協同学習が考えらえる。例えば，仲間との協同学習は，自分の考えを他者に説明することにより自分の考えを振り返る経験をもたらしたり，他者視点で自分の考えを捉えたり，別の考えを模索したりする機会となるだろう。他にも，自分の認知過程を目に見えるようにするための考えの文章化や図式化を促すことも有効かもしれない。いずれにせよ，こうした学習支援法の前提には，教師に自らの教え方についてのメタ認知が必要となる。

▷15　メタ認知的手がかりの提示
「この問題で気をつけることは何ですか？」「今，何をしていて，これから何をするの？」「この答えは問題に合っているかな？」というように，メタ認知を発動するための手がかりを示すことである。

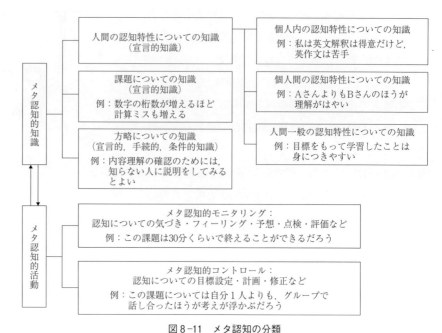

図 8-11 メタ認知の分類
出所：三宮（2010, 9ページ），三宮（2008, 130ページ）をもとに作成。

4 数学的問題解決

1 数学的問題解決とは何か

　一般的な問題解決が，「ある目標が存在し，その目標と異なる初期状態があるとき，操作子を見つけ出し，その操作子を用いて目標状態を目指すこと」をさすのに対して，数学的問題解決は，「数学的概念・知識を用いて行う，解という目標に到達する過程」（岡本，2008）をさす。つまり，問題解決のうち数学に関するものが，数学的問題解決である。

2 数学的問題解決のプロセスと関連要因

　数学的問題解決のプロセスは，問題理解と解決実行に大別される。さらに数学の文章題の解決において，この2つの過程は，(1)変換（文単位で問題文の内的なイメージを形成し，理解する），(2)統合（文単位の内的なイメージを統合し，問題文の全体的な理解をする），(3)計画（理解に基づいて，解決のためのプランを決定する），(4)実行（プランに基づき，目標に到達するための計算をする）の4段階に分けることができ，うち(1)，(2)が問題理解の過程，(3)，(4)が解決実行の過程となる。
　数学的問題解決，とくに文章題の解決を正確に行うためには，問題理解の過程において，文章により与えられた情報から問題の意味を正しく理解し，頭の

なかでイメージすることが重要となる。問題理解の過程には問題スキーマがかかわっている。小学校低学年の子どもにおいて，同じ足し算をする問題でも，(1)「A さんはあめを 3 個もっている。B さんが A さんにあめを 5 個あげた。A さんは今，あめを何個もっているか」と(2)「A さんは何個かのあめをもっている。A さんが B さんにあめを 5 個あげたところ，A さんのあめは 3 個になった。A さんははじめ，あめを何個もっていたか」では，(2)のほうが正答率が低く，(2)は学年が上がるとともに正答率も上がる。これは，学年が上がり問題スキーマを獲得することで，問題の意味をイメージできるようになるためだと考えられる。問題理解の過程でつまずきのある子どもは，計算問題はできても文章問題を苦手としていることがある。こうした子どもたちには，やみくもに問題を解かせるだけでなく，問題の構造に目を向けさせるために，問題の構造を図示する，問題同士の類似点や相違点を確認する，解いた問題と同じ構造の問題を作るなどの指導などが有効であろう。

　また解決実行の過程においては，問題解決方略が数学的問題解決を円滑に行えるかどうかにかかわっている。応用問題が苦手な子どもは，問題解決の方法を工夫して見つけ出すことが得意ではない。こうした子どもたちには，複数の解決方法を考えさせたり，以前解いたことのある問題と現在直面している問題との関連を考えさせたりする指導が有効であろう。

　さらに，数学的問題解決にも先述したメタ認知が重要な役割を果たしている。例えば，岡本（1994）では，大学生に文章題を 3 問続けて解くように求め，一部の学生には問題を解いている間に，『うまく解けましたか』『どんなところがうまく解けましたか』『次に同じ問題を解くとしたら，どのように解くとよいと思いますか』などと質問をした。この質問により，質問をされた学生は自分自身の問題解決過程を振り返ってモニタリングすることになる。結果として，3 問とも正解した学生は，意識的にモニタリングをすることで問題を理解するプロセスが変わっていたことが示された。このように，数学的問題解決に対するメタ認知を活用した教育的介入の効果を検討した研究は有効性を示している。一方で，問題解決のレベルが一定以上の者に対してとくに効果があるとの報告もある。

▷16　問題スキーマ
問題の構造や解き方に関してパターン化された知識のことである。

Exercise

① 授業中，黒板の板書をノートにとる時には，どのような記憶がかかわっているか。記憶の種類やプロセスと関連づけて説明してみよう。

② この章で学んだ内容を記憶に定着させるためにはどのような工夫があるか。記憶の方略に着目して考えてみよう。

第Ⅲ部　学習指導の理論と方法

③　メタ認知の利用を促すために，教師ができる教え方の工夫を具体的に考え
てみよう。

📖次への一冊

御領謙・菊地正・江草浩幸・伊集院睦雄・服部雅史・井関龍太『最新　認知心理学への
　招待［改訂版］——心の働きとしくみを探る』サイエンス社，2016年。
　　より専門的な学びを求める方にお勧め。難しいが，概念だけでなく，その根拠とな
　　る研究についての図表資料とともに学ぶことができる。本章では，4，5，7，8
　　を参考にした。
三宮真智子編著『メタ認知——学習力を支える高次認知機能』北大路書房，2008年。
　　メタ認知の定義や分類などについて詳細に紹介されている。1冊を通して学習を支
　　えるメタ認知について詳しく学ぶことができる。本章では第1，2，7章を参考に
　　した。
日本認知心理学会編著『認知心理学ハンドブック』有斐閣ブックス，2013年。
　　トピックごとにまとめられているので，辞書的に使うこともできる。多くの概念や
　　実験・研究が紹介されている。
湯澤正通・湯澤美紀編著『ワーキングメモリと教育』北大路書房，2014年。
　　ワーキング・メモリー理論についての研究動向を詳細に学ぶことができるととも
　　に，教育実践への活用についても知ることができる。本章では第1章を参考にした。

引用・参考文献

Atkinson, R. C., & Shiffrin, R. M. "Human memory: A proposed system and its control
　　processes," Spence, k., & Spence, J. T., *The psychology of learning and motivation:
　　Advance in research and theory vol. 2*, Academic Press, 1968, pp. 89–195.
Baddeley, A. D., & Hitch, G. J., "Working memory," Bower, G. H., *The psychology of
　　learning and motivation: Advance in research and theory vol. 8*, Academic Press,
　　1974, pp. 47–89.
Baddeley, A. D. "The episodic buffer: A new component of working memory?" *Trends
　　in Cognitive Sciences*, 4, 2000, pp. 417–423.
エビングハウス，H., 宇津木保訳，望月衛閲『記憶について——実験心理学への貢献』
　　誠信書房，1978年。
服部雅史「思考」御領謙・菊地正・江草浩幸・伊集院睦雄・服部雅史・井関龍太『最新
　　認知心理学への招待［改訂版］——心の働きとしくみを探る』サイエンス社，2016
　　年，217～252ページ。
井関龍太「知識表象と言語理解」御領謙・菊地正・江草浩幸・伊集院睦雄・服部雅史・
　　井関龍太『最新　認知心理学への招待［改訂版］——心の働きとしくみを探る』サイ
　　エンス社，2016年，181～216ページ。
菊地正・井関龍太「長期記憶」御領謙・菊地正・江草浩幸・伊集院睦雄・服部雅史・井

関龍太『最新　認知心理学への招待［改訂版］——心の働きとしくみを探る』サイエンス社，2016年a，99〜159ページ。

菊地正・井関龍太「短期記憶と作業記憶」御領謙・菊地正・江草浩幸・伊集院睦雄・服部雅史・井関龍太『最新　認知心理学への招待［改訂版］——心の働きとしくみを探る』サイエンス社，2016年b，99〜159ページ。

Maier, N. R. F. "Reasoning in humans II: The solution of a problem and its appearance in consciousness," *Journal of Comparative Psychology*, 12, 1931, pp. 181–194.

Miller, G. A., "The magical number seven, plus or minus two: Some limits on our capacity for processing information," *Psychological Review*, 63, 1956, pp. 81–97.

岡本真彦「算数文章題の解決における読み時間とモニタリングの関連性」『日本教育心理学会総会発表論文集』36，1994年，347ページ。

岡本真彦「数学的問題解決におけるメタ認知」三宮真智子編著『メタ認知——学習力を支える高次認知機能』北大路書房，2008年，111〜129ページ。

齋藤智・三宅晶「ワーキングメモリ理論とその教育的応用」湯澤正通・湯澤美紀編著『ワーキングメモリと教育』北大路書房，2014年，3〜26ページ。

三宮真智子「メタ認知研究の背景と意義」三宮真智子編著『メタ認知——学習力を支える高次認知機能』北大路書房，2008年。

三宮真智子「学力と知能のあらたな観点」柏崎秀子編著『教職ベーシック　発達・学習の心理学』北樹出版，2010年，129〜131ページ。

瀬尾美紀子「数学的問題解決とその教育」市川伸一編著『現代の認知心理学5　発達と学習』北大路書房，2010年，227〜251ページ。

第9章
動機づけと学習意欲

〈この章のポイント〉
「逆上がりに挑戦！」「勉強を頑張るぞ」「友だちに話しかけてみよう」など，子どもたちの"やる気"や"意欲"は，学校ではとても大切である。本章では，学校現場で指導上目指すべき，動機づけのあり方について学ぶ。まず，動機づけの基礎となる"欲求（need）"について解説した後，内発的動機づけの特長，達成目標やアスピレーション等の目標の影響，原因帰属の大切さなどについて解説する。

1 動機づけと欲求

1 プロセスとしての動機づけ

　動機づけは，例えば，"欲求 → 目標・具体的行動 → 評価・原因帰属"というプロセスとして理解できる。すなわち，まず内外の環境要因を受け，のどの渇きや飢えなどの"欲求"が生じる。次に内外の条件が整えば，これらの欲求は「"〜を"しよう」などと具体的行動へ向けられる。このうち「〜を」の部分が"目標（goal）"で，行動が目指す対象や状態を表す。そして行動終了後，欲求充足の有無などで失敗（成功）等と"評価"され，その原因を考える"原因帰属（attribution）"が行われる。そしてさらに，次の欲求や目標へフィードバックされてゆく。このように，動機づけとは一連のプロセスと理解できるのである。

▷1　動機づけ（motivation）
ある行動を一定方向に向かって引き起こして維持する機能やプロセスのことである。

▷2　欲求（need）
内外の環境要因を受け，行動を引き起こすような内的な状態のことである。

2 さまざまな欲求──マズローの欲求階層説

　まず，動機づけプロセスの出発点である欲求を見てみる。欲求にもさまざまな種類がある。例えば，マズロー（A. H. Maslow）は図9-1のように，諸欲求を自己実現欲求を頂点とした5つの欲求に大別したうえで，上層の欲求追求のためには下層の欲求充足が必要という意味で"欲求階層"をなすと捉えた（Maslow, 1970）。つまり，空腹時には（生理的欲求が未充足の時には），「学校の先生になるぞ」などの夢（自己実現欲求）の追求は難しいということだ。より一般的には，欲求は，大きく2種類に分けられる。すなわち，(1)生まれながらに

図9-1　マズローの欲求階層
出所：Maslow（1943）をもとに作成。

備わる"基本的欲求（一次的欲求）"と，(2)生後の学習により獲得される"社会的欲求（二次的欲求）"である。

基本的欲求（一次的欲求）の代表として，"生理的欲求"を見ていこう。生理的欲求とは，生命体が生きるために必要とする内的な生理的均衡状態（ホメオスタシス）を保つ欲求である。渇きや飢えの欲求に加えて，排せつや睡眠，呼吸，体温維持の欲求等がこれにあたる。例えば，飢えの欲求は血糖値の低下，渇きの欲求は身体の水分量減少といったように，ホメオスタシスが不均衡となった時，その解消のために生じるのが生理的欲求と考えられるのである。

それでは，生理的欲求を充足してホメオスタシスを維持しさえすれば，人間は快適なのだろうか。ヘロン（W. Heron）は，いわゆる感覚遮断実験で，これを検討した（Heron, 1957：図9-2）。まず，当時としては高額な一日20ドルで被験者を募集し，空調のきいた部屋の柔らかく快適なベッドの上に一日中寝てもらった。しかもその部屋では，感覚刺激をなるべく与えず，「ただ安静に寝ていて下さい」と依頼したのである。

▷3 感覚遮断実験
視覚については半透明のバイザーを装着し，聴覚についてはＵ字形をしたフォームラバーの枕で耳を覆ったうえで，単調な空調の作動音を響かせ続けて外からの雑音を遮断した。さらに触覚については，コットン製の手袋をはめたうえで，ヒジより指先までボール紙製の筒で覆った。そのうえで，被験者が動くのはベッドサイドでの食事とトイレの時だけに制限したのである。

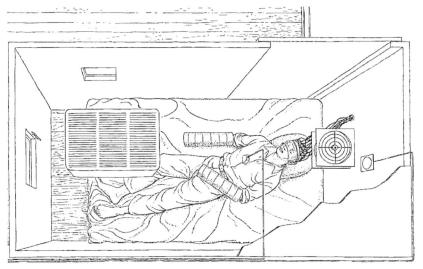

図9-2 ヘロンの感覚遮断実験の様子
出所：Heron（1957）。

さて結果はどうだったろう。確かに，初めのうち被験者は，よく眠ったり仕事や研究など考え事をしたりして，時間を有意義に使えたそうである。しかし，時間の経過とともに不思議なことが起きた。被験者が次第にイライラしだし，やがて，風景や幾何学的模様などの白昼夢や幻覚を見るようになり，ついには，ほとんどの被験者が耐え切れなくなってしまったのである。

この実験に見られるように，人間は，単に刺激が少なく安楽な状態にあり，ホメオスタシス維持の欲求が充足されるだけでは，健康な精神状態を保つことは難しい。むしろ，人間の身体・心理は，一定の刺激の下に適度に緊張してい

た方が機能的に働くことが知られている。ヘッブ（D. O. Hebb）は，このような適度な緊張感を"覚醒水準"として理解し，図9-3にあるように，高すぎても情緒的に混乱してしまう一方で，低すぎても機能的でなく，その中間に最適実行の覚醒水準があるという逆U字形の関係性を想定した（Hebb, 1972）。このため，刺激が少なく単調で覚醒水準が低すぎる場合などに，新奇な刺激を求める欲求，"好奇心"，"好奇欲求"が生じやすくなるのである。

図9-3 覚醒水準と身体的・心理的機能との関係
出所：Hebb (1972＝1975)。

　実際，ただ単に「やってみたい」とか「知りたい」といった，ホメオスタシスと直接関係のない，新奇な刺激への欲求の存在は，動物実験でも明らかにされている。例えば，アカゲザルたちが，エサや水といった報酬が何もなくても，与えられたパズルを何回も解き続けて勝手に上達することや（Harlow, 1950），単にドアを開けて向こう側を見たいという欲求から，粘り強く学習することなどが明らかにされている（Butler, 1953）。このような好奇心は，ホメオスタシス維持と関係ない生得的な欲求として理解され（桜井，2004），後に説明する優れた動機づけである"内発的動機づけ"の重要な根拠となっているのである。

3　社会的欲求・達成欲求

　次に，生後の学習により獲得される欲求，"社会的欲求"について見てみる。これは，基本的欲求（一次的欲求）充足のため派生した欲求という意味で，二次的欲求とも呼ばれる。例えば，先のマズローの欲求階層で言えば，図9-1の上段部分，"所属と愛情"の欲求や"承認と自尊心"の欲求などは，社会的欲求の側面が強いと言えるだろう。

　代表的な社会的欲求で，学校現場でも重要なのが「良い成績を取りたい」や「徒競走で一位になりたい」などの達成へ向けられた欲求，"達成欲求"である。この達成欲求を基礎に生じる"達成動機づけ"について，アトキンソン（J. W. Atkinson）らは，図9-4のような式で達成傾向の強さを説明した（Atkinson & Feather, 1966）。これによれ

▷4　達成動機づけ
（achievement motivation）社会的に評価されることを優れた水準でやり遂げようとする動機づけのことである。

達成傾向　＝　（成功動機　－　失敗回避動機）　×　成功確率（1－成功確率）

図9-4　達成傾向の強さ
出所：Atkinson & Feather (1966).

第Ⅲ部　学習指導の理論と方法

ば，(1)成功への動機（成功動機）が失敗回避への動機（失敗回避動機）を上回れば，達成行動が始発する。(2)成功する価値（誘因価）は，成功が困難で成功確率が低いほど高く，"誘因価＝1－成功確率"の関係となる。これは，成功確率がちょうどよい（大体50％）時に，成功確率×誘因価が最大となり，達成行動が強まることを示唆している。これらの知見はその後，とくに行動の持続性の点からよく実証されている。ここから，学校現場で達成行動を促すには，「失敗しても大丈夫」という雰囲気作りをしたり，課題の難易度を一人ひとりに合わせて調整したりすることが重要であると理解できよう。

④　自己実現欲求——最上位の欲求・唯一の成長欲求

　欲求の最後に，マズローの欲求階層の最上位である自己実現欲求について説明する。自己実現欲求とは，各自がもつ潜在的可能性を実現して，より自分自身らしく，なるべき存在になろうとする欲求のことだと言える。いうなれば，個性を生かして夢を追う欲求と言えるだろう。自己実現欲求は独特な欲求で，その特徴は以下の2点にまとめられる。第一に，マズローの欲求階層（図9-1）の最上位にあるという点，言い換えれば，自己実現欲求追求のためには下層の欲求が外的に充足される必要があると言う点である。これは学校現場で言えば，子どもの自己実現のためには，衣食住等の生活条件の保障，いじめ等の侵害のない環境，先生や仲間からの承認等が大切なことを示唆しているだろう。第二に，唯一の"成長欲求"という点である。成長欲求の本質は，潜在的可能性を追求し続けること，それ自体にある。これは自己実現欲求に"際限"，すなわち明確な"終わり"がないことを意味する。例えば「よい先生になりたい」という自己実現欲求の場合，「これでよい先生になれた」という"終わり"があるだろうか。むしろ，追求すればするほど「もっとよりよい先生に」という，新たな成長への欲求が湧いてくるだろう。

2　学習意欲（学習動機づけ）

①　外発的動機づけと内発的動機づけ

　次は，いよいよ具体的な学習動機づけの種類について見ていく。動機づけは，大きく"外発的動機づけ（extrinsic motivation）"と"内発的動機づけ（intrinsic motivation）"の2つに分類される。手段—目的の対比で両者を定義すると，まず，外発的動機づけとは，課題内容とは別の目的のための"手段"としての動機づけのことである。学校で子どもたちは，勉強内容自体とは直接関係ない別の"目的"，例えば「ほめられる」「叱られない」「入試で合格する」などの目

的を達成する手段として学習することがある。このような場合，動機づけが課題内容の"外"より"発"するので，"外発"的動機づけと呼ばれる。また，第7章にあるような，条件づけによる諸行動も，報酬獲得や罰則回避といった目的のために，課題内容と直接関係ない行動が手段としてなされるという点で，外発的動機づけによると考えることができる。これに対して，内発的動機づけとは，課題内容の遂行それ自体を目的とするような動機づけのことである。学習すること自体が面白くて興味・関心がもてるため学習するような場合をいう。この性質は，"自己目的性"とも言われる。この場合，動機づけが，課題内容の"内"より"発"するので，"内発"的動機づけと呼ばれるのである。

２　学習面における２つの動機づけの表れ

　内発的動機づけによる学習者は，学習における楽しさや面白さをより強く感じたり，学習中の不安感が低かったりするなど，精神的健康が高いことが知られている。また行動的にも，新しいことに挑戦したり，自分の既有知識と関連づけたり，より詳細な意味を調べたりするなど，より深く広い学びにつなげようという"深い処理の学習方略"を多く採用する傾向がある。他方，外発的動機づけによる学習者は，場合によっては，課題遂行中の不安感やストレス反応が強く，精神的健康が低くなる危険性があることが知られている。また行動面でも，熟達より，目的獲得条件を効率よく満たそうとする傾向があるため，「とりあえず丸暗記してしまえ」といったような"浅い処理の学習方略"を採用しがちであることが知られている。

３　アンダーマイニング効果とは

　内発的動機づけと外発的動機づけとの関係について，教育上とても示唆に富む効果が，"アンダーマイニング効果（undermining effect）"である。この効果は，内発的動機づけによる行動に追加的に外的報酬を与えると，やがて元来の内発的動機づけを傷つけてしまう効果のことである。

　例えば，小学校第５学年のA君が，徳川家康など歴史上の"人物調べ"が面白く，内発的に動機づけられて熱心に図鑑や歴史資料を読み込んでいたとする。さてその時，お母さんが応援しようと「人物調べが一人分終わったら，1000円のお小遣いをあげるよ」と言ったらどうなるだろう。A君は一時的に前より熱心に人物調べができるかもしれない。ところがその後，お母さんが思い直して「A君，1000円はもうあげられないけど，面白い歴史のお勉強がんばってね」と言ったら，今度はどうなるだろう。A君は，1000円をもらう前に戻って，再び熱心に歴史の勉強ができるだろうか。普通に考えれば，もとの

第Ⅲ部　学習指導の理論と方法

内発的動機づけの状態に戻るだけとも考えられるだろう。しかし，現実には，このような場合，もとの内発的動機づけを取り戻すことは難しく，行動の質・量とも低下してしまいがちなことがわかっている。これがアンダーマイニング効果である。

4　アンダーマイニング効果の発生メカニズムと防止法

　この効果のメカニズムを説明する代表的理論が，ライアン（R. M. Ryan）とデシ（E. L. Deci）の“認知的評価理論（cognitive evaluation theory）”である（Ryan & Deci, 2000）。それによれば，内発的動機づけは，自ら行動を決めているという“自己決定”と，環境に対して有効に働きかけられるという“有能感”との2つの要素で成り立っている。そして，外的報酬は，これらの要素に対して，情報と統制という2側面から作用する。すなわち，(1)外的報酬が行為者の有能さを示して内発的動機づけを高める“情報的側面”，(2)外的報酬が行為者をコントロールして自己決定と有能感を奪うことで内発的動機づけを低下させる“統制的側面”である。そして，アンダーマイニング効果とは，外的報酬の統制的側面が情報的側面より強い場合に生じる，内発的動機づけの低下現象だと説明するのである。

　先の例で説明しよう。お母さんの「1000円」という外的報酬は，A君が一人分の歴史上の人物を調べることができた，というA君の有能さに関する情報的側面を有する。しかし同時に，A君は「1000円（をくれるお母さん）のためにしている」という統制的側面も有するのである。そして1000円という金額が小学校5年生のA君にとって魅力的なため，統制的側面がより強く作用し，A君の自己決定と有能感を奪って内発的動機づけを低下させると考えるのである。

　では，アンダーマイニング効果を防ぐには，どうすればよいのだろう。まず，報酬を与える場合でも，それを予期させないほうが効果的なことが知られている。すなわち，グリーン（D. Greene）らは，幼児が絵を描く際に，(1)事前に報酬を与えると伝えた“報酬予期群”と，(2)描き終わった後に不意に報酬を与えた“報酬非予期群”とを比較した（Greene & Lepper, 1974）。その結果，報酬予期群のみで，自由時間中に自主的に絵を描く時間が減少し，絵の質も低くなったのである。これは，報酬自体より，むしろ報酬の“予期”が統制的側面を強めたと理解できるだろう。

　また，言語的報酬は，金銭的報酬に比べて統制的側面が弱いことも知られている。すなわち，デシは，被験者の大学生に面白いパズルに取り組んでもらう際，(1)金銭を与える“金銭的報酬群”と，(2)パズルが解けるたびに口頭でほめる“言語的報酬群”とを比較した（Deci, 1971）。その結果，言語的報酬群では，

金銭的報酬群と異なり，自主的にパズルに取り組む時間の減少が見られないことがわかったのである。これは，言語的報酬は統制的側面が比較的弱く，アンダーマイニング効果を引き起こしにくいと理解できるだろう。

3　自律的動機づけ

1　自律的な外発的動機づけとは

　これまで見てきたように，内発的動機づけは優れた学習動機づけだと言える。しかし，残念ながら人間は，常に内発的動機づけをもてるわけではない。例えば，教師志望の皆さんは，常に内発的動機づけによって勉強をしてきただろうか。むしろ，はじめは「ほめられたい」「いい点を取りたい」といった外発的動機づけによって何とかやっていたら，次第に力がつき，勉強の価値（大切さ）がわかるようになり，やがて「じゃあ頑張ろう！」と自律的に勉強できるようになった，というのが普通ではないだろうか。

　このように，勉強や仕事など，否応なしに社会的に遂行を強いられる課題であっても，自分なりに価値を見出し，意義あるものとして自己に統合する傾向が人間にはある。ライアンらは，このような傾向やプロセスを "内在化 (internalization)" と呼び，当初は，否応なしで非自律的でも，内在化が進めば自律性を獲得でき，自ら進んで取り組めるようになりうるとした。そして，外発的動機づけを，より内在化が進み自律的になっていく順に，"外的調整[5]"，"取り入れ的調整[6]"，"同一化的調整[7]"，"統合的調整[8]" と，4段階に整理した (Ryan & Deci, 2000)。そのなかでも，十分に内在化が進んだ同一化的調整と統合的調整は，"自律的動機づけ" と呼ばれ，自発的かつ持続的な学習や深い処理の学習方略といった質の高い学習に結びつき，学業成績にもプラスに働く可能性が高いことが明らかになっている。

2　内在化の促進──基礎的心理欲求の充足による学習意欲の向上

　では，児童生徒の内在化を促進するにはどうしたらよいのだろうか。ライアンらによれば，"基礎的心理欲求" という，人間にとって本質的に重要な3つの欲求，すなわち(1)有能感，(2)自律性，(3)関係性の欲求を充足することが内在化に深く関係するという (Ryan & Deci, 2000)。(1)の有能感とは，先述のとおり，自分が環境に対して有効に働きかけられるという感覚のことで，もっと簡単に言えば「自分はできる」という感覚のことだ。例えば，数学の勉強が「できる」と思えて有能感の欲求が充足されているなら，数学の勉強の価値を受け入れ，内在化しやすい。この点，教師としては，児童生徒の「自分はできる」

▷5　外的調整
「怒られるから」「叱られたくないから」といった，報酬の獲得や罰則の回避という外的な統制のみにより動機づけられ，まったく内在化していない段階である。

▷6　取り入れ的調整
プライドを維持したい，恥ずかしさを回避したいといった動機づけである。表面的な内在化にとどまり，自律性の程度は低い。

▷7　同一化的調整
行動に個人的な価値や重要性を見出している段階である。よって，自律的な感覚が存在している。

▷8　統合的調整
十分に内在化が進み，それを行うことが，個人的な価値観，目標，欲求等と完全に一致し，自己の一部 (a part of self) になっているような状態を言う。

という感覚をいかに演出して定着させるかが指導上のポイントになるだろう。次に，(2)の自律性とは，誰からも強制されずに自ら進んで取り組んでいるという心理状態のことである。この欲求が充足され，教師や親に強制されなくても自ら進んで数学を勉強しているなら，数学の価値を受け入れていることが多いだろう。この点，文部科学省が2010年に改定した生徒指導の基本書『生徒指導提要』にも「出来映えのみを意識するあまり，教員が介入しすぎることは，児童生徒の成長・発展の機会を奪う」とあるように，時には，教師として，多少の学習効率を犠牲にしても，児童生徒に選択肢を与えて，選ばせ，任せることが，指導上のポイントとなるだろう。最後に，(3)の関係性とは，他の個人や社会等とつながっている感覚のことである。例えば，数学を友人と教え合っている場合や，教師が見守ってくれると感じる場合，さらには，数学を通じて社会の役に立っていると思う場合などがあげられる。

　さらに，有能感，関係性，自律性は，ばらばらに存在するのではなく，互いに関係している。例えば，数学のグループワークの時に，中学校第３学年のDさんが，リーダーとして同じグループの友だちに数学を教えて感謝された時を考えてみよう。この場合，「友だちの役に立てた」ことで関係性の欲求が充足されると同時に，「直接的に他人の学力を向上させた」と有能感も感じるだろう。さらにDさんは強制されたわけでなく自ら進んで教えたため，自律性に裏づけられた行動と言えるだろう。つまりこの時，クラスの友だちとの関係性が，有能感と自律性の基礎となって，３つの欲求すべてを同時に充足しえたと解釈できるのである。このような場合，数学の価値が直接的に実感され，より一層の内在化が進むと言えるのではないだろうか。

4　達成場面における"目標"とは

［1］　達成目標理論

　次に"目標"について，学校で重要な達成場面の目標，"達成目標(achievement goals)"に関し，代表的なエリオット（A. J. Elliot）の達成目標理論を紹介する。

　エリオットらは，人間が達成場面で抱く目標を，目指す有能感の種類によって大きく３つに分けた（Elliot & Church, 1997）。(1)熟達目標（mastery goal），(2)遂行接近目標（performance approach goal），(3)遂行回避目標（performance avoidance goal）である。(1)の熟達目標は，「きちんとできるようになる」「昔よりうまく，早くできるようになる」など，絶対的な技能習得や個人内成長という有能感を目指す目標である。(2)の遂行接近目標は，「学級の友だちよりうまい」「か

けっこで学年一番に」など，他者と比べて相対的に優れるという有能感を目指す目標である。(3)の遂行回避目標は，「みんなの前で失敗しない」「バカにされない」など，他者と比べて相対的に劣らない，力のなさが露呈しないという有能感を目指す目標である。

この3つの達成目標は，学習場面など，さまざまな達成場面に影響することが知られている。まず，熟達目標はおおむね良い影響を与えると言われる。課題遂行やテスト時における不安感が少ないだけでなく，高い内発的動機づけと結びつく。そして，課題遂行に自信がなくても，より興味をもって勉強や運動に取り組めることが知られている。逆に，遂行回避目標は欠点が多いと言われる。すなわち，課題遂行にあたって「他者に負けるんじゃないか」「バカにされてしまうのではないか」と，他者に自分の能力のなさがばれる不安感につながり，課題への興味がもちにくい。さらには，援助要請を回避しがちになったり，セルフ・ハンディキャッピング行動をしたりすると言われる。最後に，遂行接近目標は，学業成績にプラスの効果をもつ反面，高い不安感など遂行回避目標と欠点を共有するとされる，功罪相半ばする達成目標である。

この点，エリオット (E. S. Elliott) らは，実験で，熟達目標と遂行目標という2種類の達成目標を強調した2つの環境を用意して，取り組み課題への自信の高低によって，子どもたちの原因帰属や感情的反応がどう異なるかを検討した (Elliott & Dweck, 1988)。その結果，熟達目標環境では自信の高低でほとんど差が見られなかった一方で，遂行目標環境においてのみ，自信の高低で大きな差が見られた。すなわち，自信が低い群において，有効な問題解決手法の採用が少なくなったり，取り組み中に「この後，お家に帰っていい？」「おなかが痛いなあ」などのネガティブな感情反応が多く見られたり，失敗原因を統制不能な原因（能力不足，不運，課題の難しさ等）に求めたり，などといった学習性無力感と類似の反応が見られたのである。この結果から，学校のようにさまざまな児童生徒が混在する場合は，熟達目標を強調した方が，自信の有無にかかわらず効果的な点で，安全な指導だと考えることができるだろう。

[2]　アスピレーション（将来目標）理論

さらに，より長期間の目標の場合はどうだろう。人生全般の将来にわたる目標は "アスピレーション" と呼ばれ，児童生徒にとっては将来的な目標であるので "将来目標" または "人生目標" と訳されることもある。元来，教育は将来への準備という側面をもつため，キャリア教育などを含め，アスピレーションが，子どもたちの学習に影響を及ぼすと考えられる。

アスピレーションは，第3節で見た，基礎的心理欲求を直接充足するかどうかで，内発的と外発的の2つに分けられる (Kasser & Ryan, 1993)。まず，(1)内

▷ 9　セルフ・ハンディキャッピング行動
わざと課題遂行を妨げるような障害をあらかじめ作っておくことで，自己への低い評価を回避しようとすることである。例えば，試験の前夜にあえて遊びに行き，「できなくても仕方なかったんだ」と言い訳を用意しておくことなどを言う。

第Ⅲ部　学習指導の理論と方法

発的アスピレーションは，人間の内発的な本質的欲求に基づき，基礎的心理欲求を直接的に充足する目標群である。具体的には，深い自己理解や成長を目指す"自己成長目標"や，周囲との良好な関係構築や社会への貢献を目指す"社会貢献目標"，健康の維持増進を目指す"身体的健康目標"といった目標群より構成される。これらの目標が高い場合，年齢や文化圏，職業にかかわらず，高い精神的健康状態にあり，抑うつが低いことが明らかになっている。

　これに対して，(2)外発的アスピレーションは，必ずしも幸せにつながるとは限らないが，過度に追求しがちな目標群である。具体的には，高い社会的地位や名声の獲得を目指す"名声獲得目標"，高収入や高価な物品の所有を目指す"金銭目標"，外見的美しさを目指す"外見的魅力目標"といった目標群より構成される。これらの目標を過度に追求すると，他者比較に敏感になり不安感が高まったり，活力が低下したりすることが知られている。学習面でも，外発的アスピレーションは，遂行回避目標や勉強時の不安感と関連するのに対して，内発的アスピレーションを意識した学習は，たのしさや持続性，学習の質において優れ，熟達目標や内発的動機づけとも関連することが見出されている（鈴木・櫻井, 2011）。このように，内発的アスピレーションの強調は，学習指導面でも有効なのである。

5　原因帰属

［1］　原因帰属とは

　次は，欲求充足を目標とした行動が終了した後，その結果の原因をどう考えるかという原因帰属について考える。"原因帰属の理論（attribution theory）"とは，ごく簡単に言えば，ある結果が生じた後に，その原因を何だと考えるか（どこに帰属すると考えるか）に関する理論である。この点，ワイナー（B. Weiner）は，従来の帰属理論を発展させ，原因帰属を"原因の所在"と"安定性"という2つの次元に分類した（Weiner, 1989：表9-1）。

　原因の所在とは，原因が物理的に行為者の内（内的）か外（外的）かという次元である。例えば，"努力"は内的で，"運"は外的となる。次に安定性とは，原因が時間的に固定しているか（安定），変動するか（不安定）という次元である。こうしてできる，原因の所在（2：内的と外的）×安定性（2：安定と不安定）の計4分類で，達成場面で代表的な4種の原因帰属，「能力」「努力」「課題の困難度」「運」を説明したのである。

表9-1　ワイナーによる原因帰属の２次元分類

安定性	原因の所在	
	内的	外的
安定 （固定的）	能力	課題の困難度
不安定 （変動的）	努力	運

出所：Weiner（1989）をもとに作成。

2　原因帰属と学習意欲

　それでは，原因帰属と学習動機づけとの関係はどうだろうか。ワイナーによれば，成功した場合には，原因の所在を内的（能力や努力）に帰属すると，学習意欲が上昇するとされる。次に，失敗した場合については，主に２つの関係が知られている。第一に，能力不足に帰属した場合には学習意欲が低下しがちとなる。これは，悪い成績の原因が自分にあり（内的），かつ能力は変化しないために（安定），どうせやっても自分の能力のなさが露呈するだけだと考えてしまうと理解できよう。第二に，努力不足に帰属した場合には，学習意欲が上昇する可能性がある。これは，悪い成績の原因は自分にあるが（内的），それは変動しうるため（不安定），次はがんばろうと思えると理解できよう。つまり，成功・失敗のいずれでも，努力への帰属が学習意欲の維持向上に有効なのである。

　この点，ドエック（C. S. Dweck）は，訓練で努力への原因帰属を促すことで，失敗経験に直面しても，学習者の粘り強さを引き出せることを示している（Dweck, 1975）。すなわち，算数が非常に苦手で無力感に陥っている８〜13歳の子ども12人を750人から選び出したうえで，数週間にわたって２種類の実験的教育プログラムを実施して２群（６名ずつ）に分けた。一方では，毎日15回の算数の課題のすべてで基準を易しくして成功だけを経験させ，"成功のみ経験群"とした。他方では，毎日15回のうち２〜３回分だけ基準を上げて失敗させたうえで，成功のために必要な正答数を確認して「もっと一所懸命にやるべきということだね」と失敗を努力不足に帰属させ続け，"帰属再訓練群"とした。その結果，訓練の効果は図９-５のようになった。これは失敗経験の前後での正答数の平均減少率をグラフにしたものである。それによれば，訓練前では両群とも，失敗による正答減少率が約50％程度と，正答率が半減するほど失敗に対し脆弱だった。ところが，訓練により両群に大きな差が生じた。すなわち，成功のみ経験群では，訓練にもかかわらず正答減少率が高い水準のまま（45％程度）だったのに対して，帰属再訓練群では，正答減少率が訓練中に約20％弱と大幅に減少し，さらに訓練後では逆に失敗経験によって正答率が約

10％上昇（正答の減少率が約マイナス10％）していた。加えて，同時に行った質問紙調査でも，帰属再訓練群のみで，原因の努力への帰属が増加し，テストへの不安感が減少していたのである。これは，努力への帰属が失敗経験への粘り強さを引き出すことを示唆している。この実験結果を学校現場にあてはめれば，失敗経験への耐性をもつ粘り強い子に育てるには，単に成功させてほめ続けるだけでなく，失敗後の「君なら頑張ればできるよ」という声かけこそが大切だと理解できるだろう。

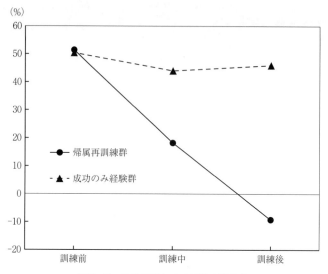

図9-5　失敗経験による正答の減少率
出所：Dweck（1975）をもとに作成。

3　原因帰属と学習性無力感

　原因帰属のあり方によっては，"学習性無力感（learned helplessness）"に陥りやすくなることが知られている。学習性無力感は，そもそも回避不能な電気ショックに長時間さらされた犬が，その後，回避可能な状況に置かれても回避行動をしなくなる現象から発見された。犬が，自分で状況をコントロールできないという統制不可能性を認知したことが，その後の動機づけを低下させた結果で，いうなれば，無力感が学習されたものとして，学習性無力感と名づけられた。

　ピーターソン（C. Peterson）らは，学習性無力感に陥りやすいかどうかは，統制不可能で不快な出来事（失敗）の原因をどう説明するかという説明スタイルの違いにより生じるとし，これを"内在性""永続性""全体性"の3次元から説明した（Peterson et al., 1993）。まず，内在性は，個人にとって原因が統制可能かどうかで，内的─外的に分けるものだ。これはワイナーの原因の所在の次元と類似するが，統制可能性を強調する点で若干異なる。次に，永続性は，

ほぼワイナーと同様に時間的な安定性の観点から，安定─不安定に分けるものだ。最後の全体性は，現在の出来事が他の状況にも起こりうる一般的なものと説明するか，その状況に特異的なものと説明するかで，一般的─特異的に分けるものである。例えば，悪い数学のテストの原因を「頭が悪いから」と説明すれば，他の科目でも悪い点をとるという意味で"一般的"，「数学だけが非常に苦手だから」と説明すれば，数学だけという意味で"特異的"ということになる。

　この説明スタイルの3次元からは，以下3つの知見が導かれている。すなわち，(1)原因を"内的"と説明すると，失敗時に自己評価の低下をもたらす。(2)原因を"安定的"と説明すると，失敗の原因が永続すると考えるため，無力感の慢性化を招きやすい。(3)原因を"一般的"と説明すると，現在の失敗が他の状況にも当てはまると考え，無力感が般化しやすいということである。このような説明スタイルの各次元を意識することは，例えば，失敗で落ち込む児童生徒に働きかける際に有効であろう。

6　知能観と学習意欲──子どもを無気力にしないために

　最後に，動機づけプロセス全般に影響を与える"知能観（theory of intelligence）"について紹介したい。みなさんは，頭の良さは生まれつきで変わらないと考えるだろうか，それとも，努力次第だと考えるだろうか。ドエックは，このような人間の知能の捉え方を知能観と名づけ，それが以下の2種類に大別されることを見出した（Dweck, 1986）。すなわち，(1)人間の知能は固定的で努力によって変化しにくいという"実体的知能観"と，(2)人間の知能は変化しやすいもので努力次第で高められるという"増大的知能観"である。そして，図9-6のように，2つの知能観の違いが，達成目標や原因帰属等の行動パターンの根源をなすとした。まず，(1)の実体的知能観をもつ場合，自分の知能は固定的であり，努力しても知能は伸びないと考える。よって，他者と比べる際に良い評価の獲得や悪い評価の回避を目指す"遂行目標（パフォーマンス目標）"をもつ。この場合，現在の能力への自信の有無によって行動パターンが異なってくる。すなわち，もし自信があれば，良い評価を目指し積極的に挑戦して粘り強く課題に取り組むといった，熟達志向的な行動パターンとなる。その一方で，もし自信がなければ，やってもどうせ悪い評価に直面するだけなので，挑戦を避けて持続しないといった無力感（helpless）に陥った行動パターンとなるのである。これに対して，(2)の増大的知能観をもつ場合は，自分の知能は努力次第で向上すると考える。よって，他者との優劣ではなく，絶対的な知識や技能を身につけて有能さを増大させることを目指す熟達目標（ラーニング

第Ⅲ部　学習指導の理論と方法

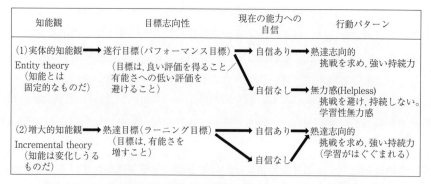

図9-6　2つの知能観と，目標志向性および行動パターンとの関係
出所：Dweck（1986）をもとに作成。

目標）をもつ。このため，自信の有無にかかわらず行動パターンは熟達志向的となり，無気力に陥りにくくなる。

まとめると，子どもに，努力次第で成長（変化）できると信じさせることが，動機づけプロセス全般にわたって非常に重要だということである。これはつまり，普段から一人ひとりの成長を見守って努力をしっかり励ますという，教師としての基本動作こそが，子どもを質の高い動機づけへと導くために何より重要であることを意味していると考えることができるだろう。

Exercise

① 内発的動機づけと外発的動機づけの違いは何か。また，子どもに自律性を与えるにはどうしたらいいか，考えてみよう。
② 子どもが何かで失敗した時，どのような原因帰属を促すことが次の学習意欲につながるか，考えてみよう。

📖次への一冊

デシ，E. L.・フラスト，R., 桜井茂男監訳『人を伸ばす力――内発と自律のすすめ』新曜社，1999年。
　　動機づけ，アスピレーション，基礎的心理欲求といった自己決定理論について平易に解説した本である。
鹿毛雅治編『モティベーションをまなぶ12の理論』金剛出版，2012年。
　　動機づけの基本的トピックから最新動向までを，平易に解説した本である。
櫻井茂男『自ら学ぶ意欲の心理学――キャリア発達の視点を加えて』有斐閣，2009年。
　　発達の視点も加えて，動機づけの諸理論を総合的に解説している。

引用・参考文献

Atkinson, J. W., & Feather, N. T., *A theory of achievement motivation*, John Wiley & Sons, 1966.

Butler, R. A., "Discrimination learning by rhesus monkeys to visual-exploration motivation," *Journal of Comparative and Physiological Psychology*, 46, 1953, pp. 95–98.

Deci, E. L., "Effects of externally mediated rewards on intrinsic motivation," *Journal of Personality and Social Psychology*, 18, 1971, pp. 105–115.

Dweck, C. S., "The role of expectations and attributions in the alleviation of learned helplessness," *Journal of Personality and Social Psychology*, 31, 1975, pp. 674–685.

Dweck, C. S., "Motivational processes affecting learning," *American Psychologists*, 41, 1986, pp. 1040–1048.

Elliot, A. J., & Church, M. A., "A hierarchical model of approach and avoidance achievement motivation," *Journal of Personality and Social Psychology*, 72, 1997, pp. 218–232.

Elliott, E. S., & Dweck, C. S., "Goals: An approach to motivation and achievement," *Journal of Personality and Social Psychology*, 54, 1988, pp. 5–12.

Greene, D., & Lepper, M. R., "Effects of extrinsic rewards on children's subsequent intrinsic interest," *Child Development*, 45, 1974, pp. 1141–1145.

Harlow, H. F., "Learning and satiation of response in intrinsically motivated complex puzzle performance by monkeys," *Journal of Comparative and Physiological Psychology*, 43, 1950, pp. 289–294.

Hebb, D. O., *A textbook of psychology*, 3rd., Saunders, 1972 (ヘッブ，D. O.，白井常訳『行動学入門——生物科学としての心理学　第3版』紀伊國屋書店，1975年).

Heron, W., "The pathology of boredom," *Scientific American*, 196, 1957, pp. 52–56.

Kasser, T., & Ryan, R. M., "A dark side of the American dream: Correlates of financial success as a central life aspiration," *Journal of Personality and Social Psychology*, 65, 1993, pp. 410–422.

Maslow, A. H., "A theory of human motivation," *Psychological Review*, 50, 1943, pp. 370–396.

Maslow, A. H., *Motivation and personality* (2nd ed.), Harper & Row, 1970 (マズロー，A. H.，小口忠彦訳『人間性の心理学——モチベーションとパーソナリティ（改訂新版）』産業能率大学出版部，1987年).

文部科学省『生徒指導提要』教育図書，2010年。

Peterson, C., Maier, S. F., & Seligman, M. E. P., *Learned helplessness: A theory for the age of personal control*, Oxford University Press, 1993.

Ryan, R. M., & Deci, E. L., "Self-determination theory and the facilitation of intrinsic motivation, social development, and well-being," *American Psychologist*, 55, 2000, pp. 68–78.

桜井茂男『たのしく学べる最新教育心理学——教職に関わる全ての人のために』図書文化社，2004年。

鈴木高志・櫻井茂男「内発的および外発的な利用価値が学習動機づけに与える影響の検討」『教育心理学研究』59，2011年，51～63ページ。

Weiner, B., *Human motivation*, Lawrence Erlbaum Associates, 1989。

第10章
教授法と教育評価

〈この章のポイント〉

　義務教育は，基本的に集団で行われ，学年ごとに決められた学習内容を，どの子どもも達成できるように努めながら，次の学年へと送り出す。教師たちは，個人がわかるようになるということと，複数人で学習することの相乗効果をうまく理解しておくことが肝要である。そして，子どもたちの達成状況と，教師の指導の仕方の適切さを評価しなくてはならない。本章では，どのように教えるのか，そして，どのように教えたことを評価するのかに関する枠組みを学ぶ。

1　教授法①──個の学習に焦点を当てた理論・技法

［1］　教授法について

　教室において人が「学ぶ」ということは，どのようにすれば可能なのだろうか。この章で紹介する教授法には，授業を通して子どもたちがより高次の知的能力を身につけ，身につけた知識・技能を（場合によっては他者と協調しながら）自らの意思で用いる主体性をもつよう育つことが意図されている。基本的には心理学をバックグラウンドにもち，戦後に登場したものばかりである。

［2］　発見学習

　発見学習（discovery learning）は，ブルーナー（J. S. Bruner）が提唱した教授法である。ここでいう発見とは，それまで知らなかったことを見つけるということだけでなく，自分自身の知性を用いてあらゆる形式の知識を獲得することをさしている（Bruner, 1961）。この教授法は，子どもたちにできる限り課題を理解させ，自律的に自らの力で考えることを目的としている。ブルーナーは，発見学習には(1)知的能力の向上，(2)外的報酬から内的報酬への転換，(3)ヒューリスティックな発見の学習，(4)記憶過程の促進，の4つの利点があるとした。

　発見学習は，一般に知識の習得よりは，その背景となる問題解決能力あるいは学習に際しての思考の方法や態度を身につけさせることに力点を置いている（倉元，2007；水越，1975a；1975b）。この学習を通じて問題解決の応用力を身につけることは期待できるが，実施にはより多くの学習時間が必要となる等の難

▷1　国内においても，広岡亮蔵が課題解決学習という同種の学習方法を発案していたが，ブルーナーらの発見学習の隆盛に統合した。

第Ⅲ部　学習指導の理論と方法

点がある。

③　有意味受容学習

有意味受容学習（meaningful reception learning）は，オーズベル（D. P. Ausbel）が提唱したものであり，発見学習と対立する立場にあった。[*2]

有意味受容学習では，有意味学習と受容学習の2軸をまず意識する必要がある（オーズベル・ロビンソン，1984）。学習段階の第一段階として，教師が一般則をその最終的な形で学習者に提示し（受容学習），第二段階として，学習者がそれを，既知のことに関連づけて保持し，それによって「意味づけ」ようとする（有意味学習）。

ここで，先行オーガナイザーが重要な役割を果たす。先行オーガナイザーは，学習者の認知構造内に現存する観念に，新しい観念をつなぎとめたり，より高いレベルの概念を導入する役割を担う。学習すべき（有意味）事柄について学習者がよく知らない時は，概説的オーガナイザー（学習者がすでにもつ知識と新しい知識をつなぐもの）が用いられる。あるいは，学習者が既知の観念との関連性に気づかない時には，比較のためのオーガナイザーを用い，既知の観念と新しい観念との関連性をより明示的にし，学習を促していく。

④　完全習得学習

完全習得学習（mastery learning）は，ブルーム（B. S. Bloom）が提唱した教授法である（Bloom, 1968）。この教授法では，子ども自身の意欲，興味，関心，考え方の筋道等を大事にしながら，同時に学問的研究の諸成果と教科の系統性とを踏まえてカリキュラム構造の明確化と構造化を図り，それを基礎としながら多様な教育方法の有機的結合によって，すべての子どもの学習成立を図ろうとする（梶田・植田，1976）。[*3]

完全習得学習の基本的な手続きでは，フィードバックと修正の手続きが重視される（図10-1）。最初に教師は，その単元で学んで欲しい基本的な事柄を子どもたちに教える。次に，簡単な形成的評価[*4]を実施し，子どもたちの学習行動の修正（問題の個別化）に用いる。同時に，学習課題をより深化させる指導を実施し，形成的評価を再度行う。この形成的評価により，教師だけでなく子どもたち自身にも学習具合をフィードバックすることになり，子どもたち自身が課題の確認をするのに役立つことになる。

完全習得学習は，とくに低学力の子どもの成績を高める（Kulik et al., 1990）など，学習者の学習や授業への態様を向上させることがわかっている。

▷2　オーズベルは，ブルーナーの発見学習を理念としては認めつつ，効用が過信されていること，ブルーナーの言う4つのメリットは立証されたものではないこと，また，先立つ前提を知ること（言葉による学習）で発見学習のような応用的な学習は成り立つこと等を主張した（Ausbel, 1961；1962）。

▷3　ブルームは学校における子どもたちの学習の個人差を問題視していた（Guskey, 2005）。教師がどの子にも同じ時間で同じような教え方をすれば，子どもたちの学習には（正規分布状に）ばらつきが生じてしまう。ブルームは，教師が指導法の種類を増やし，個々の子どもの必要性に応じてそれらを多様に使い分けることで，大多数の子どもが学習成果を上げることを目指した。

▷4　形成的評価
本章第4節を参照。

図10-1 完全習得学習のプロセス
出所：Guskey (2005) をもとに作成。

5 プログラム学習

プログラム学習（programmed learning）は，スキナーによって考案された教授法である。この学習は，学習のオペラント条件づけの諸理論および技法がもとになっており，最終的な目標行動に向かって，系列的にプログラムを組み，強化随伴性を調整していくものである（スキナー，1969）。スキナーはティーチング・マシン（図10-2）やプログラム・ブックを作成し，学習者が自己のペースで学習できることを目指した。

▷5 オペラント条件づけ
本書の第7章を参照。

そこでは次の原理が用いられた。

(1) スモールステップの原理（段階的に学習させる）
(2) フィードバックの原理（即座にフィードバックがなされる）
(3) 自己ペースの原理（学習者自身の理解度に応じて学習を進める）
(4) 積極的反応の原理（学習者の主体的取り組みによって成立する）

▷6 ティーチング・マシンは，実験室レベルにとどまり，日常生活への応用はされなかった。また，スキナー自身は，教師の役割を軽視していたわけでもないのだが，同時代の発見学習などと比べて，学習の機械化はあまり受け入れられなかった。

図10-2 幼児向け（前言語期用）ティーチング・マシンで学習する子ども
出所：Holland (1960).

プログラム学習は現在，CAIやeラーニングなどに，その手法が引き継がれている。

▷7 CAI（Computer Assisted Instruction）
コンピュータ支援学習ソフト。コンピュータを用いて個別学習を行う。

6 仮説実験授業

仮説実験授業（hypothesis-experiment class）は，板倉聖宣が提唱した，科学上の最も基礎的・一般的な概念・法則を教えて，科学とはどのようなものかということを体験させることを目的とした授業理論（板倉，1984）である。ここでいう科学には，自然科学のみではなく，社会科学も含まれる。

仮説実験授業の基本的な進め方には固定化されたカリキュラムは存在せず，仮説実験授業研究会が作成している「授業書」に沿って進められる。授業書は，指導案と教科書とノートとを兼用した印刷物（庄司，1988）であり，授業プランの大枠を示し，最低限の成果を保証するものである。基本的な手続きと

▷8 板倉は，科学のすばらしさを子どもに伝え，子どもが自分自身の頭で考え，それがひいては社会的認識（集団授業や討論）につながるという理念をもっている。

第Ⅲ部　学習指導の理論と方法

しては,「問題」を読む→「予想」を立て, 人数分布を記す→「討論」する, 予想の変更者を調べる→「実験」をする, となる (表10-1)。

表10-1　仮説実験授業の段階と手順

A　問題提示の段階	①授業書にある問題を与える。 ②読み終えたところで発問する。 ③実物などによって解説する。
B　予想表明の段階	①予想を立てる。 ②理由 (仮説) を立てる。 ③考える手順を指示する。
C　討論過程の段階	①予想の人数分布を板書する。 ②分布の状況を予想させる。 　(クラス内の情勢判断その1) ③予想分布表に書き入れる。 ④何によって予想を立てたか調べる。 　(クラス内の情勢判断その2) ⑤理由 (仮説) を出し合わせる。 ⑥第1回目の予想変更者を調べる。 ⑦討論に入る。 ⑧第2回目の予想変更者を調べる。
D　実験遂行の段階	①実験直前に言うことはないか確認する。 ②予想への自信度を調べる。 ③実験をする。 ④自己評価を行う。 ⑤実験の結果を記入する。

出所：庄司 (1988) をもとに作成。

　仮説実験授業では, 個人で取り組む時間と他者と話し合う時間, また, 集団と自分の位置を確認するステップがある。ところどころに子ども同士の発話量が豊富になる仕掛けが設けられており, 学習に参加する子どもが相互作用する機会をもつことで, 問題解決に向けて自他をモニタリングしながら学習を進めることができるようになっている。また,「不調和」のあり方や「知的好奇心」を「利用」(庄司, 1988) することで, 授業参加への効力感が高まるものと考えられる。

2　教授法②──集団における学習過程に焦点を当てた技法

1　バズ学習

　バズ学習 (buzz learining) は, 塩田芳久がミシガン州立大学のフィリップス (J. D. Phillips) の考案した"Discussion 66"に着目し, 開発した教授法である。この学習は, 授業の要所要所で少人数による短時間の話し合い学習 (バズ・セッ

ション）を取り入れて授業を進めていく（塩田，1967）。その主な狙いは，生徒たちの学習活動への積極的参加と，彼らの理解や問題解決の促進である。

バズ学習では，単元など学習内容のひとまとまりを単位として授業を設計する。単元単位で作られた諸課題は，単元に入る当初に十分な解説を加えて，子どもたちに系統的に理解させるようにする。

1時間の授業は「準備過程」「中心過程」「確認過程」の3段階に分けて構成され，各過程でそれに対応する課題を設定する。準備過程では学習者の準備性を高める内容である。中心過程では目標となる知識や技能の獲得を目指したものとなり，確認過程では中心課題の確認と発展的な内容を用意する。そして過程ごとに，課題について各自，グループ，学級全体でと話し合うステップがあり，最後に，教師が補足や修正，まとめを行う。準備，確認の過程では，そのなかのステップを多少省略したものが用いられることが多い（杉江，1999）。

2 ジグソー学習

ジグソー学習（Jigsaw learning method）は，アロンソン（E. Aronson）によって開発された，協同的な学びと構造化された学習者同士の相互依存が特徴的な教授法である。[9] 1980年代以降，日本にも紹介された。

ジグソー学習は次のような手順で進む（蘭，1980；1981参考）。

(1) 学級成員を5，6人の集団（Jigsaw group：JG）に分ける。

(2) 各々のJGから1人ずつ集まり，新たに5，6人からなる集団（Counterpart group：CG）を形成する。各CGは教師によって予め集団の数分に分割され割り当てられた課題の担当部分を協同学習する（カウンターパートセッション）。

(3) 各CGで学習を終えた成員は各々のJGに戻り，課題全体について協同学習を行う（ジグソーセッション）。

ジグソー学習は，認知的共感性の向上（Brigeman, 1982；尾之上・丸野，2012）や，自尊感情ややりがい，グループ成員への好感度の向上，学業成績の向上（上野・相川，1981）などに寄与するとされている。教える立場と教えられる立場を経験することで，課題や人間関係形成に対処するための多様なアプローチを学ぶことになり，学習や人間関係への自信につながることが考えられる。

現在のジグソー学習は，「知識構成型ジグソー法」（三宅ほか，2015）が主流である。この方法には，学習科学の原理が応用されており，各教科等の理解を深める活動とあわせて，他者と一緒に学習することで自分の考えを深める型が埋め込まれている。

▷9　1960年代から70年代のアメリカでは，人種統合政策にともない学校・教室で対立や葛藤状況が生じた。子どもたちを融和し，学校文化を協同的なものに変えようとしたことがジグソー学習開発の背景にある。

第Ⅲ部　学習指導の理論と方法

3　アクティブ・ラーニング

アクティブ・ラーニング（active learning）とは，「教員による一方向的な講義形式の教育とは異なり，学修者の能動的な学修への参加を取り入れた教授・学習法の総称。学修者が能動的に学修することによって，認知的，倫理的，社会的能力，教養，知識，経験を含めた汎用的能力の育成を図る」ものであり，「発見学習，問題解決学習，体験学習，調査学習等が含まれるが，教室内でのグループ・ディスカッション，ディベート，グループ・ワーク等も有効なアクティブ・ラーニングの方法である」（中央教育審議会，2012）。したがって，特定の指導法をさして言っているものではない。最も緩やかに言うならば，「学生の自らの思考を促す能動的な学習」（溝上，2007）となる。大学の授業を例にとれば，授業は講義型授業，つまり知識伝達型の授業であっても，リフレクションペーパーの活用や，オンライン上での授業サポート，学生が発言する機会を設けるなどといった工夫により実施可能である。

そして，アクティブ・ラーニングは，「何事にも主体的に取り組もうとする意欲や多様性を尊重する態度，他者と協働するためのリーダーシップやチームワーク，コミュニケーションの能力，さらには，豊かな感性や優しさ，思いやりなどの豊かな人間性の育成」（中央教育審議会，2014）に関係づけられるものと位置づけられ，多様な広がりが見込まれるものである。

知識や技能の伝達といった基本的な学習スキルの習得を含めつつ，学習者の能動的な参加が融和した教授法が，アクティブ・ラーニングの有効活用に必要である。

3　教授の効果に影響を与える要因

1　適性処遇交互作用

ある教授法の効果を考える時には，適性処遇交互作用（Apttitude Treatment Interaction：ATI）の存在に留意する。ATIとは，クロンバック（L. J. Cronbach）が提唱したパラダイムで，ある学習課題に取り組む時に，教授方法と学習者の適性により，学習者の成績や動機づけなどに差が生じる（統計学的に交互作用が見られる）ことをさしている（Cronbach, 1957）。例えば，小規模学級と普通規模学級を比べると，小規模学級の子どもたちの方が成績や授業態度が良いという結果が得られることがある。

ATIの観点から教育実践に得られる示唆は3点ある（並木，1993を参考に筆者が補足）。

▷10　学級規模や評価方法など，あらゆる環境条件が取り上げられる。

▷11　ある教授方法のもとで結果の測度と関連性をもつ，広く知・情・意のあらゆる心理学的な個人差（並木，1993）が当てはまる。

▷12　アメリカ・テネシー州のスター計画，ウィスコンシン州の児童−教師比縮小政策，日本における定数改善計画策定のための調査など。ただし，調査により調査内容の条件が異なるので，結果の解釈には留意する必要がある。

第**10**章　教授法と教育評価

(1)　教授・学習における適性は，教授方法ないしは教育環境条件下との関連
　　で相対的に決まるものと考えられる。

(2)　教授方法の効果の吟味が適性の個人差のみによって行われることは危険
　　である。

(3)　ATI に基づけば，あらゆる個人差に万能な教授法は実現されていない。

　ATI の再現性は高いとは言えず，同じ教授法を用いても，前回と同様の適
性をもつ子どもたちに同様の効果が現れるとも限らない。教師には，常にいく
つかの手法を状況に応じて使い分けられる技術を身につけていくことが求めら
れる。

4　教育評価

1　教育評価とは何か──目的，主体・対象

　教育評価といった場合，広義には教育活動に直接的・間接的に関連する各種
の実態把握と価値判断が含まれる[13]（梶田，1983）。しかし，まず確認しておきた
いのは，教育評価とは，子どもたちを値踏みして序列・選別するのではなく，
教育活動それ自体に反省を加えて，教育活動を修正・改善するために行う（田
中，2008）ということである。

　学校では誰がどのように教育を評価する（評価の主体・対象）のだろうか。教
師が子どもたちの学習達成度を評価するということはすぐに思い浮かぶ。しか
し，学校の教育活動にかかわる人たちは教師だけとは限らない。子どもたち，
保護者たち，教育行政機関，さらに外部評価を行う第三者機関なども評価にか
かわってくる存在であると考えられる（梶田，1983；
田中，2008を参考）。

　また，種々の評価は，基本的にカリキュラムの
評価・改善と往還的な関係があるべきである（図10
−3参照）。それぞれの評価主体の評価に，それぞれ
どの程度の重みづけがなされるかも課題である。
限られた条件のなかでも，常に，子どもたちの成
長・発達に最大限の効果を与えるカリキュラムを作
成する方策が探られなければならない。

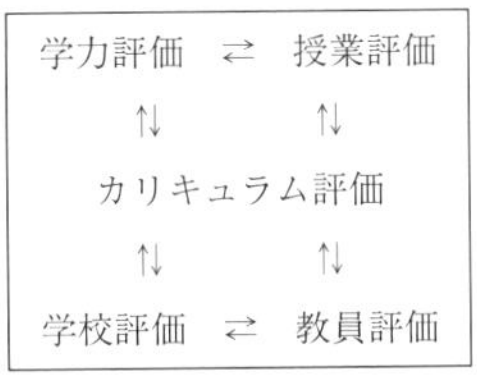

▷13　学習者の実態，教師
の諸特性，教育機関・教育
環境の適切性，カリキュラ
ムの有効適切性，教育行政
のあり方などがあげられ
る。

```
学力評価　⇄　授業評価
  ↕↑         ↕↑
   カリキュラム評価
  ↕↑         ↕↑
学校評価　⇄　教員評価
```

図10−3　教育評価の構造
出所：田中（2008）。

表10−2　教育評価の種類

絶対評価
相対評価
到達度評価
個人内評価
目標に準拠した評価

出所：石井（2015），若林
　　　（2005）をもとに作成。

2　教育評価の基準

　日本で用いられてきた代表的な教育評価を表
10−2に示した。「絶対評価」は明治期の学校教育

133

で用いられていたもので，教師が絶対者としてもっている評価基準により判断する恣意性の高い評価であった。現在イメージする「絶対評価」は，「個人内評価」や「目標に準拠した評価」に当たる。

「相対評価（集団準拠評価）」は，戦前の「絶対評価」の主観性や恣意性を克服する目的で導入された。相対評価では，正規分布曲線を基準に，成績をいくつかの段階に分け，段階ごとに決められた配分率で子どもを振り分け，集団内での位置や序列を明らかにしていく評価の方法である（例：5段階評価）。しかしながら，この方法は，学級内の誰かが必ず5段階評価の「1」や「2」になる子どもがいる前提ありきの考え方である。また，1クラス分の人数に正規分布を当てはめられるのかといった統計学的な矛盾など，数々の問題点が指摘されていた。

その後，1970年代半ばに，「相対評価」に対する批判を克服する形で「到達度評価」が本格的に登場した。到達度評価では，どの子どもにも身につけてもらいたい到達目標を設定し，子どもたちがその目標に到達しているかどうかということで子どもたちを評価する[14]。なお，到達度評価では，評価の機能を「診断的評価」「形式的評価」「総括的評価」の3つに分け，子どもたちの学習の状況を指導にフィードバックすることを提案した。それでも，「到達度評価」もまた，到達目標という外的な基準により子どもたちを量的に評価するものであるとの批判が出ている。

> ▷14　到達度評価は，学力保障の思想を内在している点で特徴的だった。

「相対評価」とあわせて「個人内評価」も登場した。過去の学力状況を基準に時間の経過におけるその子の進歩の状況を捉える縦断的個人内評価と，さまざまな種類の目標（発達水準）を基準にしてその子の長所短所・得意不得意を明らかにする横断的個人内評価からなる。評価の基準をその子ども（個人）に置いて，子どもを継続的・全体的に評価しようとする評価の立場である（若林，2005）。相対評価における序列化から子どもたちを救済するような側面があった。2001年度の指導要録改訂で相対評価が廃止された後は，目標に準拠した評価と個人内評価を組み合わせた評価へと，再び舵取りがなされている[15]。

> ▷15　2017年3月の新学習指導要領でも引き続き目標に準拠した評価と個人内評価による学習評価が推進されている。

「目標に準拠した評価」は，すべての子どもを共通の目標に到達させることを目指し，そのために教育目標そのものを評価基準として子どもたちにおける学力の獲得状況を具体的に把握し，それを指導に活かしていく（若林，2005）ものである。具体的な行動目標と，教育目標に至るさまざまな到達レベルを設定して評価の指標として用い[16]，情意面も含めた子どもたちの学習状況を多角的に把握していく。

> ▷16　「○○ができる」「○○がわかる」といった知識・技能の習得を明示し，さらにそこに至る具体的な段階（達成レベル）を表す。

3　教育評価の段階と機能

教育評価には，ブルームが提唱した，診断的評価，形成的評価，総括的評価

の３つの機能が知られている。これらは相互に関連性があり，指導の段階ごとに用いる評価が決まっている。

診断的評価（diagnostic evaluation）は，学習を始める前に行われるもので，学習者の適性や準備性を把握する目的で実施される。形成的評価（formative evaluation）は，学習単元や一定の教育期間の要所要所で，学習者に身につけてもらいたい基礎的な学力を確認し，教師の授業方法を改善する目的で実施される。そして，総括的評価（summative evaluation）は，ある期間の教育活動の締めくくりとして，教育活動の効果や有効性を測る目的で実施され，応用的・発展的な学力が評価の対象となる。

4 教育評価の方法——信頼性と妥当性

評価のためにある手法（測度）を用いる際は，その信頼性と妥当性を検討する必要がある。妥当性は，評価したいものを本当に評価しているかを問題にする考え方である。実質的には，ある評価方法で測定しようとしている概念が実際のデータによって再現されるかを検討する構成概念妥当性であることが多い。

信頼性は，ある評価方法が測定したいものを正しく測定できているかどうかを問題にする考え方である。そもそも評価方法は正しいか，繰り返し行っても同様の結果を得られるか，複数の評価者間でも同様の結果が得られるか，同一の評価者が繰り返し同一の対象を評価しても同様の結果が得られるか，などの点から確認することができる。

なお，現在では，上記の２つの考え方のほかに，「真正の評価」が議論されている。これは，信頼性を多少不問にしても，妥当性を確保することが重要だという考え方である（西岡，2005）。現実の生活では，実験室のようにいつも同じ状況に置かれるわけではない。現実場面への発展性や応用力といったことを重視する視点である。

5 教育評価の方法——ルーブリック

ルーブリック（rubiric：評価指標）は，アメリカで開発された学習評価の基準の作成方法であり，2000年代に日本に導入された。子どもたちの学習状況を把握するために，教師が各単元でいくつかの段階と観点ごとに教育上の達成度の目安を記述して，学習者の達成度を判断する基準を示す。

ルーブリックの作成では，まず事前に，予想される子どもたちの振る舞いを可能な限りリストアップする。次に，リストアップされた子どもたちの振る舞いを複数の評価者で段階や観点ごとに検討する。最後に，採点を行い，評価者間で合議のうえ，最終的な評価を作り上げていく。[17]

さらに，このルーブリックは，子どもたちに見える化されていることが望ま

▷17 例えば，目標に準拠した評価の場合，単元の課題を解決するために必要なパフォーマンス（思考力，判断力など）を，いくつかの段階に分けて，段階ごとに行動指標を記述し，学習の達成度を判断する。

第Ⅲ部　学習指導の理論と方法

しい。これにより，評価者と評価の受け手の間に相互的なチェック体制が敷かれ，子どもたち自身にとっても，評価が自己の学習を改善していくためのフィードバック機能としての役割を果たし，学習内容を達成するためには次にどうすればよいのかを，教師とともに具体的に確認することができる。

6　教育評価の方法——パフォーマンス評価

　パフォーマンス評価とは，ある特定の文脈のもとで，さまざまな知識や技能などを用いて行われる人の振る舞いや作品を，直接的に評価する方法（松下，2007）のことである。ここで言うパフォーマンスとは，自分の考え方や感じ方といった内面の精神状況を身振りや動作や絵画や言語などの媒体を通じて外面に表出すること，またはそのように表出されたものを言う（田中，2008）。この評価方法では，学習者にパフォーマンス課題を与え，実際にやるところ（振る舞いや作品）を見て，複数の評価者がルーブリックを用いて評価する。ルーブリックを用いて，質的なものを量的に把握するのである。

　気をつけなければいけないのは，ここで測定されるものは「見えやすい学力」（松下，2007）である。算数なら，解答結果だけではなく問題解決の表現過程を見るような課題を用意する。「見えにくい」学力も捉えるには，パフォーマンスの組み合わせを工夫する必要がある。

　この評価方法の難点として，課題の実施や評価に非常に多くの手間がかかることがあげられる。そのため，頻繁な使用には向かない。また，言語による場面設定にはいくつかの問題が指摘されている（松下，2007）。

7　教育評価の方法——ポートフォリオ評価

　ポートフォリオ評価（portfolio assessment）は，ポートフォリオに納められた収集物に基づいて，教師や子どもが，子どもの成長を評価する方法を言う。ポートフォリオは，学習の成果や軌跡，達成した証拠となるものを，規準と基準（学習の目標と目標の達成に至る段階）とに照らして系統的・継続的に収集したものである。

　ポートフォリオ評価は次のような段階を経て進められる。

（1）　ポートフォリオについて，子どもたちへの説明と目標や基準の確認。

（2）　目標と基準に沿った学習の記録となるものの収集。

（3）　学習プロセスの反省。

（4）　教師と子どもによる検討会の実施（親や地域の人が参加することもある）。

　ポートフォリオ評価の基礎にある考え方にも，やはり，実際的な課題に取り組ませるなかで，日常生活への応用的な学力を評価する，ということがある。また，ポートフォリオを作成することで，子どもの学習の態様や個別の課題を

把握することが可能である。

そして何より，ポートフォリオ評価の実施には，子ども自身による自己評価力を養うところに大きな力点が置かれていると言えるだろう。ポートフォリオを活用することで，子どもは自己を振り返り，多面的な視点を知り，メタ認知を発達させていくことができる。教師にとっても，継時的に，個人の成長・発達を評価する機会となる。

Exercise

①　自分の授業に使えそうな教授法とその理由を考えてみよう。

②　有意味になるような情報の伝え方を考えてみよう。

③　量的な評価と質的な評価の長所と短所を考えてみよう。

📖次への一冊

梶田叡一『教育評価　第2版補訂2版』有斐閣，2010年。
　　教育評価の考え方を系統的・網羅的に理解することができるとともに，時代的な変遷やその時々の教育の問題などの背景にも触れることができる。
堀哲夫『教育評価の本質を問う──一枚ポートフォリオ評価OPPA』東洋館出版社，2013年。
　　1枚の用紙で効果的にポートフォリオを収集する方法について，その背景にある考え方や他の評価法との関連も踏まえて知ることができる。
松下佳代『パフォーマンス評価──子どもの思考と表現を評価する』日本標準，2007年。
　　パフォーマンス評価とルーブリックについて，昨今の学力問題や著者らが作成した具体的な課題とともにコンパクトに理解することができる。
安永悟・関田一彦・水野正郎編『アクティブラーニングの技法・授業デザイン』東信堂，2016年。
　　アクティブラーニングとして，昨今，代表的な協同学習の技法が紹介されている。グループの作り方なども詳しい。

引用・参考文献

蘭千壽「学級集団の社会心理学──Jigsaw学習法を中心として」『九州大学教育学部紀要教育心理学部門』25，1980年，25〜33ページ。
蘭千壽「学級における児童の行動特性と集団構造の変容に及ぼすJigsaw学習の効果」『九州大学教育学部紀要教育心理学部門』26，1981年，59〜81ページ。
Ausbel, D. P., "Learning by Discovery: Rationale and Mystique," *The Bulletin of the National Association of Secondary-School Principles*, 45, 1961, pp. 18-58.

Ausbel, D. P., "Learning by Discovery," *Educational Leadership*, 20, 1962, pp. 113–117.

オースベル, D. P.・ロビンソン, F. G., 吉田章宏・松田弥生訳『教室学習の心理学』黎明書房, 1984年。

Bloom, B. S., "Learning for mastery," *Evaluation Comment*（*UCLA–CSIEP*）, 1, 1968, pp. 1–5.

Bruner, J. S., "The Act of Discovery," *Harvard Educational Review*, 31, 1961, pp.21–32.

中央教育審議会「新たな未来を築くための大学教育の質的転換に向けて——障害学び続け, 主体的に考える力を育成する大学へ　用語集」2012年。

中央教育審議会「初等中等教育における教育課程の基準等のあり方について（諮問）」2014年。

Cronbach, L. J., "The two disciplines of scientific psychology," *American Psychologist*, 12, 1957, pp. 671–684.

Guskey, T. R., "Formative classroom assessment and Benjamin S. Bloom: Theory, research, and implications," *Paper presented at the Annual Meeting of the American Educational Research Association*（*Montreal, Canada*）, 2005.

広岡亮蔵『発見学習』明治図書出版, 1975年。

Holland, J. G., "Teaching machines: An application of principles from the laboratory," *Journal of the Experimental Analysis of Behavior*, 3, 1960, pp. 275–287.

石井英真「教育目標と評価」西岡加名恵・石井英真・田中耕治編『新しい教育評価入門——人を育てる評価のために』有斐閣, 2015年。

板倉聖宣『仮説実験授業の ABC——楽しい授業への招待』仮説社, 1984年。

梶田叡一『教育評価』有斐閣, 1983年。

梶田叡一・植田稔『形成的評価による完全習得学習』明治図書出版, 1976年。

Kulik, C. C., Kulik, J. A., & Bangert-Drowns, R. L., "Effectiveness of mastery learning programs: A meta-analysis," *Review of Educational Research*, 60, 1990, pp. 265–299.

倉元博美「一斉授業に発見学習を融合したネットワーク利用の教授設計」『鹿児島女子短期大学紀要』42, 2007年, 147〜152ページ。

益川弘如「知識構成型ジグソー法」安永悟・関田一彦・水野正郎編　『アクティブラーニングの技法・授業デザイン』東信堂, 2016年。

松下佳代『パフォーマンス評価——子どもの思考と表現を評価する』日本標準, 2007年。

三宅なほみ「理解におけるインターラクションとは何か」佐伯胖編『コレクション認知科学 2　理解とは何か』東京大学出版会, 1985年。

三宅なほみ・飯窪真也・杉山二季・齊藤萌木・小出和重『自治体との連携による協調学習の授業づくりプロジェクト　協調学習授業デザインハンドブック——知識構成型ジグソー法を用いた授業づくり』東京大学大学発教育支援コンソーシアム推進機構, 2015年。

溝上慎一「アクティブ・ラーニング導入の実践的課題」『名古屋高等教育研究』7, 2007年, 269〜287ページ。

水越敏行『発見学習入門』明治図書出版, 1975年a。

水越敏行『発見学習の研究』明治図書出版, 1975年b。

並木博「教授・学習研究における ATI パラダイムと適性理論」『教育心理学年報』32, 1993年, 117〜127ページ。

西岡加奈恵「学力評価のさまざまな方法」田中耕治編『よくわかる教育評価』ミネル

ヴァ書房，2005年。

尾之上高哉・丸野俊一「児童の共感性育成研究の展望」『九州大学心理学研究』13，2012年，11〜22ページ。

塩田芳久「学級集団の研究 V——課題によるバズ学習の指導」『名古屋大學教育學部紀要教育心理学科』14，1967年，121〜132ページ。

庄司和晃『仮説実験授業の論理』明治図書出版，1988年。

スキナー，B. F.，村井実・沼野一男監訳，慶応義塾大学学習科学研究センター訳『教授工学』東洋館出版社，1969年。

杉江修治「バズ学習の可能性」『中京大学教養論叢』39，1999年，547〜561ページ。

杉江修治「協同学習による授業改善」『教育心理学年報』43，2004年，156〜165ページ。

鈴木雅之「ルーブリックの提示が学習者に及ぼす影響のメカニズムと具体的事例の効果の検討」『日本教育工学会論文誌』35，2011年，279〜287ページ。

田中耕治『教育評価』岩波書店，2008年。

友野清文「ジグソー法の背景と思想——学校文化の変容のために」『學苑』895，2015年，1〜14ページ。

上野徳美・相川充「学級集団におけるジグソー学習研究の展望」『広島大学教育学部紀要　第一部』30，1981年，197〜203ページ。

若林身歌「教育評価の立場の変遷」田中耕治編『よくわかる教育評価』ミネルヴァ書房，2005年，16〜27ページ。

山口陽弘「教育評価におけるルーブリック作成のためのいくつかのヒントの提案——パフォーマンス評価とポートフォリオ評価に着目して」『群馬大学教育学部紀要人文・社会科学編』63，2013年，157〜168ページ。

山森光陽「学級規模，学級集団規模，児童生徒——教師比に関する教育心理学的研究の展望」『教育心理学研究』61，2013年，206〜219ページ。

第11章
知能と創造性

〈この章のポイント〉

　子どもたちの学習と知能や創造性は深く関連している。本章では，知能に関する理論や知能指数，知能の測定に用いられる知能検査について紹介したうえで，知能に見合った学業成績を示さない，アンダーアチーバーについて学ぶ。さらに，型どおりの解決が困難な課題や問題を乗り越えていく際に必要とされる，創造性と創造的思考の過程に関する理論について解説する。

1　知能とは何か

⬜1　知能の定義

　ドラマや小説，漫画などで，知能指数（Intelligence Quotient : IQ）の高い登場人物が出てくることは珍しくない。知能や知能指数（IQ）という言葉をこれまで耳にしたことのない人は稀だろう。しかし，知能指数（IQ）が高いと言う時，その表現は何をさすだろうか。知能という言葉には多様なニュアンスが含まれている。日常生活では，「単語やことわざなど，言葉をよく知っている」「計算が速くて正確である」「物知りである」「人の気持ちがよくわかる」など，このような特徴を備えた人に対して，知能指数（IQ）が高いと言うことはままあるだろう。

　このように，知能や知能指数は非常に日常的な表現であるが，誤解も多い。本節では，知能を学術的に解説し，教師が備えておくべき基本的な知識を身につけるとともに，教育現場での応用について考えていく。

　知能を表す intelligence という言葉は，19世紀後半にイギリスの哲学者が最初に用いたとされ（子安，1999），その実証的な研究が20世紀に盛んに行われた。知能について，これまでに多くの研究者が定義している。例えば，知能を抽象的な思考能力とする定義，知能を環境への適応能力とする定義，知能を学習する能力とする定義などがある。さまざまな定義が乱立するなかで，ウェクスラー（D. Wechsler）は「知能とは，目的に合うように行動し，合理的に思考し，自分の環境を効果的に処理する総合的な能力である」と定義し（Wechsler，1944），この定義が現在では広く受け入れられている。

141

2 知能に関する理論

▷1 因子分析
実際に測定しているテストや調査などの背景に、それらの数値の変動に影響を与える因子を仮定し、より少ない因子で数値の変動を説明することを目的とした統計的分析手法のことでる。

因子分析など、統計的な分析方法の発展にともなって、知能はいくつかの因子（要素）から構成されていると考えられるようになった。

最初に知能の研究に因子という考え方を導入したのは、知能の二因子説（図11-1）を提唱したスピアマン（C. E. Spearman）である。知能の二因子説では、知能は一般因子（g因子）と特殊因子（s因子）の2つの因子から構成されているとされた（Spearman, 1927）。一般因子はすべての知的活動に共通して働くものであり、特殊因子は個々の課題や活動それぞれに固有に働くものであると考えられる。

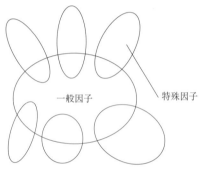

図11-1　スピアマンの知能の二因子説
出所：Spearman（1927）．

その一方、サーストン（L. L. Thurstone）はスピアマンに対立する形で、知能の多因子説（図11-2）を提唱した。知能の多因子説では、知能は知覚判断の速さ、言語理解、記憶、空間、数、推理、語の流暢さの7つの因子（特殊因子）から構成され、それぞれの課題や活動ごとに固有に働くものであると考えられる（Thurstone, 1938）。また、いくつかの特殊因子に共通する共通因子（C因子）の存在が仮定されている。

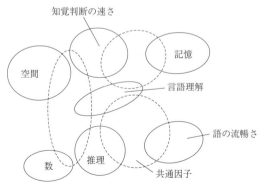

図11-2　サーストンの知能の多因子説
出所：Thurstone（1938）．

第11章　知能と創造性

　また，キャッテル（R. B. Cattell）は，基本的にはサーストンの知能の多因子説を支持しつつも，知能は流動性知能と結晶性知能の2つに単純化できるとした。流動性知能は新しい場面への適応を必要とする際に働く問題解決能力であり，文化や教育の影響を比較的受けにくいとされる。これに対して，結晶性知能は過去の学習によって獲得された知識や習慣であり，文化や教育の影響を大きく受けるものであるとされた（Cattell, 1971）。流動性知能は20歳をピークとして加齢とともに衰えるが，結晶性知能は老化による衰退が緩やかであるなど，加齢による影響も異なることが明らかにされている。日本には，「おばあちゃんの知恵袋」という言い回しがあるが，これは結晶性知能に相当する。生活の工夫に関する知識であり，高齢になっても保たれているものである。

　さらに，ギルフォード（J. P. Guilford）は，知能を与えられた情報の内容（図形，記号，概念，行動の4カテゴリー），情報処理の操作（評価，収束的思考，拡散的思考，記憶，認知の5カテゴリー），その結果としての所産（単位，クラス，関係，体系，変換，含意の6カテゴリー）の3つの側面の組み合わせから捉える知能の構造モデルを提案した。すなわち，知能の構造モデルでは，知能は内容の4カテゴリー×操作の5カテゴリー×所産の6カテゴリー＝120種類の因子から構成されると考えられている。

　知能に関する理論的研究の発展は目覚ましく，近年では，すでに紹介したキャッテルの理論と，その弟子であるホーン（J. L. Horn）の理論（流動性知能と結晶性知能に7〜16種類の知能を加えた），キャロル（J. B. Carroll）による階層因子分析のメタ分析を統合した理論として，CHC（Cattell-Horn-Carroll）理論が提唱され（McGrew, 2005），注目が集まっている。CHC理論では，知能に階層性が想定され，70以上の狭義因子の上に10の広義因子が置かれ，CHC理論に基づいて知能検査が開発されるようになっている。なお，広義因子の上に一般因子を想定するかどうかについては，結論が得られていない（三好・服部, 2010）。

▷2　メタ分析
先行研究で明らかにされた複数の研究成果を統合する統計的分析手法のことである。

2　知能の測定

［1］　ビネー式知能検査

　最初の知能検査は，1905年のパリで，心理学者のビネー（A. Binet）と医師のシモン（T. Simon）によって作成された。この知能検査はビネー式知能検査と呼ばれる。彼らは記憶や推理，計算などの問題解決能力だけでなく，日常生活で必要とされる能力も含めて課題を作成し，測定された知能を精神年齢（MA）という概念を用いて表した。そして，精神年齢（MA）と実際の暦年齢である生活年齢（CA）を比較することによって，発達の遅れの程度が把握される。

143

第Ⅲ部　学習指導の理論と方法

　ビネー式知能検査は，健常児と，普通学級では効果的な教育を受けることのできない知的障害児を弁別するための手立てとして作成され，知的障害児の教育を受ける権利の保障と手厚い教育の提供に役立てられたとされる。

　ビネーとシモンの知能検査開発後，ビネー式知能検査は世界中に広まった。アメリカのターマン（L. M. Terman）は，ビネー式知能検査に改良を加え，スタンフォード・ビネー式知能検査を作成した。この検査では，初めて知能指数（IQ）が，検査結果を表す指数として導入され，個人内での発達状況を示す目安とされた（図11-3）。最初の知能指数は，精神年齢を生活年齢で割り，100をかけた数値とされ，生活年齢以上の精神年齢を示した場合は100よりも大きな数字となり，生活年齢よりも精神年齢が低い，すなわち，発達の遅れが見られる場合は100よりも低い数字となる。

$$\text{知能指数（IQ）} = \frac{\text{精神年齢（MA）}}{\text{生活年齢（CA）}} \times 100$$

図11-3　知能指数の算出方法

　しかしながら，教育的には個人内の発達状況よりも，同年齢内での相対的な位置を知ることの方が重要である。そのため，現在では同年齢内の対象者における相対的な知能の高さを表す偏差知能指数を知能指数と呼ぶことが一般的である。知能検査の結果は正規分布に従うことが確認されており，その平均が知能指数100となるように算出される[3][4]（図11-4）。

　ビネー式知能検査は，検査用具や内容が日本文化にも合致するよう修正され，鈴木治太郎が鈴木ビネー知能検査，田中寛一が田中ビネー知能検査を開発している。現在でも，時代に合わせて改訂作業が進められており，鈴木ビネー知能検査については2007年に改訂版鈴木ビネー知能検査が，田中ビネー知能検査については2005年に田中ビネー知能検査Ⅴが開発されている。

$$\text{偏差知能指数（IQ）} = \frac{15 \times （\text{個人の得点} － \text{集団の平均点}）}{\text{集団の標準偏差}} + 100$$

図11-4　偏差知能指数の算出方法の例

2　ウェクスラー式知能検査

　全体的な知能の水準を測定するビネー式知能検査に対して，ウェクスラーは，知能をさまざまな面から分析的・診断的に捉えることができるウェクスラー式知能検査を開発した。

　ウェクスラー式知能検査は，まず児童用のWISC（ウィスク）が，次いで成人用のWAIS（ウェイス），幼児用のWPPSI（ウィプシィ）が発達段階別に開発され，その適用範囲を広げてきた。ウェクスラー式知能検査についても，知能の測定

▷3　正規分布
得点が平均値に近づくほど多く，平均値から遠ざかるほど少なく分布する得点分布のことであり，左右対称の釣鐘型を示す。正規分布には，ある得点の相対的な位置を示す性質があり，この性質を利用して標準化された知能指数が算出できる。

▷4　平均は100であるが，標準偏差の値は検査によって異なる。ビネー式知能検査の標準偏差は16であるが，後述するウェクスラー式知能検査の標準偏差は15である。

に関する理論の進展にともなって改訂が続けられており，日本では，2017年に
WPPSI-Ⅲ，2011年に WISC-Ⅳ，2006年に WAIS-Ⅲ がそれぞれ最新版として
作成されている。

ウェクスラー式知能検査では，全検査 IQ に加えて，言語理解，知覚推理，
ワーキング・メモリー，処理速度の4つの観点から得点を算出できる。つまり，
複数の観点から得点を算出するため，得意な能力と苦手な能力を明らかにする
ことが可能である。また，ウェクスラー式知能検査においても，全検査 IQ と
4つの合成尺度（言語理解，知覚推理，ワーキング・メモリー，処理速度），下位検
査の得点はすべて標準化されており，同年齢群内の相対的な位置が把握できる。

３　集団式知能検査

これまで紹介してきたのは，検査者と被検者が一対一で実施する個別式知能
検査であるが，大人数に対して一斉に実施可能な集団式知能検査も存在する。

最初の集団式知能検査は，ヤーキース（R. M. Yerkes）が中心となって第一次
世界大戦時に作成したアーミーテストである。この検査は大量の兵士を短期間
に効率よく選抜することを目的に作成された。アーミーテストには，言葉に関
する検査から構成されるアルファ式知能検査と，言葉をまったく使用しない
ベータ式知能検査の2種類が存在する。アーミーテストの開発は，その後の集
団式知能検査の発展に大きく寄与した。

わが国で主に用いられている集団式知能検査には，田中 B 式知能検査や京
大 NK 知能検査がある。

４　知能検査に関する注意点

どのような知能検査であれ，検査者が十分にトレーニングを積み，その検査
の特徴と限界を踏まえて結果を解釈することが，適切な知能の測定には欠かせ
ない。知能検査を含む心理検査全般について言えることであるが，専門的なト
レーニングを受けた公的な資格をもつ者でないと，心理検査は実施できないと
する国際的な動向もある。

そして，何よりも重要なことは，知能検査の結果は，健常か障害かのような
ラベリングに使われるべきではなく，本人の困りごとを解決するために使われ
るべきである。安易な興味や関心から知能検査を実施すべきではない。

3　知能と学力

知能の高さは学力の高さを表すものではない。たしかに，知能も学力に影響
を及ぼす大きな要因の一つであるが，学力はさまざまな要因から影響を受け

▷ 5　原版は2012年に
WPPSI-Ⅳ, 2014年に WISC
-Ⅴ, 2008年に WAIS-Ⅳ が
それぞれ刊行されている。

▷ 6　従来，全検査 IQ に
加えて言語性 IQ と動作性
IQ を算出してきたが，近
年，研究が進むにつれ，言
語性 IQ と動作性 IQ には
実証的な根拠がないことが
明らかになり，現在では使
用されなくなっている。

第Ⅲ部　学習指導の理論と方法

る。

　そのため，知能の高さに相当する学業成績を修めていない児童生徒が一定数存在する。このような児童生徒をアンダーアチーバー（under-achiever：学業不振児）と呼ぶ。知能の高さに見合った学業成績を修めることができないことの背景には，知能のほかに学力の向上を阻害する要因が存在すると考えられる。児童生徒側の要因として，学習への低い動機づけ，不適切な学習方略，学習場面での強い不安や緊張，集中の困難さなどがある。一方で，環境側の要因としては，学習に対して過度に干渉的な，または無関心な家庭環境，教師の指導上の問題などがある。さらに，児童生徒と環境の交互作用に注目することも重要であり，児童生徒の特性と教師の指導法がミスマッチであることも考えられるだろう。

▷7　学習方略
効果的に学習を行うために学習者が意図的に行う認知的な工夫のことである。例えば，学習内容をひたすら反復学習する方略や，学習内容を関連づけて記憶する方略などがある。自身に合った学習方略を身につけることが重要である。

　一方で，知能の水準よりも高い学力を備えている児童生徒も存在する。このような子どもはオーバーアチーバー（over-achiever）と呼ばれる。アンダーアチーバーとは逆に，オーバーアチーバーには知能のほかに学力の向上を促す要因が存在すると考えられる。学習への高い動機づけや努力，効率の良い学習方略，知能検査では測定できない高い創造的能力，学習に対してサポーティブな家庭環境，教師の指導上の工夫，児童生徒の特性と教師の指導法のマッチングの良さなどによって，潜在的な知的能力以上の学業成績を修めることができている可能性がある。しかし，学年が上がるにつれて，これらの要因だけで学力を補うことは難しくなることも多いため，アンダーアチーバーと同様に支援が必要になってくる。

　アンダーアチーバーであれ，オーバーアチーバーであれ，児童生徒の知的能力を把握しておくことによって，各児童生徒に合った，よりよい指導につながるヒントを得られるだろう。とりわけ，集団授業についていけない子どもについては，本人と保護者の同意を得て専門家と協働し，その子どもの知的水準や得意・苦手な能力，その他の背景要因をアセスメントすることが，効果的な指導をするうえで有益である。本人の得意な能力を伸ばすことで苦手な能力を補うことや，本人の苦手な能力をカバーするような工夫に基づいた指導が望まれる。

4　創造性とは何か

1　創造性の定義

　創造性（creativity）とは，目の前の課題を解決するために，型にはまらない独創的なアイディアを産出する認知活動である。直面している課題や問題を乗

り越えていく際の思考には、大きく収束的思考と拡散的思考の2つがあるとされる（Guilford, 1959）。

収束的思考とは、与えられた情報をもとに定まった方法によって、論理的に特定の解法にたどり着く思考である。例えば、算数や数学で公式に数字を当てはめて定まったルールに基づいて計算を進めることは、収束的思考にあたる。一方で、拡散的思考は、与えられた情報をもとに自由に発想し、さまざまな新しい解法にたどり着く思考とされる。例えば、営業における売り上げを伸ばす方法についてブレインストーミングを行うことが、拡散的思考に相当するとされる。この2つの思考のうち、拡散的思考が創造性と関連すると言われている。

▷8 ブレインストーミング ある問題の解決法について、集団で検討する際の方法の一つで、頭に浮かんだ考えを、その是非を考えずにとにかく発言していく方法である。考えの質よりも量が評価されること、他人が発言したアイディアを批判しないこと、自由な発想を尊重することなどが基本的なルールとされる。

2　創造的思考の過程

ワラス（G. Wallas）は創造的思考の過程を4段階に分類している（図11-5）。第1段階は準備期である。この段階では、問題解決の意欲が高まり、そのためにさまざまな情報が収集される。第2段階はあたため期である。この段階では、いったん問題解決から離れるが、準備期に集められた情報が頭のなかであたためられ、無意識的に考えが育成される。第3段階は啓示期である。この段階では、突然、啓示のように独創的なアイディアがひらめくとされる。第4段階は検証期である。この段階は、啓示期で思いついたアイディアが正しいか、実現可能なものか、いろいろな方面から吟味し、検証を加える段階であるとされる。

図11-5　ワラスの創造的思考の4段階
出所：Wallas (1926).

Exercise

① 日本で用いられている代表的な個別式知能検査について、それらの特徴を整理しながら説明してみよう。
② 知能に見合った学業成績を示さないアンダーアチーバーに対する支援策や教育方針として考えられるものを、できるだけ多く記述してみよう。
③ 創造性が発揮される過程について、ワラスの理論に基づき、4つの段階に分けて説明してみよう。

📖 次への一冊

村上宣寛『IQってホントは何なんだ？――知能をめぐる神話と真実』日経BP社，2007年。

サトウタツヤ『IQを問う――知能指数の問題と展開』ブレーン出版，2006年。

　　両書とも知能や知能指数や知能検査の基本を解説し，歴史的な展開やこれまでの知能にまつわる論争をまとめている。知能についての理解を深めることのできる良書。

リヒテンバーガー，E. O.・マザー，N.・カウフマン，N. L.・カウフマン，A. S.，上野一彦・染木史緒監訳『エッセンシャルズ心理アセスメントレポートの書き方』日本文化科学社，2008年。

　　知能検査の目的と結果の解釈，支援への活かし方，報告書の書き方を解説した書籍。とくに，報告書の例が複数載っていることが特色で，参考になる。大学3～4年生，大学院修士課程以上など，上級者向け。

引用・参考文献

Cattell, R. B., *Abilities: Their structure, growth and action*, Houghton Mifflin, 1971.

Guilford, J. P., "Traits of creativity," Anderson, H.（Eds.），*Creativity and its cultivation*, Harper and Row, 1959, pp. 142-161.

Guilford, J. P., *The nature of human intelligence*, MsGraw-Hill, 1967.

子安増生「知能」中島義明・安藤清志・子安増生・坂野雄二・繁桝算男・立花政夫・箱田裕司編著『心理学辞典』有斐閣，1999年，579ページ。

McGrew, K. S., "The Cattell-Horn-Carroll theory of cognitive abilities," Flanagan, D. P., & Harrison, P. L.（Eds.），*Contemporary intellectual assessment: Theories, test, and issues*, 2nd edition, Guilford Press, 2005, pp. 136-181.

三好一英・服部環「海外における知能研究とCHC理論」『筑波大学心理学研究』40，2010年，1～7ページ。

Spearman, C. E., *The abilities of man*, Macmillan, 1927.

Thurstone, L. L., *Primary mental abilities*, Psychometric Monograph, 1938.

Wallas, G., *The art of thought*, Harcourt Brace Jovanovich, 1926.

Wechsler, D., *The measurement of adult intelligence*, 3rd edition, Williams & Wilkin, 1944.

第12章
学級集団

〈この章のポイント〉

　子どもたちが友人や教師とともに多くの時間を過ごす場として学級がある。どのような学級で過ごすのかによって子どもたちの成長は異なってくるだろう。本章では，学級集団とは何かを理解するために，まず集団特性に関する諸理論について概観し，学級集団の機能について解説する。次に，学級を構成するうえで重要となる，教師と生徒の関係性と教師の認知特性について理解を深める。最後に，教師が円滑な学級運営を行ううえで有効なアセスメントとグループワークについて学ぶ。

1　学級とは何か

1　集団の特性

① 集団の凝集性

　教師や子どもたちにとって，学級集団のまとまりは重要である。クラスのまとまりが悪いと，所属している子どもたちは居心地が悪いと感じるだろう。この集団のまとまりの良さは，心理学において集団凝集性と呼ばれている。集団凝集性とは，個人を集団に留まらせるように働く力であり（Festinger, 1950），各メンバーが集団に対して感じている魅力の総体のことである（Back, 1951）。担任や学級委員がクラスをまとめる役割を担うのは，学級の集団凝集性が高いと以下のような利点が期待できるからである。

　集団凝集性の高い学級は，(1)団結力が強くお互いが協力し合う傾向があるため，目標が達成されやすくなる（課題達成的凝集性）。例えば，文化祭や体育祭などで良い結果を出すことが期待できる。(2)学級集団のメンバーがお互いに好意的であるため，学級に所属することで精神的に安定し，学級が自分の居場所であると感じられる（対人的凝集性）。学級において集団凝集性を高めるためには，話し合いを重視した目標設定を行い，目標達成への具体的な方法を明確にしていくことが重要である。さらにメンバーが互いに協力し合い，活動そのものを楽しいと感じられるように働きかけることが鍵となる。

② 集団規範と同調の圧力

　集団には個人の価値観や判断とは別に，集団のなかで自然に発生する暗黙の

第Ⅲ部　学習指導の理論と方法

▷1　同　調
集団や他者の設定する標準
や期待に沿って行動するこ
と。集団内の多数派の圧力
に屈した反応を明らかにし
たアッシュ（S. E. Asch）
の同調実験は有名である。

決まりである集団規範が生じる。さらに，集団の一員として，集団規範には皆が従わなければならないという同調圧力が生じることが知られている。集団規範は，それぞれ別の価値観や行動様式をもつメンバーがまとまりをもつために発生すると考えられるが，同調圧力によって集団が誤った方向に向かってしまうという弊害もある。同調圧力によって，本人の価値観や判断と異なっていても，集団の価値観や規範に迎合してしまうことが知られている。集団という形をとる限り，このような同調圧力は学級内や部活動内で強く働いていると考えられる。例えば，個人的にいじめは間違っているという価値観をもっていたとしても，学級集団のなかでいじめを強いるような同調圧力が働けば，誤った行動に関与してしまうことになるだろう。

　教師が同調をはじめとする集団特性について理解することは，学級内で生じるいじめや非行といった問題に取り組む際の手助けとなるだろう。学級集団のまとまりを形成していくことは重要であるが，そのなかでも個人の意見を尊重し，異なる価値観について許容できる雰囲気づくりが重要である。一部のメンバーが設定した目標を押し付けるのではなく，一人ひとりが自分で考えながら話し合いを行う姿勢が，同調圧力の弊害を最小限にとどめることにつながるだろう。

2　公式集団と非公式集団

　学級集団をはじめとする「集団」の発生経緯や役割に着目することで，その特性をより詳細に理解することができる。制度や社会的枠組みのなかで定められた集団を公式集団（formal group）と呼ぶ。学級集団は，教育制度の下に人為的にバランスや人数等が考慮され，編成された公式集団と言える。公式集団を編成することで，集団の規模や集団メンバーが著しく偏ることなく教育活動を行うことができる。一方，学級の垣根を越えて放課後に集まって遊ぶ仲間や，学級のなかに作られる仲良しグループなど自然発生的かつ情緒的な結びつきの強い集団を非公式集団（informal group）と呼ぶ。学級集団は，公式集団のなかに子どもたちが自然に結びついて下位集団として非公式集団を形成するという二重構造になっている。情緒的に結びついた非公式集団においては，同調行動に対する影響力が公式集団よりも大きいと言われている。

　学級のなかの非公式集団がどのようなメンバーで構成されているのかといったことや，子どもたちが学級以外のどのような集団に所属しているのかについて注意深く観察することが，学級運営において重要な手がかりとなるだろう。

第12章　学級集団

3　学級集団の機能

①　学習・課題の促進

　日本の学校では，学級集団を形成し，そのなかで一斉に集団指導を行う教育形態が主流である。学級集団のなかでの学びの特徴として，子ども同士の競い合いや他者との協力，集団規範の習得などがあげられる。個人学習では得られない動機づけの向上やモデリング（modeling[2]）による知識やスキルの習得なども期待できる。他者の影響に関する研究によれば，他者の存在によって覚醒水準が高まり，一人で取り組む時よりも課題に対するパフォーマンスが良くなる現象を，社会的促進と呼ぶ。社会的促進が生じやすい条件は，単純な課題や十分な学習がなされている課題に取り組む時とされている。一方，子どもにとって複雑な課題や課題に対する習熟度が低い場合には，他者の存在がかえってパフォーマンスを抑制してしまうこと（社会的抑制）が明らかになっている（Zajonc, 1965）。

②　社会化の促進

　子どもは学級集団に所属することで，日々教師や友だちと交流し，社会的規範や人間関係のスキルを学んでいく。社会化とは，個人が所属する社会（家庭・学校・地域社会など）の慣習・知識・価値・言語・道徳観などを獲得していく過程のことである。学校は小さな社会と言われているように，子どもたちは学級集団のなかで他者と協力して班活動や学校行事，係の仕事などを行い，家庭生活のなかでは経験することが難しい社会化を経験する。学級集団でのさまざまな活動や役割に対し責任をもって取り組むことは，社会に出るための重要な予行演習であると言えよう。少子化が進み，人間関係のつながりも希薄になっている現代においては，学級集団は貴重な社会化の場となっている。

③　自己確立（自己理解・他者理解）

　子どもたちが自己を理解し，自己を確立していくことは，大人になる過程のなかで非常に重要な課題である。しかしながら，自己確立というのは一人で自分と向き合って模索しているだけでは困難であり，他者との相互作用を通して明確になっていくことが指摘されている。子どもたちは学級集団のなかで，自分とは異なる考えに出会い，他者の意見を取り入れたり，自分の考えを主張したりする。学級のなかでのさまざまな役割を経験することも自分の特性理解や自己確立につながるだろう。学年が上がるにつれて，自己と他者の能力や適性などさまざまな側面において，他者と比較し自分を客観的に捉えていくようになる。このような自他の社会的比較は，社会のなかに自分を位置づけながら，自分はどのような人間なのかということを模索していくきっかけとなる。

▷2　モデリング（modeling）
学習者に直接経験や外部からの強化がなくても，他者の行動を観察することによって，行動（道徳判断，愛他行動，攻撃行動など）を学習すること。バンデューラ（A. Bandura）の社会的学習理論の中核をなす概念である。

▷3　社会的比較
正確で安定した自己評価を得るために，自己と他者を比較すること。自己よりも優れた他者と比較する上方比較と，自己より恵まれない他者と比較し安心感を得る下方比較が知られている。自己評価の低下は不快感をもたらすため，比較他者を変更したり，比較を回避したり，比較事象が自己にとって重要でないと考えることによって不快感が低減し自己評価が守られる。

第Ⅲ部　学習指導の理論と方法

4　学級風土

　学級集団が形成されて一定期間が経過すると，それぞれの学級集団特有の雰囲気や，その学級集団独自の性格といった風土が醸成されてくる。学級風土（classroom climate）とは「学級を構成する物理的側面や組織的側面，および人的側面から規定される学級の『性格』」と定義されている（Moos, 1974）。学級風土は，学級内の生徒同士の相互作用，教師の指導スタイルといったさまざまな要素から成り立っている。学級風土が形成されると，その学級風土自体が生徒や教師の行動や心理面に影響を与えていくと考えられている。学級を含む学びの場としての学校全体の風土に関するさまざまな研究を集約して，学校風土を構成する主要な要素が示されている（Anderson, 1982：表12-1）。

表12-1　学校風土にかかわる要素

①生態学的変数	建物の特徴（外観や装飾，管理），学校やクラスの規模など
②社会的環境変数	教師や生徒集団の特徴やモラールなど学校のなかの個人と集団の特徴など
③社会システム変数	管理組織の構造，授業プログラム，クラス編成，人間関係（良好なコミュニケーション，管理職と教員の信頼関係，教師間の関係，教師―生徒関係），意思決定の共有，生徒の参加度，コミュニティと学校の関係，親の学校への関与など
④文化的変数	教師の生徒に対するコミットメント，生徒間の規範，クラスの価値観，対人関係間の期待，学業の強調，賞罰，カリキュラムや規律に対する合意，目標設定など

出所：Anderson（1982）をもとに作成。

　学級風土を構成する要素のなかで，建物や学級の間取りや，学校の生徒数・規模などの生態学的変数を変更することは容易ではない。しかしながら，学級担任として，こうした学級風土の構成要素を参考に，机の配置やグループ活動の人数構成比などを工夫することによって良質な学びの場を提供することは可能であろう。構成員の関係性などもかかわりを工夫することで変容可能であろう。教師と生徒関係における教師のかかわりのなかで「親和的配慮」「熱心な学級運営」が生徒の学校適応感と関連することが報告されている。とくに中学校第1学年においては「親和的な配慮」（先生は一人ひとりのことを思いやってくれる，先生は生徒の気持ちをわかろうとしてくれる，など）が適応感に影響することが示されている（西田・田嶌，2000）。こうした教師の指導スタイルや教師のかかわりに基づく教師―生徒関係も，学級風土を構築していく重要な要素である。子どもによって最適な学習環境は異なるため，それぞれの子どもと環境の最適なマッチングを模索する努力も必要になってくるだろう。

第12章　学級集団

5 　学級づくりと学級崩壊

　クラス担任を任された教師は，まず学級づくりに励むことになる。初期の学級集団はお互いによく理解していない部分が多く，まとまりにくい状態である。教師の働きかけによって，子どもたちはお互いに協力しあうようになり，学級の集団凝集性が高まっていく。子どもたちにとって居心地の良い，互いに尊重しあえるような関係性が構築されることで，学級集団が子どもたちの心のよりどころとなり，行動や考え方の基準となる準拠集団◁4へと成長していく。こうした学級づくりには教師のリーダーシップや環境調整力が不可欠である。

　近年，学級運営や学級づくりがうまくいかず，学級崩壊に陥ってしまう事態が問題となっている。学級崩壊を未然に防ぐためには，定期的に学級運営の振り返りを行い，教師が自己理解と自己研鑽を深めていくことが求められている。しかしながら，学級運営や子どもとのかかわりに悩みながらも，誰にも相談できずにメンタルヘルスを悪化させてしまう教師も増加している。学級担任が一人で学級運営に取り組むのではなく，学校全体でサポートしていけるような体制づくりが必要である。

2 　教師と子どもの関係

1 　教師の子どもに対する認知

　子どもは多くの時間を学級で過ごしており，学級を指導していく立場にある教師との関係性は重要である。教師が子どもをどのように捉え，評価しているのかということは，子どもの成長に大きな影響を及ぼす。教師であっても常に子どもを正確に捉えられているわけではなく，さまざまな認知的バイアス◁5があることを理解する必要があるだろう。

　社会心理学において他者の印象形成や他者理解の研究が行われ，人は主観的な判断を通して他者の印象を形成し，評価していることが明らかになっている。印象形成や他者評価に関連する知見として光背（ハロー）効果，帰属理論などが有名である。光背効果とは，ある人物について初めに顕著な特性に着目すると，他の特性においてもその効果が波及し全体的な評価や印象を形成してしまうことである。例えば，教師がある子どもに対して学業面で高い評価をした場合，性格や行動面においても評価が波及し高い評価をしてしまうことが知られている。帰属理論◁6は，行動や成績といった結果に対する原因の帰属は常に一定ではなく，何に原因を帰属するかによってその評価や捉え方が異なることを示している。教師はあまり評価していない子どもが良い成績をとった場合，

▷4　準拠集団
個人の意見，態度，判断，行動などの枠組みを提供する集団のこと。人はこの集団の規範との関係において自己を評価し，態度を形成あるいは変容していくと考えられている。

▷5　認知的バイアス
物事の見方や対人認知などに関する思考の歪みのこと。人間は，ある人や事柄を評価する際に，自分の利益や希望に沿うように事実を歪めたり，他の人の意見に影響を受けたりする。さまざまな種類の認知バイアスが知られている（注意バイアスや確証バイアス，帰属の誤りなど）。

▷6　帰属理論
人が身の周りで起こるさまざまな出来事や，自己や他者の行動に関して，その原因を推論する過程，およびそのような原因推論を通して，自己や他者の内的な特性・属性に関する推論を行う過程に関する理論。人の行動の原因を，能力やパーソナリティ，動機づけといった人の内部にある原因へ帰属する（内的帰属），人間関係や家庭環境，運といった外部環境にある原因へ帰属する（外的帰属）といった区分がある。

153

第Ⅲ部　学習指導の理論と方法

「今回は運が良かっただけだろう」といった外的な原因に帰属しがちである。一方、評価されている子どもが良い成績をとると、「地道に努力したからだろう」「能力が高いからだろう」といった内的な原因に帰属しやすい。こうした教師の帰属バイアスによって、子どもが同じように努力したり同じ結果を出したとしても、ある子どもは認めてもらえなかったり、褒めてもらえないということが起こる。

2　教師期待効果

教師の子どもに対する認知が子どもの実際の行動や学業成績に影響を与えることを示したものとして、教師期待効果（teacher expectancy effect）が知られている。教師期待効果とは、子どもの学業成績や学級内行動が、教師の期待に沿う方向で成就するという現象のことである。教師期待効果を一躍世に広めたローゼンサール（R. Rosenthal）は、成績の伸びを予測するテストと称して結果を教師にフィードバックし、実験的に教師期待を作り出した（Rosenthal & Jacobson, 1968）。これをオーク・スクール実験と言い、この実験で用いられた成績の伸びを予測するテスト結果は、実際の成績とは関係なく、無作為に選ばれた児童が割り当てられていたが、学級担任は成績が伸びる可能性を秘めた児童であるという期待を抱き、実際に期待をかけられた生徒のIQの伸びはそうでない児童よりも有意に高かった。教師期待効果について学年ごとに示された結果を図12-1に示す。

▷7　教師期待効果
教師が子どもに対して抱く期待が子どもに伝わり、教師の期待に沿う形で子どもの行動が形成されていくこと。教師だけでなく、広義に他者からの期待の影響はピグマリオン効果として知られており、教師や上司から期待される達成水準が実際の成績やパフォーマンスに影響すると考えられている。なかでも他者からのネガティブな期待によって実際にネガティブなパフォーマンス結果が生じてしまうことをゴーレム効果（ピグマリオン効果のネガティブな形態とされている）として区別している。また、自分に対して高い自己期待をもつ人が高いパフォーマンス水準を達成することをガラティア効果と呼ぶ。

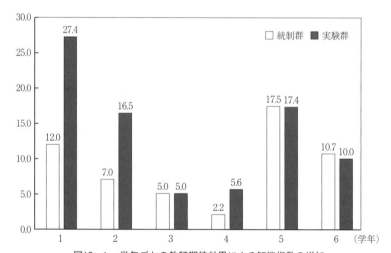

図12-1　学年ごとの教師期待効果による知能指数の増加
出所：Rosenthal & Jacobson（1968）をもとに作成。

学年ごとに比較すると、第1学年、第2学年の子どもにおいて知能の伸びが著しいということがわかる。オーク・スクール実験以降、なぜこのような実際の成績とは関係のない教師期待によってIQの伸びに違いが生じるのかについ

て議論が巻き起こった。ローゼンサールは教師期待効果を生み出す4つの要因について明らかにしている（表12-2）。

表12-2　教師期待効果を生み出す背景要因

中心的な要因	
雰囲気要因	教師は期待している児童の周囲にあたたかい社会・情緒的雰囲気を作り出す
インプット要因	教師は期待している児童により多くの教材を教え，より難しい教材を教える
付加的な要因	
アウトプット要因	教師は期待している児童に反応する機会を多く与える（質問に答える際にゆっくり時間を与える等）こうした態度は教師の言語的・非言語的両面から子どもに伝わる
フィードバック要因	教師は期待している児童にパフォーマンス（成績）がどうだったか，言語的・非言語的両面からより多くのフィードバックを行う

出所：Rosenthal（1994）をもとに作成。

　実際に期待の差異によって処遇が異なり，それが長期間継続するとすれば，学ぶ機会に格差が生まれてしまうだろう。

　しかしながら，すべての教師においてこうした処遇の違いが生じることを疑問視する声もある（Brophy & Good, 1974）。彼らは，教師の3タイプと教師の処遇の関連について検討を行い，3つの教師タイプによって教師期待効果の生じ方が異なることを明らかにした。(1)能動型の教師の期待は，概して正確かつ子どもの変化に合わせて柔軟である。自らの期待を，子どもたちの個性に合わせた教育計画と最適な処遇の一助として用い，生徒の行動やそれに対する自分の期待によって，個性に合わせた教育目標の遂行を妨げられたりすることはない。(2)受動・反応型の教師は，概して正確で柔軟な期待をもっているが，生徒の行動によって自身の反応を調整する。能動型の教師よりも教師と生徒の相互作用パターンを生徒側に支配させやすい。生徒行動の違いを調整しようとはしないが，違いに過剰に反応することによって，望ましくない教師期待効果を作り出すことはない。(3)過剰反応型の教師は生徒の行動の違いに左右され，生徒たちを実際以上に異なっているように処遇することで違いを拡大させてしまう。こうした教師は生徒に対して型にはまった捉え方をする傾向があり，最も指導を妨げるような教師期待効果を顕著に生み出してしまうと考えられている。また，教師のパーソナリティと教師期待について検討した研究においても，権威主義傾向[8]の高い教師の原因帰属過程を，権威主義傾向の低い教師のそれと比較すると，初めに抱いた期待により強く規定されやすく期待が固定的になりやすいことが報告されている（古城ら，1982）。

　このように見てくると，教師期待効果は，期待に対する正確さや柔軟性，教師の個性と処遇といったさまざまな要因と子どもとの相互作用のなかで生み出されると言えよう。教師は，自分が子どもに対して抱いている期待や認知を見

▷8　権威主義傾向
極端に偏見が強く，他者や集団に対して過度に一般化された否定的または肯定的な認知をもつステレオタイプ的な性格傾向。

第Ⅲ部　学習指導の理論と方法

つめなおし，一人ひとりの子どもの成長を促す働きかけが見失われていないか定期的に振り返る必要があるだろう。

3　教師のリーダーシップ

教師の指導力不足といった問題が指摘されるように，教師のリーダーシップは学級経営において重要な役割をもつ。教師のリーダーシップに関する古典的な研究によれば，教師のリーダーシップは「民主型」「専制型」「放任型」の3種類に分類されており，リーダーシップの類型によって子どもの行動は変化することが明らかになっている。最も望ましいとされる民主的なリーダーの下では，皆の話し合いに基づいて集団の方向性が決定されるため，自主的な風土が形成されていく（Lewin et al., 1939）。

より詳細なリーダーシップ行動について明らかにする理論として，PM理論が提唱されている（三隅，1966）。PM理論においては，リーダーシップ行動をP機能（Performance function：集団目標達成機能）とM機能（Maintenance function：集団維持機能）という2つの要素から捉えている。P機能とは，集団の課題や目標を達成させる機能で，学業成績の向上や学級対抗行事などがこれに当たる。M機能とは，メンバー同士の交流を促し援助を行うことで，集団からの離脱を防止する機能である。PM理論においては，P機能とM機能を組み合わせてリーダーシップ行動が4つに類型化されている（図12-2）。

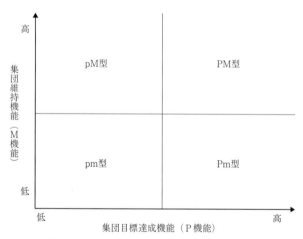

図12-2　PM理論におけるリーダーシップ類型
出所：三隅（1966）をもとに作成。

▷9　スクールモラール
子どもの学校や学級集団への帰属感や安定感・満足度を基礎とした，諸活動に対する児童・生徒の積極的で意欲的な心理状態。

三隅らは，中学校における学級担任教師のリーダーシップ行動測定尺度を作成し，P機能もM機能も高いPM型において，最もスクールモラールが高いことを明らかにした（三隅・矢守，1989）。双方とも低いpm型においては，スクールモラールが最も低いことが示されている。つまり，望ましいリーダー

シップを発揮する教師とは，学級において指導目標の遵守や成績の向上だけを求めるのではなく，子どもとの交流を通して関係を築きながら牽引していく教師であると言える。

3　学級運営と学級のアセスメント

1　関係性をアセスメントする

さまざまな子どもたちから構成される学級を運営し，よりよい学級にしていくためには，客観的な指標を取り入れたアセスメントを行うことが重要である。河村（2006）は，教師の指導力を構成する一つの要素として「子どもたちの実態，学級集団の状態を把握する力」をあげている。教師の指導力を高める第一歩として，日常的な活動の観察に加えて客観的な心理検査を積極的に取り入れて学級集団の状況を把握していくことが望まれる。

① ソシオメトリック・テスト

子どもたちは集団のなかで友人とのつながりを形成し，友人選択を行う。出席番号が近いといった物理的な距離の近さや，思考やパーソナリティの類似性を重視して友人を選択するようになる。ソシオメトリック・テスト（sociometoric test）とは，モレノ（J. L. Moreno）によって考案された，子どもたちの友人選択・排斥状況を知ることによって集団構造を測定する方法である。このテストでは，ある基準に対して選択・排斥する人の名前を記名させる（3人制限や5人制限）。選択基準としては，「好きな友人」や「仲の良い友人・仲の悪い友人」などが用いられている。記名されたメンバー間における選択と排斥の関係を線図により表現したソシオグラムを作成する（図12-3）。

多人数集団の時など図示による表現が複雑になる場合には，選択と排斥に一定の数値を割り当てた非対称表としてソシオマトリックスを用いて表現する。

なお，排斥の判断において特定の相手を記名させることは，子どもたちの関係性に負の影響を及ぼすことが懸念されるため，実施に当たっては十分な配慮が必要である。近年では，こうした倫理的な問題を軽減するために，排斥については尋ねずに「一緒に話をしたい人は誰ですか？」「隣の席に座って欲しい人は誰ですか？」といった間接的な質問（ニア・ソシオメトリック・テスト）を用いるといった配慮がなされている。

② ゲスフー・テスト

ゲスフー・テスト（guess・who・test）は，ハーツホーン（H. Hartshorne）らによって考案された検査で，別名「人物

▷10 アセスメント
子どもの心理・行動的側面をはじめとするさまざまな特徴に関する情報を収集し，その情報を統合して総合的な判断を行う作業。必ずしも個人の異常性や病理を確定するのではなく，積極的な価値を見出す意味が含まれる。アセスメントの方法は，(1)子どもの行動から情報を得る（観察法），(2)会話を通して情報を得る（面接法），(3)心理検査を用いてクライアントの情報を得る（検査法）に分けられる。

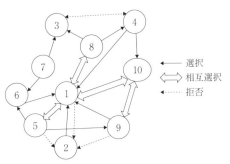

図12-3　子ども集団におけるソシオグラム例
出所：筆者作成。

第Ⅲ部　学習指導の理論と方法

推定法」と言われている。子ども同士の人物評価を知ることができる検査で，社会的特性や特定の行動傾向・態度・能力に関する質問を行い，該当する子どもの名前を直接尋ねる。ソシオメトリック・テストが仲間に対する感情や好みに基づく関係性をアセスメントしようとするのに対して，このテストは仲間の行動特徴を評定することに主眼を置いている。具体的には，「誰にでも優しく接している人」「いつもきまりを守ろうとしている人」「いつも掃除をまじめにやっている人」などに該当する級友の名前をあげてもらう。

③　社会的距離尺度

　ボガーダス（E. S. Bogardus）によって考案された社会的距離尺度は，子ども同士で心理的距離を相互評定してもらう測定法である。クラスメート全員に対して「親友になりたい（5点）」「同じグループにいたい（4点）」「同じ学級にいたい（3点）」「同じ学年にいたい（2点）」「同じ学校にいたい（1点）」といった5～7段階の尺度を用いて交友レベルを評定してもらう。この得点から自分の仲間に対する親和―反発の傾向（自己社会的距離点）および学級からの支持―疎外の傾向（グループ社会的距離点）を算出し，児童の学級集団内の地位を調べる。自己社会的距離得点の高さは学級との結合力や級友に対する親密度の高さを示しており，この得点が高いほどグループ社会的距離点も高く級友から受容される傾向にある。社会的距離尺度を用いることで，ソシオメトリック・テストやゲスフー・テストで名前があがらない子どもが，学級内でどのような人間関係に置かれているのかを把握することができる。

2　学級集団全体のアセスメントの活用

　これまで学級を構成するメンバー間の関係性について詳細に測定し記述するアセスメント・ツールについて概観してきたが，学級全体の雰囲気・環境をマクロに測定することの重要性も指摘されている。学級集団の状態は学習や友人関係，学校満足度などに影響を与えることも実証され，その重要性が増している（河村，2010）。

①　学級風土質問紙

　学級全体のもつ雰囲気や個性といった学級の場全体を多次元的に捉えることのできる学級風土質問紙が開発されている（表12-3）。

　質問紙は8尺度57項目，「関係性」「個人発達と目標志向」「組織の維持と変化」の3領域から構成されている。学級風土質問紙を用いた学級事例の検討によれば，「学級活動への関与」や「生徒間の親しさ」「自然な自己開示」などが高く，「学級内の不和」が低い学級は学級のまとまりや満足感が高く，仲間はずれやグループ化のない開放的な楽しい雰囲気をもっていると分析される。

表12-3　学級風土質問紙の構成と項目例

関係性の領域
【F1学級活動への関与】 ⇒学級集団としての活動への関心の深さと打ち込みの熱意 項目例：行事などクラスの活動に一生懸命取り組む
【F2生徒間の親しさ】 ⇒学級成員相互の愛着心の深さを捉える 項目例：このクラスではお互いにとても親切だ
【F3学級内の不和】 ⇒学級がグループに分かれ競合していく状況や，緊張感が高まる雰囲気 項目例：クラス全体が，嫌な雰囲気になることがある
【F4学級への満足感】 ⇒学級に所属する楽しさの浸透 項目例：このクラスは，心から楽しめる
【F5自然な自己開示】 ⇒自分の考えや意見・気持ちを自由に発信できること 項目例：個人的な問題を安心して話せる
個人発達と目標志向の領域
【F6学習への志向性】 ⇒教科学習場面での学習活動の活性化と熱心さ 項目例：授業中よく集中している
組織の維持と変化の領域
【F7規律の正しさ】 ⇒学級内の秩序とルールの提示の明確さおよびその遵守の態度 項目例：このクラスは，規則を守る
【F8学級内の公平さ】 ⇒子どもたちの同等さや権利の公平さ，そして意思決定の民主性 項目例：誰の意見も平等に扱われる

出所：伊藤・松井（2001）をもとに作成。

② 楽しい学校生活を送るためのアンケート

「楽しい学校生活を送るためのアンケートQ-U」は，学級満足度尺度と学校生活意欲尺度の2つから構成されている（河村，1999）。この2つの尺度に加えて，2007年より発売されたhyper-QUには，子どもたちの対人関係力（人とかかわる技術）を測定するソーシャル・スキル尺度（日常の行動を振り返るアンケート）も含まれている。

学級満足度尺度は「承認得点」と「被侵害得点」の2つの下位尺度各10項目から構成されている。Q-Uでは，学級満足度尺度の結果をプロットした分布から，学級におけるルールとリレーションの確立の様子を視覚的に把握することができる。「被侵害得点」をX軸，「承認得点」をY軸にとり，全国平均値（標準値）で直交させて構成される4群をQ-U4群として個人をプロットする（図12-4）。

第Ⅲ部　学習指導の理論と方法

　Q-U式学級づくりとしてアセスメント結果を学級経営に活かすための方法論が確立されているだけでなく，学級改善を目指す教師を対象とした研修会での事例検討方法（K-13法）についても構造化されている。

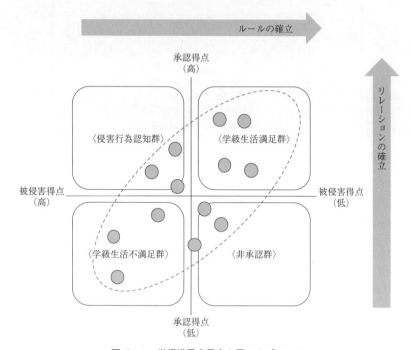

図12-4　学級満足度尺度を用いたプロット
注：●は子どもの得点を表すサンプル例。ななめ型のプロットは荒れ始めの学級集団の代表的な分布例とされている。
出所：河村（2007）をもとに作成。

4　学級運営と活動

1　学級運営とグループワーク

　近年学校のなかでは，いじめや非行，不登校などの深刻な問題を抱えた子どもたちの支援だけでなく，感情コントロールが難しい子ども，人付き合いが苦手な子どもといったコミュニケーションのとり方に問題を抱える子どもが増加している。従来の社会では，他者とのコミュニケーションは周りの人とのかかわりのなかで自然に習得されるものであり，教科学習のように教えられて身につけるものではなかった。しかし，少子化や核家族化が進み地域社会とのつながりも希薄になった現代においては，子どもたちが人との円滑なかかわり方を自然に学習する機会が減少している。このような状況のなかで，子どもが仲間関係を築いていくためには，学級集団を活用した積極的な働きかけが必要である。

［2］ ソーシャルスキル・トレーニング

　子どもの対人関係を円滑に育むために，学校現場においてもソーシャル・スキル教育を行うことの重要性が指摘されている。近年では，ソーシャル・スキル（social skills）を特定の能力や行動として捉えるのではなく，「対人場面において個人が相手の反応を解読し，それに応じて対人目標と対人反応を決定し，感情を統制したうえで対人反応を実行するまでの循環的な過程（相川，2009）」と捉える生起過程モデルが主流である。具体的には，人の話を聴くスキルや主張するスキルなど，さまざまなソーシャル・スキルが導入されている。実際にソーシャルスキル・トレーニング（Social Skills Training：SST）の実施により，適応的な行動の獲得や向上につながり，ストレス反応や引っ込み思案行動が低減されたという報告がなされている（金山ほか，2000；小関ほか，2009）。

　SST の実施方法としては，ターゲット児に個別に実施する方法と，学級集団単位で SST を実施するクラスワイド・ソーシャルスキル・トレーニングや学校単位で実施するスクールワイド・ソーシャルスキル・トレーニングなどがある。SST の実施に当たっては，子どもにとって必要なターゲット・スキル[11]を設定しながら取り組んでいく。SST の一般的な進め方としては，教示⇒モデリング⇒リハーサル⇒フィードバック⇒般化⇒アセスメントという一連の流れで行う。

［3］ 構成的グループ・エンカウンター

　構成的グループ・エンカウンター（Structured Group Encounter：SGE）は，集団内の人間関係づくりに効果的な心理教育の一技法として開発され，学校教育のなかで広く普及している。構成的グループ・エンカウンターにおいては，心と心の交流，本音と本音の交流を目指し，活動を通して「自己理解」「他者理解」「他者受容」「自己開示と傾聴」「価値観を聴き合う」「自己主張」「役割意識を深める」ことを目的としている（國分，2006）。

　ファシリテーターは，学級の現状を踏まえて適切なエクササイズ[12]を実施する。SGE のおおまかな実施は，(1)導入（取り組む際のルールを簡潔に具体的に説明する），(2)ウォーミングアップ（課題に取り組む不安を軽減し，意欲を喚起するような導入を行う），(3)エクササイズの実施（集団・メンバーの状況に応じた課題），(4)シェアリング（交流を通して気づいたことや考えたことをメンバー同士で分かち合う），(5)振り返り（自分の活動への参加を振り返り評価する）という流れである。一連の体験によって，子どもたちの思考・行動・感情の変容のきっかけになると考えられている。

　こうしたグループワークをスクールカウンセラーとともに行うことによっ

▷11　ターゲット・スキル
SST のなかで指導対象となるソーシャル・スキルのことである。「上手な断り方スキル」「イライラコントロールスキル」「葛藤解決スキル」など目的に合わせてさまざまなターゲット・スキルが設定される。ターゲット・スキルは人とのかかわりにおいて気になる面や身につけて欲しいスキルに設定される。適切なターゲット・スキルを選定することが重要になるため，子どものスキルの現状を把握するアセスメントを行うことが望ましい。

▷12　エクササイズ
感情・認知・行動面の発達を促すために考案された課題のこと。目的に合わせて多数の効果的なエクササイズが開発されている（あわせアドジャン，言葉の花束，ブラインドウォークなど）。

第Ⅲ部　学習指導の理論と方法

て，学級の雰囲気づくりに加えて気になる子どもの援助につなげることもできるだろう。学級集団は教師と子どもたちにとって，学びの場であると同時に人間関係を構築する場である。教師は，居心地が良く成長を促す場であるような学級の雰囲気づくりを求められている。教師自身が自己理解に努め，指導力向上につながる研修を重ねることによって，子どもの成長につながる学級づくりが可能になると言えよう。

Exercise

① 学級風土を構成する要素について振り返り，どのような工夫が可能か話し合ってみよう。

② 自分の認知傾向や指導法について振り返り，子どもとのよりよい関係につながるための指導法やリーダーシップのとり方について考えてみよう。

③ 学級のアセスメントやグループワークを導入する際に配慮する点について考えてみよう。

📖次への一冊

國分康孝編，藤川章・大関健道・吉澤克彦『学級担任のための育てるカウンセリングが学級を変える［中学校編］』図書文化社，1988年。
　　学級担任の苦悩をやわらげ，カウンセリングを活かした学級経営のためのヒントが詰まっている。

國分康孝監修，國分久子・林伸一・飯野哲郎・簗瀬のり子・八巻寛治編『エンカウンターで学級が変わる──ショートエクササイズ集』図書文化社，1999年。
　　学級で行うエンカウンターのためのエクササイズが豊富に掲載されている。エンカウンターに慣れていない教師でも取り組むことができる。

河村茂雄・藤村一夫・浅川早苗『Q-U 式学級づくり小学校高学年──プレ思春期対策「満足型学級」育成の12か月』図書文化社，2009年。
　　Q-U を活かした学級づくりの方法について紹介されている。時期ごとに取り組むべきことがわかりやすく書かれている。

引用・参考文献

相川充『新版　人づきあいの技術──ソーシャルスキルの心理学』サイエンス社，2009年。

Anderson, C. S., "The search for school climate : A review of the research," *Review of Educational Research*, 52, 1982, pp. 368-420.

Back, K. W., "Influence through social communication," *The Journal of Abnormal and*

Social Psychology, 46, 1951, pp. 9–23.

Brophy, J. E., & Good, T.L., *Teacher-student relationships: Causes and consequences*, Holt, Rinehart & Winston, 1974.

Festinger, L., "Informal social communication," *Psychological Review*, 57, 1950, pp. 271–282.

伊藤亜矢子・松井仁「学級風土質問紙の作成」『教育心理学研究』49，2001年，449–457ページ。

金山元春・後藤吉道・佐藤正二「児童の孤独感低減に及ぼす学級単位の集団社会的スキル訓練の効果」『行動療法研究』26，2000年，83～96ページ。

河村茂雄「生徒の援助ニーズを把握するための尺度の開発(1)——学校生活満足度尺度（中学生用）の作成」『カウンセリング研究』32，1999年，274～282ページ。

河村茂雄『学級づくりのための Q-U 入門』図書文化，2006年。

河村茂雄『データーが語る①　学校の課題』図書文化，2007年。

河村茂雄『日本の学級集団と学級経営』図書文化，2010年。

國分康孝・國分久子・片野智治・柴田淑子・西澤利雄編『構成的グループ・エンカウンターと教育分析』誠信書房，2006年。

古城和敬・天根哲治・相川充「教師期待が学業成績の原因帰属に及ぼす影響」『教育心理学研究』30，1982年，91～99ページ。

小関俊祐・高橋史・嶋田洋徳・佐々木和義・藤田継道「学級アセスメントに基づく集団社会的スキル訓練の効果」『行動療法研究』35，2009年，245～255ページ。

Lewin, K., Lippitt, R., & White, R. K., Patterns of aggressive behavior in experimentally created "social climates," *Journal of Social Psychology*, 10, 1939, pp. 271–299.

三隅二不二『新しいリーダーシップ——集団指導の行動科学』ダイヤモンド社，1966年。

三隅二不二・矢守克也「中学校における学級担任教師のリーダーシップ行動測定尺度の作成とその妥当性に関する研究」『教育心理学研究』37，1989年，46～54ページ。

Moos, R. H., *The social climate scales : An overview*, Counseling Psychologists press, 1974.

西田純子・田嶌誠一「中学校の『学級風土』に関する基礎的研究——『教師項目』を含む尺度作成の試み」『九州大学心理学研究』1，2000年，183～194ページ。

Rosenthal, R., "Interpersonal Expectancy Effects: A 30-Year Perspective," *Current Directions in Psychological Science*, 3, 1994, pp. 176–179.

Rosenthal, R., & Jacobson, L., *Pygmalion in the classroom*, Holt, Rinehart & Winston, 1968.

Zajonc, R. B., "Social facilitation," *Science*, 149, 1965, pp. 269–274.

第13章
パーソナリティと性格検査

〈この章のポイント〉

　同じ環境にあっても，一人ひとりの行動にはそれぞれ個人差があり，また環境が変わっても，ある人の行動にはその人らしい独自性が現れる。こうした行動に影響を与える個人の内部にある要因がパーソナリティと考えられる。しかし，私たちは，そのパーソナリティを直接目で見ることも，触れることもできない。本章では，まず，パーソナリティについて，心理学ではどのように捉え，理解しようとしているのかを考え，次に，パーソナリティを測定するための方法について解説する。

1　パーソナリティとは何か

1　パーソナリティ，性格，気質

　私たちは誰かのことについて述べる時，「あの人は陽気な人だ」「あの人は短気な人だ」といった表現をよく使う。心理学では「陽気な」「短気な」のようなその人らしさを表すものとして，「性格」や「人格」といった概念を用いてきた。両者は若干のニュアンスの違いはあるが，ほぼ同義に扱われている。近年，日本の心理学では，「性格」「人格」といった言葉が混乱を招くことから，カタカナで「パーソナリティ」と表記することが増えている。本章でもこれを踏襲し，以下では，人格と性格は同じ意味で用い，統一的にパーソナリティという用語を使用することとする。

　では，パーソナリティとは何だろうか。実は，パーソナリティは，概念自体があいまいで多義的であり，その定義も研究者によって多少異なっている。例えば，今日のパーソナリティ研究の基礎を築いたといわれるオルポート（G. W. Allport）は，パーソナリティを「個人の環境に対する独自の適応を決定している，複数の精神・身体的システムとしての力動体制」と定義している（Allport, 1937）。また，同じく代表的なパーソナリティ研究者であるキャッテル（R. B. Cattell）は，「パーソナリティとは，個人がある場面に置かれた時，その人のとる行動を決定するもの」とし（Cattell, 1965），アイゼンク（H. J. Eysenck）は，「パーソナリティとは，多かれ少なかれ安定した個人の特徴（性格，気質，知性，体質など）の持続的な体制で，個人に独自の環境への適応の仕方を決定す

▷1　原語は「character」で，ギリシャ語の「刻み込まれたもの」を語源とする。

▷2　原語は「personality」で，ラテン語の「ペルソナ（仮面）」に由来する。

165

るもの」と定義している（Eysenck, 1952）。

このようにパーソナリティの定義は研究者によって多少異なっているが，共通して認められる特徴として，パーソナリティは，(1)個人の行動に何らかの影響を及ぼす要因として捉えられる，(2)個人によって異なる独自のものとして位置づけられる，(3)個人の内的要因として捉えられる，という3点があげられる。

また，パーソナリティの類縁概念に「気質（temperament）」という用語がある。気質は，より遺伝的・生物学的に規定されると考えられ，乳幼児のように，発達の初期段階において現れる行動上の個人差を説明する概念として使用されることが多い。

2　パーソナリティの諸理論

1　精神分析理論から見たパーソナリティ

精神分析は，オーストリアの精神科医であったフロイト（S. Freud）によって理論化されたものである。精神分析理論では，パーソナリティは3つの領域から構成されると考えられている（図13-1）。1つ目は，無意識の世界にある「エス（Es＝イド id）」という領域である。エスは，人間がもつ最も原始的な衝動的欲求の総称で，生きる源となるエネルギー（リビドー）が渦巻き，不快を避け，ひたすら快楽を求めようとする快楽原則に基づいて機能する。フロイトは，衝動的欲求のなかでもとくに性的欲求と攻撃的な欲求を重視した。2つ目は，意識と無意識の世界にまたがる「超自我（super ego）」という領域である。超自我は，後天的に内在化される道徳観や良心のことで，エスの統制を自我に求める役割を担うとされる。3つ目は，主に意識の世界にある「自我（ego）」という領域である。自我は，エスと世の中の現実，そして超自我の要求との間で調整役を果たすと考えられ，現実に即した満足が得られるよう現実原則に基づき機能する。フロイトは，自我が中心となって，超自我の力を活用しつつ，エスの衝動を現実的なレベルに調整した状態を健全な状態であると考えた。

このように精神分析理論では，人の行動はこれら3つの領域のバランスによって決定されると考えられている。もし，エスの働きが強ければ，衝動的で自己中心的な傾向が強くなり，超自我の働きが強ければ，厳格で完璧主義的な傾向が強くなる。そして，自我の働きが強すぎると，合理的で現実主義的な傾向が強くなると考えられる。

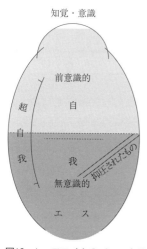

図13-1　フロイトのパーソナリティ理論の構造モデル
出所：前田（2014，8ページ）をもとに作成。

２ 類型論・特性論から見たパーソナリティ

① 類型論（typology）

人間のパーソナリティをいくつかの典型的な類型（タイプ）に分類し，個人をその類型にあてはめることでパーナソリティを把握する方法である。つまり，類型論は，基準となる類型を見つけ出し，それに人をあてはめることによってその人らしさを表現することを目的としている。

何を基準に類型化するのかは研究者によって異なっており，代表的なものに，クレッチマー（E. Kretschmer），シェルドン（W. H. Sheldon），ユング（C. G. Jung），シュプランガー（E. Spranger）の理論がある。

精神科医であったクレッチマーは，自身の臨床経験に基づき，精神疾患患者の観察から体格と精神病的気質の関連性を見出した。躁うつ病患者には「肥満型」，分裂病患者には「細長型」，そしててんかん患者には「闘士型」の体型が多いことから，それぞれのパーソナリティ気質を「躁うつ気質」「分裂気質」「てんかん気質」と命名した（図13-2）。シェルドンは，人の体型を内胚葉型（肥満体型），中胚葉型（筋肉質），外胚葉型（長身，やせ型）というクレッチマーの体格分類に共通する３種類に分類した。そして，内胚葉型の人は内臓緊張型の気質（社交的，リラックスしている），中胚葉型の人は身体緊張型の気質（精力的，競争的），外胚葉型の人は頭脳緊張型の気質（引っ込み思案，抑制的）に対応することを示した。また，ユングは，精神力動学的立場から，人間の精神的エネルギーが外の世界に向かう人（外向型），自分の内面に向かう人（内向型）に分類した。さらに，心的機能として思考，感情，感覚，直観の４つを仮定し，この４つと基本的態度（外向性—内向性）を組み合わせて，８つのパーソナリティに類型化した。シュプランガーは，個人が日常生活で何に最も価値を置くかによって，経済型，理論型，審美型，宗教型，権利型，社会型の６つに類型化した。

類型論のように，人のパーソナリティをいくつかのタイプに分類して考えることは，人間の情報処理の特徴にも適しているため，人間のパーソナリティを全体として捉え，直観的に理解するための枠組みを提供できるという点で有用である。しかし，直観的に理解しやすい反面，必ずしもすべての人がうまくどれかの類型にあてはまるとも限らない。また，無理にどれかの類型にあてはめることで，本来複雑で豊かなパーソナリティを必要以上に単純化してしまうという問題もある。こうした批判もあり，類型論の考え方は私たちの日常生活においてはよく使用されるが（例えば，血液型性格診断），心理学の学問領域においては，後述する特性論の発展にともない，現在のところ主要な理論とは言い難い状況にある。

体　型	類型と性格特徴
細長型 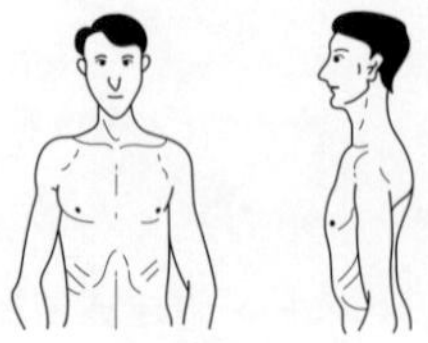	**分裂気質** 共通の基本的特徴……非社交的, 静か, 控え目, まじめ (ユーモアを解さない), 変人。 過敏性の性質…………臆病, 恥ずかしがり, 敏感, 感じやすい, 神経質, 興奮しやすい。 鈍感性の性質…………従順, 気立がよい, 正直, 落着きがある, 鈍感, 愚鈍。
肥満型 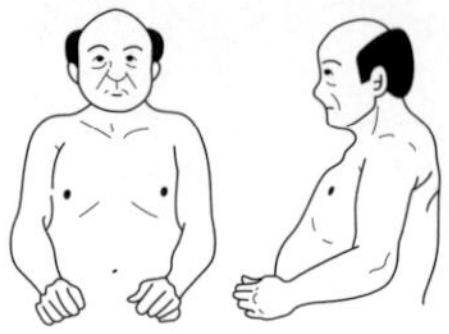	**躁うつ気質** 共通の基本的特徴……社交的, 善良, 親切, 温厚。 躁状態の性質…………明朗, ユーモアあり, 活発, 激しやすい。 鬱状態の性質…………寡黙, 平静, 陰うつ, 気が弱い。
闘士型 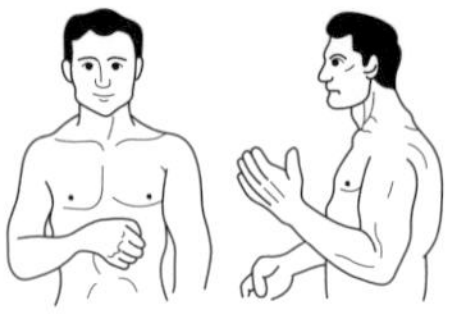	**てんかん気質** 共通の基本的特徴……かたい人間, 物事に熱中する, きちょうめん, 秩序を好む。 粘着性の性質…………精神的テンポが遅い, まわりくどい, 人に対していんぎん。 爆発性の性質…………興奮すると夢中になる, 怒りやすい。

図13-2　クレッチマーの類型論

出所：金城ほか（2016, 39ページ）をもとに作成。

②　特性論（trait theory）

　個人が有すると仮定するパーソナリティを細かい要素（パーソナリティ特性）に分け, それぞれの特性を量的に記述することでパーナソリティを把握する方法である。つまり, 特性論は, パーソナリティの表現に必要な特性を見つけ出し, そのそれぞれの特性の程度の組み合わせでその人らしさを表すことを目的としている。

　特性論を最初に主張したオルポート（G. W. Allport）は, 辞書のなかから人間のパーソナリティを表現していると考えられる約1万8000語を抽出し, これを整理分類して, 4504語を個人のパーソナリティを構成する重要な表現であると考えた。オルポートはさらに, 個人のパーソナリティの構造の特徴をプロフィールの形で表現するために「心誌」と呼ばれる分析用紙を作成した。キャッテル（R. B. Cattell）は, すべての人に共通して有しているパーソナリティ特性を見出すために, オルポートらが収集整理した用語をもとに171種類の特性要素を選び出した。さらに, これらの特性要素について, 因子分析という統計的方法を用いて検討を行い, 最終的に16個の根源特性を見出している。アイゼンク（H. J. Eysenck）は, キャッテル同様, 因子分析の手法を用いて,「外向性―内向性」と「神経症傾向」の2つの基本的な因子にまとめられることを見出した。その後, 3つめの因子として「精神病傾向」を加えている。ま

た，アイゼンクはパーソナリティを階層構造で捉えることを提唱し，「類型水準」「特性水準」「習慣反応水準」「特定反応水準」の4層構造によって個人のパーソナリティを捉えようとした（図13-3）。

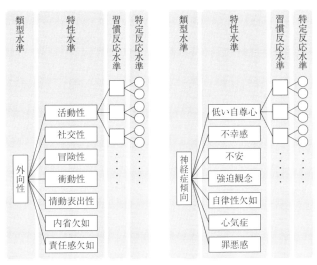

図13-3　アイゼンクの特性論
出所：松井・櫻井（2015, 27ページ）をもとに作成。

　特性論では，基本的なパーソナリティ特性としてどのようなものに集約できるかに関心が集まり，パーソナリティ特性を整理する試みが行われてきたが，現在のところ多くの研究者に同意が得られているのは，ビッグファイブ（Big Five）や5因子モデル（five factor model）と呼ばれるように，人間の基本的なパーソナリティ特性は5つの特性に集約できるという考え方である。5つのパーソナリティ特性は，神経症傾向（neuroticism），外向性（extraversion），開放性（openness），協調性（agreeableness），誠実性（conscientiousness）というものである（表13-1）。これらの頭文字を並び替え，OCEANモデルと呼ばれることもある。
　特性論には，個人の特性をある程度客観的に，かつ数量的に測定できる利点がある。一方で，一人の人間の全体像を直観的に理解するのが難しいなどの課題もある。
　パーソナリティの理解のために類型論，特性論の考え方に基づく多くの理論が提唱され研究が行われてきた。とくに特性論では，パーソナリティ特性には比較的一貫性があるという前提を暗黙のうちに共有していたが，近年では「人間―状況論争」を経て，個人の行動パターンは，その個人のもつパーソナリティ特性と，その場の状況とそれらの相互作用によって決まるという捉え方（相互作用論）が見出されている。

第Ⅲ部　学習指導の理論と方法

表13-1　ビッグファイブ・5因子モデルの内容

英語名	日本語名	関連する キーワード	おもな意味内容
N Neuroticism	神経症傾向 情緒不安定性	不安・神経質 敬意・怒り 抑うつ・落ち込み 自意識過剰 衝動性 傷つきやすさ	・感情の不安定さや落ち着きのなさ ・非現実的な思考を行いがち ・自分の欲求や感情をコントロールできない ・ストレスへの対処が苦手
E Extraversion	外向性	温かさ・他者との絆 つきあいを好む 自己主張性 活動性 刺激を求める 肯定的な感情経験	・積極的に外の世界へアプローチ ・人に興味があり，集まりが好き ・ポジティブな思考をする ・上昇志向が強い ・興奮することや刺激を求める
O Openness (Openness to Experience)	開放性 経験への開放性	空想・想像力 審美性・美を好む 豊かな感情経験 変化や新奇を好む 興味の幅の広さ 柔軟な価値観	・さまざまなことに好奇心をもつ ・新しい理論や社会・政治に好意的 ・既存の権威に疑問をもつ ・複雑であることを許容する
A Agreeableness	協調性 調和性	他者への信頼 実直さ 利他性 他者に従う 慎み深い やさしい	・社会や共同体への志向性をもつ ・他者への敵対心や競争心をもたない ・グループ活動を好む ・周囲の人からも好かれる傾向
C Conscientiousness	誠実性 勤勉性	有能感 秩序を好む 誠実さ 達成追求 自己鍛錬 慎重さ	・欲求や衝動をコントロールする ・目標や課題を達成する ・計画を立てて事に当たる ・行動する前に十分考える

出所：小塩（2010, 64ページ）。

3　パーソナリティの測定

1　パーソナリティを理解する方法としての性格検査

　パーソナリティを知る方法には，自然場面や実験的場面における個人の行動を観察して，その特徴を理解する「観察法」や，相談などの面接を通してその人らしさを知ろうとする「面接法」などがあるが，より客観的，体系的に理解しようとする場合には「性格検査法」が用いられることが多い。性格検査法は

パーソナリティの個人差を科学的に測定する心理学的方法とされる。これまで多くの性格検査が開発されているが、臨床現場、教育現場で使用されている性格検査は、標準化という手続きを経て作成される。標準化の手続きを経ていることによって心理検査の結果が信頼でき、実際に有用となるのである。標準化には、(1)信頼性、妥当性を有していること、(2)検査の実施方法や条件が明記されていること、(3)検査の採点や結果の処理方法が明記され客観性が高いこと、(4)施行や採点のしやすさ、時間、費用など実用性が高いこと、などの条件が必要とされる。

性格検査は、質問紙法、投影法、作業検査法に大別される。以下に、各方法の概要を述べ、それぞれにおける代表的な検査を紹介する。

2 質問紙法

質問紙法は、一般的には「アンケート調査」と呼ばれるもので、さまざまな領域でよく用いられるパーソナリティの測定方法である。パーソナリティに関する複数の質問項目に対して、いくつかの評定段階（2件法、3件法、5件法など）から該当するものを選択させる方法で回答させる。質問紙法による性格検査の多くは、本人が自分のことを記入する自己報告式の形式をとっている。質問紙法による性格検査は、特性論に基づくものが多く、検査対象者の回答を統計的な集団基準と比較して、数量的に個人のパーソナリティを捉えようとする。

質問紙法の長所としては、実施やデータの数量化が容易であること、集団に対して一度に実施できること、などがあげられる。一方、短所としては、虚偽反応や社会的望ましさに影響されて回答が歪められてしまう可能性があること、質問内容を読んで正しく理解できる人々にしか実施できないこと（対象年齢の限界）、パーソナリティの表層的な部分（意識レベルの心理）しか測定できないことなどがあげられる。

表13-2に代表的な質問紙法による性格検査を示す。そのなかで最も代表的な検査として、矢田部ギルフォード性格検査があげられる。YG性格検査の通称で広く知られており、アメリカのギルフォード（J. P. Guilford）の研究をもとに矢田部達郎らによって日本人用に作成された。適用年齢は小学生から成人まで幅広く使用される。この検査は12のパーソナリティ特性のそれぞれに対して10項目ずつ計120の質問項目が用意されており、各質問に対して「はい」「いいえ」「どちらでもない」の3件法で回答を求める。結果は図13-4のようなプロフィールで示され、個人のパーソナリティの全体像を視覚的に把握することができる。

▷3　信頼性
テストの結果における測定誤差の少なさのことで、どの程度安定性があるかの指標。信頼性の検討方法には、(1)再テスト法、(2)平行テスト法、(3)折半法、(4)α係数がある。

▷4　妥当性
テストで測定したい内容がどの程度適切に測定されているかの指標。妥当性には内容的妥当性、基準関連妥当性、構成概念妥当性などの種類がある。

▷5　投影法
英訳は「projective method」となる。比較的発行年の古い著作では「投影法」と表記され、近年では「投映法」と表記されることがある。

第Ⅲ部　学習指導の理論と方法

表13-2　代表的な質問紙法による性格検査

名　称	検査の特徴
矢田部ギルフォード性格検査 （YG性格検査）	ギルフォードの理論をもとに矢田部達郎らが日本人用に標準化。120の質問項目で12のパーソナリティ特性を測定する検査。
ミネソタ多面人格目録 （MMPI：Minnesota Multiphasic Personality Inventory）	ハザウェイ（S. R. Hathaway）とマッキンレイ（J. C. McKinley）が開発。パーソナリティを測定する10の臨床尺度と検査対象者の態度を測る4つの妥当性尺度で構成され，550の質問項目で測定する検査。
モーズレイ性格検査 （MPI：Maudsley Personality Inventory）	アイゼンクが開発。80の質問項目で，「神経症傾向」と「外向性—内向性」の2つの性格特性を測定する検査。
16PF （The Sixteen Personality Factor Questionnaire）	キャッテルが開発。因子分析的研究で抽出された16の人格因子を187の質問項目で測定する検査。
新版東大式エゴグラム ver 2 （TEG Ⅱ：Tokyo University Egogram New Ver. Ⅱ）	バーン（E. Berne）の提唱した交流分析理論に基づいて，デュセイ（J. M. Dusay）らが開発。5つの自我状態（CP, NP, A, FC, AC）を測定する検査。日本では53の質問項目からなる TEG Ⅱが広く使用されている。
NEO-PI-R （Revised NEO Personality Inventory）	コスタ（P. T. Costa）とマックレー（R. R. McCrae）が開発。ビッグファイブ理論に基づいて，240の質問項目で5つの性格特性を測定する検査。NEO-PI-R の短縮版として，60の質問項目による NEO-FFI がある。

出所：上里（2001），金城ほか（2016），松原（1995）をもとに作成。

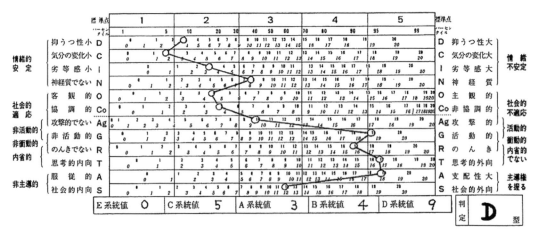

図13-4　YG性格検査のプロフィールの例

出所：金城ほか（2016, 43ページ）。

3　投影法

　投影法とは，多義的で曖昧な図形や文字を刺激として提示し，その刺激に対して自由な回答を求めることで，個人の欲求やパーソナリティなどの内的状態を把握しようと試みる方法である。

投影法の長所としては，検査対象者に検査の意図がわかりにくく，回答を歪める可能性が生じにくいこと，検査対象者の深層部（無意識レベルの心理）まで測定できることがあげられる。一方，短所としては，検査にもよるが，集団で実施するのが難しく，また検査にも時間がかかること，実施や解釈に相当の熟練を要すること，解釈者の主観が入り込みやすく，信頼性や妥当性に問題があることなどがあげられる。

表13-3に代表的な投影法による性格検査を示す。投影法検査には，視覚的に提示された刺激に対して反応することを課題とするもの（ロールシャッハ・テスト，P-Fスタディ），物語を作ることを課題とするもの（TAT），刺激語や刺激文への連想を課題とするもの（SCT），指定された描画を課題とするもの（バウムテスト，HTPテスト，風景構成法）など，さまざまな種類のものがある。

表13-3 代表的な投影法による性格検査

名　称	検査の特徴
ロールシャッハ・テスト	ロールシャッハが開発。10枚のインクのしみで描かれた図版を見せて，それが何に見えるか，どうしてそのように見えたのかなどを回答させる検査。
主題（絵画）統覚検査（TAT：Thematic Apperception Test）	マレー（H. A. Murray）とモーガン（C. D. Morgan）が開発。絵を手がかりに空想的な物語を創作してもらう検査。子ども用のCAT，高齢者用のSATがある。
絵画欲求不満テスト（P-Fスタディ：Picture Frustration Study）	ローゼンツァイク（S. Rosenzweig）が開発。24枚の欲求不満場面が描かれた絵のなかで，一方の人物が発した言葉に対して，他方の人が何と答えるかを吹き出しに記入させる検査。
文章完成法検査（SCT：Sentence Completion Test）	不完全な文章が提示され，その後に思いつく文章を自由に記述して全体の文章を完成させる検査。
バウムテスト	コッホ（K. Koch）が開発。描画法検査。実のなる木を一本描いてもらう検査。
HTPテスト（House-Tree-Person Test）	バック（J. N. Buck）が開発。描画法検査。家，木，人の絵を描いてもらう検査。
風景構成法	中井久夫が開発。描画法検査。10のアイテム（川，山，田など）を一つずつ順番に描き，全体として一つの風景となるような絵を描いてもらう検査。

出所：上里（2001），金城ほか（2016），松原（1995）をもとに作成。

投影法検査のなかで最も代表的な検査としてロールシャッハ・テストがあげられる。ロールシャッハ・テストは，スイスの精神科医ロールシャッハ（H. Rorschach）によって開発された検査で，検査対象者に図13-5のような明白な意味をもたないインクのしみのような左右対称の図が描かれた10枚の図版を順に見せていき，それぞれが何に見えるのか自由に回答してもらう検査である。実施方法は，まず「何に見えるか」を問い（自由反応段階），次に「それが図版

のどこに見えたか，どうしてそのように見えたか」について尋ねる（質問段階）。その結果をスコアリングし，解釈を行うことで，パーソナリティを捉える。スコアリング法にはいくつかの方法があるが，代表的なものに片口法，エクスナー法（包括的システム）がある。

図13-5　ロールシャッハ・テスト模倣図版
出所：金城ほか（2016，47ページ）。

4　作業検査法

　作業検査法とは，一定時間決められた作業を繰り返し行い，その作業量の変化に注目することでパーソナリティを把握しようとする方法である。

　作業検査法の長所は，投影法と同じく，検査の意図がわかりにくいことがある。また，作業の仕方を理解できれば，言語面での意思疎通が困難な人々に対しても実施可能であること，集団で実施することも可能なことがあげられる。短所は，ある限られたパーソナリティ傾向（集中力や注意力など）しか測定できないこと，解釈には熟練を要すること，解釈者の主観が入り込みやすいことなどがあげられる。

　作業検査法の代表的な検査として，内田クレペリン精神検査があげられる。内田クレペリン精神検査は，ドイツの精神科医クレペリン（E. Kraepelin）の研究をもとに日本の心理学者内田勇三郎が開発した。検査用紙には，図13-6のようにランダムに1桁の数字が印刷されており，検査対象者は，制限時間内で隣り合った2つの数字を加算し，下1桁の数字を記入していく作業を行う。その作業量に基づいて作業曲線を描き，パーソナリティの解釈を行う。

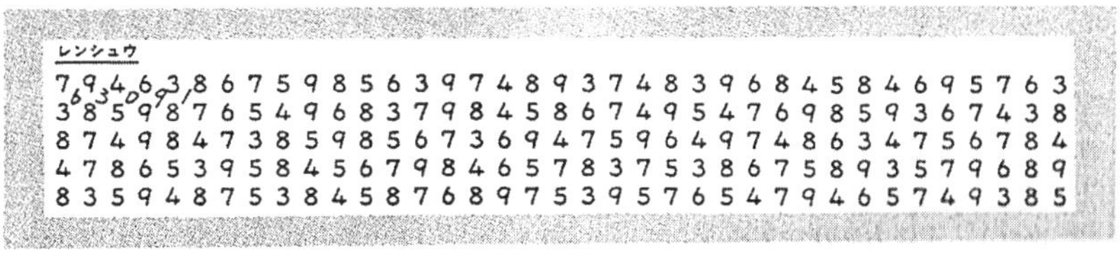

図13-6　内田クレペリン精神検査の例

出所：金城ほか（2016, 45ページ）。

5　性格検査を実施する際の留意点

　先述したように，いずれの方法にも長所と短所があり，パーソナリティを測定する際には，それぞれの検査方法，あるいは各検査の特徴と限界を認識し，目的に合わせて用いることが必要である。

　また，1つの性格検査のみで対象者のパーソナリティを含む心理状態などのすべてを測定して理解することはできない。対象者のパーソナリティや心理状態をできるだけ正確かつ多面的に理解するために，複数の検査を組み合わせて実施することを「テストバッテリー（test battery）」と呼んでいる。

　性格検査に限らず心理検査は，自分自身を理解するために使用される場合もあるが，他者を理解するために実施される場合もある。とくに後者の場合には，検査対象者の個人情報の保護と守秘義務に留意すること，インフォームドコンセント[6]および「拒否する権利」を尊重することなど，対象者に対して倫理面の配慮を行うことが必要とされる。

▷6　インフォームドコンセント
検査対象者への検査目的の適切な説明と，実施の同意を得ること。

Exercise

① 血液型性格診断について調べ，心理学ではどのような方法によって検討され，どのような結論が得られているか，まとめてみよう。

② 質問紙法による性格検査を用いて自分のパーソナリティについて検討してみよう。

③ 学校の現場で，性格検査がどのように活用されているか調べてみよう。

次への一冊

小塩真司『はじめて学ぶパーソナリティ心理学——個性をめぐる冒険』ミネルヴァ書房，2010年。

　人々の間にある個人差をどのように捉えるか，パーソナリティの基本的な考え方など，初学者向けに解説している。また，血液型性格判断に対する解説も充実してい

る。

二宮克美・浮谷秀一・堀毛一也・安藤寿康・藤田圭一・小塩真司・渡邊芳之編『パーソ
　ナリティ心理学ハンドブック』福村出版，2013年。
　　パーソナリティ心理学についての歴史や諸理論など総論から障害や問題行動，測定
　　法や統計的分析などの各論まで多岐にわたる項目を網羅しており，パーソナリティ
　　心理学の最先端を知ることができる。
上里一郎監修『心理アセスメントハンドブック　第2版』西村書店，2001年。
　　心理アセスメントの代表的な技法を取り上げ，アセスメントの特徴，これまでの研
　　究の動向，具体的なケースでの例示，効用と限界などについて説明している。パー
　　ソナリティ検査についても多数解説されている。

引用・参考文献

上里一郎監修『心理アセスメントハンドブック　第2版』西村書店，2001年。

Allport, G. W., *Personality: A psychological interpretation*, Holt, 1937.

オルポート，G. W., 詫摩武俊・青木孝悦・近藤由紀子・堀正訳『パーソナリティ――心
　理学的解釈』新曜社，1982年。

Cattell, R. B., *The scientific analysis of personality*, Penguin Books, 1965（キャッテル，
　R. B., 斉藤耕二・安塚俊行・米田弘枝訳『パーソナリティの心理学改訂版――パーソ
　ナリティの理論と科学的研究』金子書房，1981年).

Eysenck, H, J., *The scientific study of personality*, Routledge & Kegan Paul, 1952.

金城辰夫・山上精次監修，藤岡新治・下斗米淳編『図説現代心理学入門　4訂版』培風
　館，2016年。

前田重治『新図説　精神分析的面接入門』誠心書房，2014年。

松原達哉編『心理テスト法入門――基礎知識と技法習得のために』日本文科学社，1995
　年。

松井豊・櫻井茂男編『自己心理学・パーソナリティ心理学』サイエンス社，2015年。

二宮克美・浮谷秀一・堀毛一也・安藤寿康・藤田圭一・小塩真司・渡邊芳之編『パーソ
　ナリティ心理学ハンドブック』福村出版，2013年。

小塩真司『はじめて学ぶパーソナリティ心理学――個性をめぐる冒険』ミネルヴァ書
　房，2010年。

第IV部

支援のための教育心理学

第14章
問題行動と心理的支援

〈この章のポイント〉
　教師として教育現場に飛び込むと，不登校やいじめ，非行，児童虐待など，数多くの難しい事例に出会うであろう。大人の視点では“困った子ども”に見えても，その子どもの視点に立てば，彼らは“困っている子ども”であり，誰かの手助けを待っている。本章では，児童生徒の問題行動の現状を紹介するとともに，その対応について，心理学的アプローチに基づいて解説する。

1　問題行動とは何か

1　適応・不適応

　すべての児童生徒が健康的で楽しく学んでいるかというと，残念ながらそうとは限らない。時にイライラしたり，人知れず悩みを抱えていたり，周囲とまくなじめず孤立している場合もある。自分が周囲に合わせたり，時には自分の思いに合うように周囲に働きかけることにより，自分と周囲との間に折り合いをつけていくことが必要となる。このように，自分と環境との間でバランスの取れた状態を保つことを適応[1]と呼ぶ。

　これに対して，うまく適応できていない状態を不適応と呼ぶ。イライラや気分の落ち込みなど，気持ちが落ち着かないこともあれば，友だちや家族，教師，恋人との関係に悩むこともある。こうした強いストレスを感じた時に，それとどのように向き合っていくかが重要になる。精神分析[2]において，欲求不満[3]や葛藤[4]，不安を抱えた時に，それにどのように対処して適応を維持するかを，防衛機制[5]と呼ぶ。防衛機制には表14-1に示すさまざまな種類があるが，例えば反動形成のように，好意を寄せる人に対して，照れ隠しのつもりでちょっかいを出し続けていると，好かれるどころかやがて嫌われてしまう。複数の防衛機制のなかから年齢に見合ったものを選択したり，特定のものだけに過度に頼ることなく複数を使いこなすことが，不適応の解消に重要であるとされている。

　同様に，ラザルス（R. S. Lazarus）らは心理学的ストレスモデルを提唱し，出来事とストレスの関連を定式化している（Lazarus & Folkman, 1984）。これは，

▷1　自分の外の環境とうまくかかわることができているかをさす外的適応と，自分のなかの欲求が満たされ，心が安定していることをさす内的適応がある。

▷2　精神分析
フロイト（S. Freud）が創始した，不適応とその解消に向けた治療メカニズムに関する理論体系（詳細は本書の第13章を参照）。

▷3　欲求不満
フラストレーションとも呼ばれ，何らかの障害によって欲求が満たされない状態をさす。

▷4　葛藤
例えば，「ダイエットをしたいけれどお菓子も食べたい」時のように，複数の欲求が同時に存在し，その欲求に応じた行動を選択できない状態をさす。

▷5　不快な感情を低減させて思考や行為をより効率的にするといった建設的・適応的な側面を強調して，適応機制と呼ばれることもある。

第Ⅳ部　支援のための教育心理学

ストレス源（ストレッサー）に接した時に，それが自分に対して害を与える存在かどうか（一次的評価），またそれに対処することができるかどうかの判断（二次的評価）によって，ストレスの度合いが変化するという考え方である。例えば定期試験というストレッサーにさらされた中学生が，「自分は推薦で入る高校が決まっている」となれば，試験をストレスに感じることは少ない。一方，定期試験の結果で受験できる高校が決まるとなると，かなりのストレスとなる。しかしながら，試験が自分にとって重大な出来事だったとしても，「勉強すれば何とかなる」と思えれば，必ずしも強いストレスとはならない。このように，私たちがある出来事とをストレスと感じるかどうかは，状況や対処可能性をどのように捉えるかによって変化しうる。

表14-1　主な防衛機制

抑　圧	苦痛な感情や欲求，記憶を意識から締め出す。 　例：臭いものにはふたをする。
退　行	早期の発達段階へ戻る。 　例：指しゃぶり・夜尿
転　移	特定の人へ向かう感情を，よく似た人へ向ける。 　例：父親のことを嫌いな中学生が，父親と同世代の男性教師のことを無視する。
昇　華	反社会的な欲求や感情を，社会的に受け入れられる方向へ置き換える。 　例：部活動の試合で負けて引退後，そのエネルギーを学業に注ぐ。
転　換	不満や葛藤を身体症状へ置き換える。 　例：ヒステリー（器質的異常がないのに腕や脚などが動かない，意識を失う，など）
反動形成	本心と裏腹なことを言ったり，したりする。 　例：好きな人にちょっかいを出す。
投　影	相手に向かう感情や欲求を，他人が自分へ向けていると思う。 　例：本当は自分が相手を嫌いなのに，「あの人は私のことを嫌いなんだ」と思う。
解　離	人格の統合が分離する。 　例：多重人格

出所：前田（1985）をもとに作成。

② 問題行動の背景にあるもの

子どもの問題行動の背景には，さまざまな要因が想定される。本人の要因としては，統合失調症や躁うつ病，不安障害などの精神疾患，パーソナリティ，自閉症スペクトラム障害やAD／HD（注意欠如・多動症），限局性学習症などの発達障害（本書の第15章を参照）に加え，第二次性徴やアイデンティティ形成など児童期・青年期に特有の発達課題などがあげられる。学校の要因としては，学校や担任の指導方針，担任や他の児童生徒との関係性，学級や学校の雰囲気，進級や進学などの移行などがあげられる。家庭環境としては，保護者およ

▷6　とくに小学校入学（小1プロブレム）や小学校中学年以降に起こる学習内容の高度化（9歳の壁），中学校入学（中1ギャップ）などにおいて，進級や進学の問題が取りざたされることが多い。

びきょうだいなどの家族成員との関係，転居の有無や保護者の養育スタイルがある。社会的要因としては，経済動向や今日の社会が共有する価値観，社会制度や社会設計がある。例えば，「学校に登校することが絶対である」という価値観も，フリースクールの出現や適応指導教室の利用，また不登校や引きこもりといった言葉の広がりにより，過去のものとなりつつある。日曜日に休みが取れない保護者をもつ子どもが，平日に家族旅行へ出かけるために学校を欠席するということに対する抵抗感も低くなっているように思われる。これ以外にも，子どもが生活する場面は多岐にわたる。塾や習い事といった学校外の対人関係から，最近では SNS（ソーシャル・ネットワーキング・サービス）上における（場合によっては匿名の）第三者との交流も行われている。

　問題行動は，これらの要因のうち，ただ1つによって引き起こされるのではなく，むしろ複数の状況が組み合わさって起こると捉えるのが妥当である。例えば，何事にも過保護・過干渉で接してきた保護者に育てられた子どもが自主性に任せる方針の担任のクラスに入ったら，指示を受けることができずに困惑してしまうかもしれない。読みに困難のある限局性学習症の児童が，毎日音読を宿題として課す担任の下で学んでいたとすると，その児童は非常に居心地の悪い学校生活を送らねばならない。父母同士の折り合いが悪く家庭の雰囲気が悪化している時に，学級内の友人関係にトラブルが生じれば，子どもの居場所は家庭にも学校にもなくなってしまう。一方で，片親世帯であっても祖父母や親戚，地域社会の援助を受けることができていたり，発達障害を有する児童生徒であっても教室環境を整えることによって，その適応状態は大いに向上する。このように，児童生徒の問題行動の源泉は1つに特定されるものではなく，より多くの要因が複雑に関連して生じていることが多い。次節に示す子どもの問題行動を理解する際には，こうした前提を忘れてはならない。

2　さまざまな問題行動

1　不登校の問題とその理解

　さまざまな理由により学校に行かない状態は，不登校と呼ばれている。当初（昭和30年代頃），不登校は「学校恐怖症」と呼ばれ，その原因は児童生徒個人や家庭の問題として扱われることが多かった。その後，学校現場の荒れに端を発し，教育現場の問題として「登校拒否」と呼ばれるようになる。近年では，いじめや発達障害，虐待等により学校に「行きたくても行けない」ケースも増えており，「拒否」という名称が不適切になっている現状を踏まえ，よりニュートラルな表現として「学校に行っていない状態」を示すために，「不登校」と

第Ⅳ部　支援のための教育心理学

いう名称が使われている。

文部科学省が例年発表している「児童生徒の問題行動等生徒指導上の諸問題に関する調査」では，「何らかの心理的，情緒的，身体的，あるいは社会的要因・背景により，児童生徒が登校しないあるいはしたくともできない状況にあること（ただし，病気や経済的な理由によるものを除く）」を不登校と定義し，年度内に30日以上欠席した児童生徒の人数を統計資料としてまとめている。それによると，2014（平成26）年度の不登校児童生徒について，小学生では2万5866名（全体の0.39％），中学生では9万7036名（同2.76％），高校では5万3154名（同1.59％）となっている。また学年別では，小学校第1学年から中学校第3学年にかけて一貫して上昇し，とくに中学校第1学年において大幅な増加が認められており，いわゆる「中1ギャップ」の問題が指摘されている。また，不登校児に対して，指導の結果，登校できるようになった児童生徒は3割程度に過ぎず，一度不登校になった児童生徒の約4割が，次の年度も不登校状態が継続しており，一度不登校に陥った児童生徒の学校復帰の難しさも大きな課題となっている。

ただし，すべての不登校児童生徒にとって，再び登校できるようになることを目標とすることは必ずしも適切とは言えない。卒業後の進路や生活を見据え，本人にとって最も適切な時間の過ごし方を，本人や保護者とともに考えていくことが必要となる。その際には，保護者に対する支援も重要となる。ともすると，学校へ通わないことに対して，保護者は他の家族や学校関係者から批判を受け，保護者自身が自責の念を抱くことも少なくない。保護者の情緒的混乱は，不登校の児童生徒にとっても好ましいこととは言えない。保護者に対して適切な支援を行うことも，不登校の援助において重要となる。

［2］　いじめ・非行の問題とその理解

①　いじめ

いじめ被害による児童生徒の自殺や仲間同士のトラブルに端を発した集団暴行など，児童生徒による数多くの事件が日々新聞やテレビのニュースを騒がせている。2004～2016年度までの12年間の調査結果の平均値で，中学生で30％以上，小学生で40％以上の児童生徒に「仲間はずれ・無視・陰口」の被害経験があるという（国立教育政策研究所，2016）。2013年度からはいじめ防止対策推進法が成立・施行され，このなかでいじめは「一定の人的関係にある他の児童等が行う心理的又は物理的な影響を与える行為（インターネットを通じて行われるものを含む）」であり，「当該行為の対象となった児童等が心身の苦痛を感じているもの」と定義された。同時にこの法律では，児童生徒に対していじめを禁止し，国や地方自治体に対していじめ防止の施策の策定と実施を，学校の設置者

▷7　中1ギャップ
小学校から中学校への移行において困難を抱えること。教科担任制への移行，授業内容の高度化，複数の小学校区からの児童の合流による仲間関係の変化，登校する学校が変わることによる物理的環境の変化等への適応の問題があげられる。

▷8　2014年度では，不登校児童生徒のうち，小学生では36.5％，中学生では49.6％，高校生では41.5％が前年度から継続して不登校状態にある（文部科学省，2015）。

に対していじめ予防等の措置を講じることを，また保護者に対して自身の子どもがいじめを行わないように指導することを責務として定めている。学校および教職員にはいじめの防止，早期発見のための措置，関係機関との連携等が責務として定められた。

　森田（1994）は，いじめを「被害者」「加害者」「観衆」「傍観者」の4者から構成される構造としてまとめている（図14-1）。このなかで，いじめを助長あるいは抑止する重要な要素として「観衆」（自分で直接手をくだしてはいないが，周りでおもしろがり，時にははやしたてることによって，燃え上がるいじめの炎に油を注ぎこむ存在）と「傍観者」（いじめを見ながらも知らぬふりを装っている子どもたち）の存在を指摘している。とくに学級では，この4者の役割が常に交代し，いじめの加害者が被害者に回ったり，観衆がいつの間にか加害者になっていることも少なくない。2013年から3年間，同じ中学生に継続して行われた調査では，3年間で「仲間はずれ・無視・陰口」の被害・加害経験が「まったくなかった」と答えた生徒は約3割程度にとどまったという調査結果も示されている（国立教育政策研究所，2016）。被害者と加害者に対する指導と支援に加え，いじめが起きた時に傍観者が仲裁者の役割を果たせるよう，すべての子どもに対する日頃のサポート（後述する一次的援助サービス）の提供が必要となる。

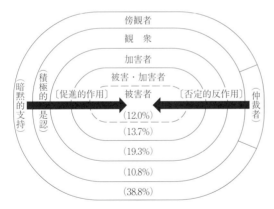

図14-1　いじめ集団の構造
注：図中の（　）内は構成比。
出所：森田（1994）をもとに作成。

② 非行・暴力行為

　先に示した「児童生徒の問題行動等生徒指導上の諸問題に関する調査」において，暴力行為は2009（平成21）年度の約6万件をピークに，それ以降は約5万5000件程度で推移している。ただし，2013（平成25）年度の結果では，学校内外における暴力行為の件数において，小学校の暴力行為の件数が高校の件数を上回り，近年における暴力行為の低年齢化が指摘されている。暴力行為により警察に通報されると，14歳以上の少年は犯罪少年として，警察の捜査や家庭

▷9 「少年」は男女の別を問わない。

第IV部　支援のための教育心理学

裁判所の審判を経て処遇（少年院送致，保護観察処分等）が決定される。一方，14歳未満の少年は触法少年として児童相談所で調査・判定が行われ，一時保護や児童福祉施設への入所等が決定される。また，犯罪や触法まではいかないが，具体的な問題行動によって今後犯罪少年や触法少年になる可能性の高い少年は，ぐ犯少年と呼ばれる。

　いじめや暴力行為は，心理学では攻撃性の観点から，欲動，欲求不満や防衛機制を中心とする精神分析理論や，古典的（レスポンデント）条件づけ，道具的（オペラント）条件づけ，社会的学習などの学習理論（本書の第7章を参照）などをもとに理論的に説明され，研究や介入が行われている。例えば，攻撃を行う動機に基づいて分類すると，「カッとなって」あるいは「イライラしていて」衝動的に攻撃する者と，「誰かからの注目や，自分の欲しいものを得るために」，あるいは「辛いことに直面したり，嫌な事柄から逃れるために」攻撃を行う者とでは，その心理的特徴や適応状態，介入方法が異なることが明らかとなっている（濱口・藤原，2016；濱口ほか，2009）。すぐに暴力に訴える児童生徒に対して，十把一絡げに同じ指導を行うのは適切ではない。また心理的要因以外にも，家庭や家族の状況，学校での居場所のなさ，学習における課題など，非行の背景としてさまざまな要因が関連する。個々の発達段階や発達課題に応じた介入を，できれば複数の関係者で行うことが重要であろう。

3　児童虐待の問題とその理解

　今日テレビのニュースなどで報道される虐待も，児童生徒の適応を脅かす重大な問題の一つである。厚生労働省は，身体的虐待，性的虐待，ネグレクト，心理的虐待の4つを児童虐待として定義している。2014（平成26）年度における児童虐待の件数は8万8931件と，児童虐待防止法が施行される前にあたる1999（平成11）年度の7倍以上に増加しており，年間50人以上が虐待により亡くなっている（厚生労働省，2015）。種類別で見ると，心理的虐待が全体の43.6％と半数弱を占めており，29.4％を占める身体的虐待を上回っている。虐待の背景としては，家庭の経済状況（貧困），家族構成（片親世帯や両親不在），保護者の精神疾患（うつ病や統合失調症，代理ミュンヒハウゼン症候群など），親準備性の不足（養育スキルの乏しさや若年者の出産，親自身の被虐待経験など），子どもの問題（精神疾患や発達障害）などがあげられる。

　児童生徒の心身の発達において，被虐待経験は重大な影響を及ぼす。被虐待経験そのものが心的外傷後ストレス障害（PTSD）を引き起こすだけでなく，「親から愛されなかった」という経験はその後の自尊感情の低下や無価値感とつながり，精神疾患，自殺や自傷行為（あるいはその企図），アルコールや薬物乱用，性的逸脱などの問題行動の多さのリスクが高まることが指摘されてい

▷10　代理ミュンヒハウゼン症候群
虚偽性障害（病気やけがであると嘘をつく精神疾患）の一つであり，子どもをわざとけがや病気にさせ，世話をする保護者として周囲から注目や同情を得ようとするもの。虐待死の一因として，厚生労働省の集計に用いられている。

▷11　心的外傷後ストレス障害（PTSD）
生死にかかわる出来事（災害や事故，事件等）を直接経験したり見聞きした後に，その出来事を思い出したくないのに思い出したり（夢を見たり突然フラッシュバックする），その出来事を避けようとしたり（出来事のあった場所や人を避ける，思い出せなくなる），覚醒水準の変化（いら立ちや睡眠障害，攻撃性の高まり）などが起こる精神疾患。

る。またとくに発達初期の虐待はアタッチメント（愛着）形成（本書の第4章を参照）に多大な影響を与え，その後の対人関係を形成し，これを維持する際の課題となることもある。このように，虐待は子どものパーソナリティ発達や行動傾向に大きな影響を与える可能性がある。

　ただし，ここであげた背景要因は，すべてが保護者自身や家族，子どもに原因があるのではなく，こうした家庭を支える地域や社会システムの課題でもある。地域のつながりが希薄になるなかで，養育者の孤立化，児童委員や民生委員の制度の限界，虐待件数の増加にともなう児童相談所の対応能力の限界などを無視して個人や家庭に責任を押しつけることは厳に慎むべきである。そして，すべての被虐待児がこうした困難を抱えるわけではない。被虐待経験があったとしても，良好な関係をもつ大人が他に存在すること，思いやりのあるパートナーと出会うこと，心理療法を受けることなどにより，その後のよりよい発達や成長がもたらされることも知られている。

3　問題行動の理解と対応──心理的アプローチ

1　子どもの困った行動を理解する視点と援助方法

　心理学においては，問題行動を理解するためにさまざまな理論が提唱され，その理論に基づく実践が数多く行われてきた。[12]ここでは主要な3つの理論を紹介するとともに，こうした理論にとらわれない気づきや視点の重要性について説明する。

① 精神分析

　フロイト（S. Freud）に端を発する精神分析（psychoanalysis）では，心のなかの普段は意識されない事柄（無意識）に着目し，無意識と意識の間の葛藤や，それによってもたらされる不安への対処方法，さらには乳幼児期の親子関係がもたらす対人関係の発達について議論されてきた。このうち，不安の解消を目的とした防衛機制については，第1節ですでに紹介した。またフロイトの発達論では，母子の2者関係から父，母，子の3者関係への変容における葛藤（エディプス・コンプレックス），学齢期における乳幼児期の性的欲求の潜伏を経た心理・性的発達段階が提唱されている。そしてフロイト後の精神分析理論では，乳幼児期の対人関係（とくに母子関係）に着目し，発達早期の母子関係のパターンがその後の対人関係に影響を与えることが示唆されている（アタッチメントについては本書の第4章を参照）。

　精神分析では，無意識にある事柄を表現させるため，さまざまな技法を用いる。伝統的な精神分析では，1週間に4日程度，自由連想法により現れた無意[13]

▷12　遊戯療法や箱庭療法など，専門家が行う心理療法も存在するが，本章ではその紹介を割愛する。

▷13　自由連想法
治療において，相談者が心に思い浮かんだことを逐一治療者に報告していく方法。

第Ⅳ部　支援のための教育心理学

識の存在や葛藤状況を解釈し，これを理解していく方法を用いる。しかしながら，今日では週１回，１時間程度の面接を行うのが一般的となっている。その他，面接のなかで相談者の無意識と関連するような内容が話された時に，それを治療者の気づきとして，解釈として伝えることがある。このようにして治療が進むと，治療に対する抵抗（例えば，相談者が特段の事情がないのに面接をキャンセルしたり面接の途中で話題を変えてしまうこと）や，重要な他者との関係を治療者との間で再現する転移（例えば，父親と不仲の女子学生が男性教師に対して反抗的な態度をとる）など，治療を進めるうえで課題となるさまざまな出来事が起こる。面接では，こうした抵抗や転移を解釈しながら，問題行動の背景にある無意識を理解し，不適応の解消に導く。

②　行動療法

　学習理論に基づく行動療法（behavioral therapy）では，不適応や問題行動を学習の観点から明らかにしようと試みる。すなわち，子どもたちの困った行動を，適切な行動を学習していない（未学習），あるいは誤って不適切な行動を学習している（誤学習）と理解し，適切な行動を学習させることを目的とした働きかけが行われる。行動療法では，見えない心の働きというより，むしろ現在表現されている行動に着目し，この行動を変容させることを重視する。本書の第７章で紹介した強化や消去などの学習メカニズム，古典的条件づけや道具的条件づけに代表される技法を応用し，不登校や攻撃行動，不安障害，抑うつ，選択性かん黙[14]など，児童生徒の不適応解消に対し広く利用される。

▷14　選択性かん黙
特定の場面で発話を行わず，黙っていること。場面かん黙とも呼ばれる。

　また，今日では，行動だけでなく行動の背景にある「考え方」（認知）に着目し，行動療法と組み合わせる「認知行動療法（cognitive behavioral therapy：CBT）」が広く普及し，うつ病や不安障害の児童生徒に対して導入されている。認知行動療法では，行動と認知だけでなく，ある状況において抱く感情や身体感覚などにも焦点を当て，これらの関連を明らかにするとともに，可能な箇所からの介入を進める。例えば不登校生徒（状況）の場合，「学校で失敗したらどうしよう」という考え（認知）が不安（感情）を生じさせると同時に，震えや発汗，腹痛や頭痛を引き起こし（身体感覚），家から出られない（行動）といった一連のパターンをモデル化する。このモデルに対し，「本当に失敗する可能性があるのか」という点を検討したり，呼吸法や自律訓練法などのリラクセーション法を用いて身体反応を抑えたり，あるいは通学路や昇降口，保健室登校など，徐々に教室に近づけていき登校行動の再形成を行うなど，生徒本人が取り組みやすいところや変容可能性が高いところからアプローチを試みる。

③　人間性中心主義

　日本において「カウンセリング」というと，この人間性中心主義[15]（person centered approach）に基づく相談がイメージされることが多い。この理論では，

▷15　来談者中心主義（client centered approach）とも呼ばれる。

186

現在自分が置かれた状況と本来の自分の間にギャップが生じる状態が，不適応を生じさせると考える。このため治療や相談においては，個人は成長や発達をし続ける存在であるということを前提とし，このギャップを小さくできるよう，援助者は相談者を受容し，信じ，支えるといったアプローチをとる。人間性中心主義に基づくアプローチでは，精神分析や行動療法が採用する技法を重視するのではなく，相談者にポジティブな変化をもたらす次の3つの条件，すなわち無条件の肯定的配慮[16]，共感的理解[17]，自己一致[18]が重視されている。人間性中心主義に基づくカウンセリングを創始したロジャーズ（C. R. Rogers）は，その後この概念を集団に応用したエンカウンター・グループを広く実施し，普及させた。後に日本に導入され，現在でも学級経営や教員研修等で広く用いられている。

④　心理検査の活用と教師の気づきの重要性

　こうした心理学の理論に基づいた各種アプローチに加え，心理援助ではさまざまな検査が用いられる。知能検査（本書の第11章を参照）やパーソナリティ検査（本書の第13章を参照）を通じて児童生徒の理解が試みられ，これに基づいて本人やその家族にとって適切な援助が選択・決定される。

　しかしながら，心理検査はあくまでも子どもの状態を理解するうえで補助的な役割を果たすに留まる。教師の普段の観察やかかわりのなかで得られる情報（表14-2）は，子どもの状態を理解するうえで非常に重要な役割を果たす。例えば不登校であれば，欠席日数そのものが不登校の深刻さを示す指標の一つとなる。また保健室の利用回数や遅刻，早退，参加可能あるいは不可能な教科に関する情報は，不登校の前駆状態あるいは再登校の可能性を探るうえで有益な

▷16　無条件の肯定的配慮
相談者の体験のすべての側面が相談者の一部として援助者に温かく受け入れられている，と相談者が体験すること。

▷17　共感的理解
援助者が，相談者の内的世界を"あたかも"自分自身のものであるかのように感じること。

▷18　自己一致
援助場面において援助者が自身の感情を否定せずに受け止めること。真実性とも訳される。

表14-2　学校内で収集可能な子どもに関する情報例

		情報の種類	
		主観的情報 （収集者の知覚に依存）	客観的情報 （情報を文字・数値で保存可能）
収集場面	日常・通常業務	顔色（表情・肌） 声（声量・張り） におい 姿勢	出欠・遅刻・早退（出席簿） 学業成績 保健室利用回数 体重・視力・運動能力など（健康診断・体力テスト） 食事量・回数※ 睡眠時間※ 発言（内容・頻度） 外見（服装・髪型など） 持ち物 提出物（提出状況・造形物に現れる特徴）
	非日常		アンケート・質問紙調査への回答

注：※は子ども本人の自己申告による。
出所：文部科学省（2010），下山（2014）をもとに作成。

第Ⅳ部　支援のための教育心理学

情報となる。虐待やいじめ被害の場合は，登校状況，身体の傷や衣服の汚れなどに気になる点が認められる。忘れ物やなくし物が多かったり，特定の教科（の特定の領域）の学業成績のみが著しく振るわないなどの状況は，限局性学習症やAD／HDなどの発達障害に起因する場合もある。このように，さまざまな観点から児童生徒を理解する行為はアセスメント（心理査定）と呼ばれる。学校における児童生徒の特徴や困った行動を理解し，援助に役立てるためには，心理検査による客観的評価だけでなく，日常生活のなかで教師が気づく主観的情報を活用することが有益である。その際，児童生徒の困難や課題のみに焦点を当てるのではなく，彼らの長所や興味関心を含めた全体的な特徴を理解し，これを活用することも肝要である。

２　チーム援助とチーム会議

　前項であげた理論やそれに基づく実践は援助において非常に有用ではあるが，教師一人がすべてを行うには限界がある。これに対し，学校心理学の領域では，問題に対して複数の教員や保護者，関係機関が連携したチーム援助の概念が提唱されている。チーム援助においては，保護者，担任，養護教諭，特別支援教育コーディネーター，管理職，その他関係機関のスタッフ（援助チーム[19]）が参加し，問題状況の共有と対処方法の検討（チーム会議）が行われる。ここでは，学校心理学領域において，情報の整理と援助方針の決定に利用されている石隈・田村式援助シートを紹介する。

▷19　援助チーム
援助ニーズの大きい子どもの学習面，心理・社会面，進路面，健康面における問題状況の解決を目指す複数の専門家と保護者によるチーム（石隈，1999）。

　チーム会議の特徴は，⑴複数の専門家で多面的にアセスメントを行い，⑵共通の援助方針のもとに，⑶異なった役割を担いつつ，⑷相互に補いながら援助を進めることにある（田村，2001）。学習，心理・社会，進路，健康の4領域（言語・運動を含めた5領域版もある）のそれぞれについて，⒜児童生徒の良いところと⒝気になるところ，⒞今まで試してみた解決策とその結果，⒟現時点での目標と援助方針についてまとめるととともに，これからの援助について，⒠その内容と⒡担い手，そして⒢援助の期間を検討する。この情報をまとめる作業をチームで行うことにより，各参加者が気づかなかった児童生徒の特徴や良さ，今までの取り組みの有効性と改善策を発見することができる。また援助の担い手と援助期間を明確にすることによって，「どこまでの援助を誰が，いつ担うか」が明確になり，関係者（とくに担任）の負担が軽減されることで，教師の燃え尽き（バーンアウト）を防ぐ効果もある。

３　その他の支援

　本章では心理学的な観点からの支援を紹介したが，それ以外にも学校現場においては知っておくべきいくつかの支援がある。例えば自閉症スペクトラム障

害や AD／HD，限局性学習症などの発達障害に関する理解と対応，また経済状況や虐待など家庭の問題に対する福祉的支援についても課題が山積している。前者については，通常学級の教員であっても特別支援教育に関する知識や技術を学ぶことは不可欠であるし[20]，後者については，教師が学ぶ必要があることはもちろんのこと，近年配置が進んでいるスクール・ソーシャルワーカー[21]に期待されるところが大きい。

　学校ではさまざまな問題が日々起こっているが，教師一人で解決できる問題ばかりとは限らない。学校内外にいる多くの関係者と協力しながら子どもの援助に当たることが重要であり，日頃から多くの専門家[22]と交流をもつことも教師の重要な使命である。

4　問題を「予防する」という視点

1　学校心理学の3つの援助サービス

　前節で触れた学校心理学の領域では，3つの援助サービスが提唱されている（石隈，1999）。一次的援助サービスとは，子どもが発達上の課題や教育上の課題を遂行するうえでもつ援助ニーズに対応し，促進的な援助と予防的援助に大別される。前者は子どもが学校生活を通して発達上の課題や教育上の課題に取り組むうえで必要とする基礎的な能力（例：対人関係スキル，学習スキル，問題対処スキル）の開発を援助するサービスであり，後者は多くの子どもが出会う課題遂行上の困難を予測して，課題への準備を前もって援助するサービス（例：小学校第6学年に対する中学校見学や新入生オリエンテーションの実施）である。入学時の適応の向上，学習方法や他者とのかかわり方の獲得など，一次的援助サービスはすべての子どもにとって高いニーズを有するサービスである。サービスの提供は教師が中心となって行われるが，学校行事やカリキュラムのなかに位置づけられる事柄も多く，学校全体で取り組むことが重要となる。

　二次的援助サービスは，発達課題や教育課題の取り組みに困難をもち始めたり，これから問題をもつ危険性の高い一部の子どもに対して提供される援助サービスである。登校を渋るようになった，学習に対する意欲を失っているなどの状態，あるいは転校生，帰国子女，一時的な環境の変化（例：両親の離婚や再婚，妹や弟の誕生）などがこれに該当する。教師や保護者は，こうした子どもを早期に発見・援助するために，子どもが示す徴候（サイン）にいち早く気づくことが重要である（変化の視点については表14-2を参照）。またこうした子どもの発見と援助の方法については，スクール・カウンセラーがコンサルテーション[23]を行うこともある。この場合，スクール・カウンセラーは教師や保護者など

▷20　障害を理由とする差別の解消の推進に関する法律（いわゆる障害者差別解消法）や特別支援教育については本書の第15章を参照。

▷21　スクール・ソーシャルワーカー
教育と福祉の両面に関して専門的な知識・技能を有し，問題を抱える児童生徒が置かれた環境へ働きかけるとともに，学校内外の関係者・関係機関等とネットワークを構築して支援を行う者。社会福祉士や精神保健福祉士等の有資格者であることが多い。

▷22　ここで述べる専門家とは，専門職（教師やカウンセラー，医師等）とは限らない。近隣住民や子どもがよく通う商店の店員，家族や親戚等も含む，「子どものことをよく知る人々」をさす。

▷23　コンサルテーション
異なる専門性をもつ複数の者が，援助の対象（例：子ども）の問題状況について検討し，よりよい援助のあり方について話し合うプロセス（石隈，2004），いわば「子どもの困難に関する作戦会議」である。

第Ⅳ部　支援のための教育心理学

子どもと直接かかわる援助の担い手に対して助言を行うことを通じて，子ども
を間接的に援助する。子どもに対するカウンセリング等を通じた直接的援助に
加えて，この間接的援助もまた，スクール・カウンセラーの重要な役割の一つ
である。

　三次的援助サービスの目的は，重大な援助ニーズ（例：不登校やいじめ，発達
障害，非行など）をもつ「特定の子ども」（特別な支援を個別に必要としている子ど
も）が自分のもつ強さや周りの援助資源を活用しながら，自分の発達上および
教育上の課題に取り組み，そしてさまざまな問題に対処しながら学校生活を送
れるよう援助することである（石隈，1999）。三次的援助サービスの対象となる
子どもとかかわる際には，しばしば子どもや保護者の悪い部分に注目しがちで
ある。問題行動の原因を子どものパーソナリティ（「すぐにキレる子どもだ」）や
家庭環境（「いつも買い置きのものを食べさせている」），保護者のかかわり（「何か
あるとすぐに子どもをたたく」）などに求めがちだが，一方で，子どもの良い部分
に注目することを忘れてはならない。前節で紹介した援助チームシートには，
子どもの「良いところ」を記入する欄が設けられている。子どもの長所や強み
を念頭に，子ども本人への介入だけでなく，本人の置かれた環境をより良いも
のにしていく介入を同時に進めることによって，本人の適応をより効果的に高
めることができる。三次的援助サービスは特別支援学級や保健室，相談室，適
応指導教室など，さまざまな場面で提供される必要があり，その担い手も多岐
にわたるため，前節で取り上げたチーム援助の考え方が非常に重要となる。

2　予防教育

　本章の最後に，問題を予防するために用いられるさまざまな活動について紹
介する。[24]

① ストレス・マネジメント

　ストレスの重要性とその解消法を中心とした，ストレスとの付き合い方に関
する心理教育を行うことがある。本章冒頭で紹介した心理学的ストレスモデル
について紹介したり，場合によっては呼吸法や漸進的筋弛緩法を中心としたリ
ラクセーション法を学ぶ機会をもつこともある。[25]こうした方法は教師が行うこ
ともあるが，養護教諭やスクール・カウンセラーなどの専門家が担うこともあ
る。ストレス・マネジメントの考え方と実践は，児童生徒のみならず，ストレ
スフルな職務に追われる教師にとっても非常に有用であり，教員研修等でも積
極的に採用されている。

② ピア・サポート

　予防教育は主として教師をはじめとする専門家が行う援助であるが，ピア・
サポートは生徒が相互に行う援助である。勉強でわからないことがあった，友

▷24　この他にも予防教育
では，本書の第12章で紹介
されたソーシャルスキル・
トレーニングや構成的グ
ループ・エンカウンター等
が用いられる。

▷25　漸進的筋弛緩法
手足や肩などの筋肉に意識
的に力を入れてその後脱力
させることにより，各部位
の緊張を緩ませることを通
じて段階的にリラックス状
態を得る方法のこと。リラ
クセーション法の一つとし
て用いられる。

だちとケンカをしたなど，大人にとっては些細なことであっても，子どもにとっては思い悩むこともある。またこうした悩みについて，教師に相談や援助を求めることに抵抗をもつ場合も多い。大人に相談するよりも，同年代もしくは上級生の仲間に相談することによって，よりスムーズに解決できる課題も多い。校内でピア・サポートのシステムを整えることによって，問題が深刻になる前に，子どもたちの間で解決を図ることにつながるのである。校内でピア・サポートを実施する場合には，児童生徒に対して十分な訓練を行うとともに，子ども同士でサポートすることの限界についてあらかじめ伝え，援助する側に回った児童生徒の精神的な負担についても十分配慮する必要がある。

③　社会性と感情の教育

　近年では，本書の第12章ならびに本章で紹介した複数の予防教育の要素を取り入れ，その有効性が科学的に確かめられた教育プログラムが開発されている。社会性と感情の教育（social and emotional learning：以下SELと略す）は，社会性と情動の能力を獲得するために必要なスキル，態度，価値観を発達させる過程である（Elias et al., 1997＝1999）。日本では，SELプログラムで育成を目指す能力として8つが提唱されている（小泉，2011）。SELは，ソーシャルスキル・トレーニングやストレス・マネジメントなどの心理的支援，ボランティア活動や進路指導などの学校領域において従来より行われてきた活動，薬物や性教育などの保健・健康教育にかかる内容を組み合わせて，表14-3に示す8つの能力を高めることを目指すものである。

▷26　SELは数多くの心理・教育プログラムの総称であり，特定のプログラムをさすものではない。

表14-3　SEL-8S学習プログラムで育成を図る社会的能力

	能　力	説　明
基礎的社会的能力	自己への気づき	自分の感情に気づき，また自己の能力について現実的で根拠のある評価をする力
	他者への気づき	他者の感情を理解し，他者の立場に立つことができるとともに，多様な人がいることを認め，良好な関係をもつことができる力
	自己のコントロール	物事を適切に処理できるように情動をコントロールし，挫折や失敗を乗り越え，また妥協による一時的な満足にとどまることなく，目標を達成できるように一生懸命取り組む力
	対人関係	周囲の人との関係において情動を効果的に処理し，協力的で，必要ならば援助を得られるような健全で価値のある関係を築き，維持する力。ただし，悪い誘いは断り，意見が衝突しても解決策を探ることができるようにする力
	責任ある意思決定	関連するすべての要因と，いろいろな選択肢を選んだ場合に予想される結果を十分に考慮し，意思決定を行う。その際に，他者を尊重し，自己の決定については責任をもつ力
応用的社会的能力	生活上の問題防止のスキル	アルコール・タバコ・薬物乱用防止，病気とけがの予防，性教育の効果を含めた健全な家庭生活，身体活動プログラムを取り入れた運動の習慣化，暴力やケンカの回避，精神衛生の促進などに必要なスキル
	人生の重要事態に対処する能力	中学校・高校進学への対処，緊張緩和や葛藤解消の方法，支援の求め方（サポート源の知識，アクセス方法），家族内の大きな問題（例：両親の離婚や別居）や死別への対処などに関する能力
	積極的・貢献的な奉仕活動	ボランティア精神の保持と育成，ボランティア活動（学級内，異学年間，地域社会での活動）への意欲と実践

出所：小泉（2011）。

第Ⅳ部　支援のための教育心理学

　多忙な学校現場において，予防教育の重要性は軽視されがちであるが，問題が大きくなってからの対応は，教師をはじめ学校の多くの資源を必要とする骨の折れる作業となる。学校で起こるさまざまな"困りごと"について理解を深めておくことはもちろんのこと，日々の学校生活のなかで，すべての児童生徒にとって充実した環境を提供することもまた，教師をはじめとする学校の責務であろう。

Exercise

①　本章で取り上げた問題行動のうち1つを取り上げ，最新の発生件数を調べ，件数の推移の理由をあげるとともに，あなたが教師（あるいは関係者）としてできることを考えてみよう。

②　チームでの援助の障害となるような事柄について複数あげ，これを克服する方法を考えてみよう。

③　予防教育として本章で取り上げた以外に，学校現場で多用される以下の2つの手法について，それぞれ150字程度で説明してみよう。
　　　「アサーション・トレーニング」「アンガー・マネジメント」

📖次への一冊

石隈利紀『学校心理学――教師・スクールカウンセラー・保護者のチームによる心理教育的援助サービス』誠信書房，1999年。
　　問題行動を起こす子どもを「困った子」ではなく「困っている子」と理解し，チームで援助することを目指す学校心理学の教科書。
石隈利紀・田村節子『石隈・田村式援助シートによるチーム援助入門――学校心理学・実践編』図書文化，2003年。
　　チーム援助とその方法について書かれた書籍。CD-ROM が付属し，パソコン上で援助シートを作成できる。姉妹書として特別支援教育編も出版されており，そちらには援助シート作成のヒントが満載である。
文部科学省『生徒指導提要』教育図書，2010年。
　　生徒指導と教育相談に関して文部科学省が発行している書籍であり，学習指導要領の次に目を通すべき必携書である。なお，文部科学省ホームページより全文をダウンロードすることが可能である。
五十嵐哲也・杉本希映『学校で気になる子どものサイン』少年写真新聞社，2012年。
　　子どもの気になる行動30種類について，その原因をいくつかの可能性から探る本。あくまでも"可能性"ではあるが，子ども理解の一助となる。

引用・参考文献

Elias, M. J., Zins, J. E., Weissberg, R. P., Frey, K., Greenberg, M. T., Haynes, N. M., Kessler, R., Schwab-Stone, M. E., & Shriver, T. P., *Promoting social and emotional learning: Guidelines for educators*, Association for Supervision and Curriculum Development, 1997（イライアス，M. J.・ジンズ，J. E.・ワイスバーグ，R. P.・フレイ，K.・グリーンバーグ，M. T.・ハイネス，N. M.・ケスラー，R.・シュワーブストーン，M. E.・シュライバー，T. P.，小泉令三編訳『社会性と感情の教育——教育者のためのガイドライン39』北大路書房，1999年）．

濱口佳和・藤原健志「高校生の能動的・反応的攻撃性に関する研究——尺度構成，2種類の攻撃行動との関連ならびに下位類型の検討」『教育心理学研究』64，2016年，59～75ページ。

濱口佳和・石川満佐育・三重野祥子「中学生の能動的・反応的攻撃性と心理社会的不適応との関連——2種類の攻撃性と反社会的行動欲求および抑うつ傾向との関連」『教育心理学研究』57，2009年，393～406ページ。

石隈利紀『学校心理学——教師・スクールカウンセラー・保護者のチームによる心理教育的援助サービス』誠信書房，1999年。

石隈利紀「教師・保護者へのコンサルテーション」日本学校心理学会編『学校心理学ハンドブック——「学校の力」の発見』教育出版，2004年，112～113ページ。

小泉令三『社会性と情動の学習（SEL-8S）の導入と実践』ミネルヴァ書房，2011年。

国立教育政策研究所「いじめ追跡調査2013-2015 いじめQ&A」2016年。http://www.nier.go.jp/shido/centerhp/2806sien/tsuiseki2013-2015_3.pdf（2017年1月23日閲覧）

厚生労働省「児童虐待相談の対応件数及び虐待による死亡事例件数の推移」2015年。http://www.mhlw.go.jp/file/06-Seisakujouhou-11900000-Koyoukintoujidoukateikyoku/0000108127.pdf（2017年3月6日閲覧）

Lazarus, R. S., & Folkman, S., *Stress, appraisal, and coping*, Springer, 1984（ラザルス，R. S.・フォークマン，S.，本明寛・春木豊・織田正美監訳『ストレスの心理学——認知的評価と対処の研究』実務教育出版，1991年）．

前田重治『図説臨床精神分析学』誠信書房，1985年。

文部科学省『生徒指導提要』教育図書，2010年。

文部科学省「平成26年度『児童生徒の問題行動等生徒指導上の諸問題に関する調査』について」2015年。http://www.mext.go.jp/b_menu/houdou/27/09/__icsFiles/afieldfile/2015/10/07/1362012_1_1.pdf（2017年1月23日閲覧）

森田洋司「いじめ，いじめられ——教室では，いま」森田洋司・清永賢二『新訂版いじめ——教室の病い』金子書房，1994年，39～98ページ。

下山晃司「心理教育的アセスメント——子どもを理解する3つの方法」黒田祐二編『実践につながる教育相談』北樹出版，2014年，96～107ページ。

田村節子「援助チーム」日本学校心理学会編『学校心理学ハンドブック——「学校の力」の発見』教育出版，2001年，122～123ページ。

第15章
神経発達障害と特別支援教育

〈この章のポイント〉

2015（平成27）年度の文部科学省の調査によると，義務教育段階において特別支援教育を受けている者（特別支援学校在学者，特別支援学級在籍者，通級による指導を受けている児童生徒）が総数に対して占める割合は2.8％であり，とくに通級による指導を受けている児童生徒の数は年々増加している（文部科学省，2016）。本章では，神経発達障害に見られる特徴を整理し，これらの特徴に応じた適切な指導上の工夫や配慮について解説する。

1 神経発達障害とは何か

発達障害（Developmental Disorder）とは，低年齢において症状が発現する脳の機能不全による障害であり，その症状によって個人的，社会的，学業または職業における機能に困難が生じるものである。2005（平成17）年に施行された発達障害者支援法では，発達障害は「自閉症，アスペルガー症候群その他の広汎性発達障害，学習障害，注意欠陥多動性障害その他これに類する脳機能の障害であってその症状が通常低年齢において発現するもの」と定義されており，教育の領域でもこの定義に基づいて「発達障害」という用語が使用されることが多い。

医学の領域では，発達障害を診断する際の診断基準として，米国精神医学会による精神疾患の診断・統計マニュアル（Diagnostic and Statistical Manual of Mental Disorders：DSM）が用いられている。2013年に刊行された第5版DSM-5では，発達障害は神経発達障害（Neurodevelopmental Disorders）という名称に変更された。神経発達障害には，知的能力障害，コミュニケーション症群，自閉スペクトラム症，注意欠如・多動症，限局性学習症，運動症群，の6つの障害が含まれており，それぞれ下位により細かな障害分類が設けられている。主要な神経発達障害を図15-1に示す。

第Ⅳ部　支援のための教育心理学

```
┌── 知的能力障害（知的発達症／知的発達障害）
│
├── コミュニケーション症群／コミュニケーション障害群
│     ├─小児期発症流暢症（吃音）……話す時にどもったりつっかえたりして，流暢に話せない。
│     └─社会的（語用論的）コミュニケーション症……相手や状況に応じて話し方を変えたり（敬語），
│                                         曖昧な表現や字義どおりでない言葉（慣用句や
│                                         冗談）の意味を理解することが難しい。
├── 自閉スペクトラム症／自閉症スペクトラム障害
│
├── 注意欠如・多動症／注意欠如・多動性障害
│
├── 限局性学習症／限局性学習障害
│
└── 運動症群／運動障害群
      ├─発達性協調運動症……手先の運動（物を摑む，はさみを使う，書字）や体を動かす運動（自転車
      │                    に乗る，ボールを投げる）がぎこちなく，遅く，不正確になる。
      └─チック症群……突発的に起こる素早い反復性の運動または発声であり，音声チック（咳払い，
                      唸り，汚言）と運動チック（まばたき，首ふり，顔をしかめる）がある。
```

図15-1　DSM-5における神経発達障害とその下位分類

注：主要な下位分類名を抜粋したほか，本文中で詳細な説明を行わない障害に関して簡単な説明を記載した。

出所：筆者作成。

　なお，宮本（2014）は，非定型な発達特性のある子どもの特徴を大まかに捉えるために，その特性を，発達の遅れ，発達の偏り，発達の歪みの3つにまとめている。発達の遅れとは，同年代の子どもと同程度までには達成が難しいものであり，知的能力障害がその代表である。発達の偏りとは，行動や活動性，あるいは得意・不得意が同年代の子どもに見られる頻度や程度を超えているものであり，その代表は注意欠如・多動症である。発達の歪みとは，同年代の子どもには見られない行動や考え方が繰り返し見られるものであり，その代表は自閉スペクトラム症である。神経発達障害のある子どもは，これらの特性を1つあるいは複数持ち合わせている。そして，神経発達障害だからといって，必ずしも知的な遅れをともなわないことに注意する必要がある。

2　知的能力障害（知的発達症／知的発達障害）

　知的能力障害（Intellectual Disability），知的発達症／知的発達障害（Intellectual Developmental Disorder）とは，発達期の子どもが発症する，知的機能の欠陥と適応機能の欠陥が見られる障害である。原因としては，出生前の要因（遺伝子の異常や母体疾患，妊娠中の母親のアルコールや薬物などの摂取による影響），出生時の要因（低出生体重児出産や難産），出生後の要因（外傷性脳損傷や感染など怪我や病気への罹患，虐待の一種であるネグレクトなど慢性的で深刻な貧困環境）などがある。DSM-5の診断基準を表15-1に示す。

表15-1　DSM-5における知的能力障害の診断基準

以下の3つの基準を満たさなければならない
A．臨床的評価および個別化，標準化された知能検査によって確かめられる，論理的思考，問題解決，計画，抽象的思考，判断，学校での学習，および経験からの学習など，知的機能の欠陥。
B．個人の自立や社会的責任において発達的および社会文化的な水準を満たすことができなくなるという適応機能の欠陥。
　継続的な支援がなければ，適応上の欠陥は，家庭，学校，職場，および地域社会といった多岐にわたる環境において，コミュニケーション，社会参加，および自立した生活といった複数の日常生活活動における機能を限定する。
C．知的および適応の欠陥は，発達期の間に発症する。

出所：米国精神医学会（2014）。

　知的機能の欠陥は，一部のみに見られるものではなく，論理的思考，問題解決，計画，抽象的思考，判断，学校での学習，経験からの学習といった全般的な知的能力の発達の遅れをさしている。診断は，実際に子どもの状態を把握する臨床的評価と，知能検査によって測定される知能指数（IQ）に基づいて総合的に判断される。IQについては，DSM-5では目安として65～75という幅をもたせた基準が提示されている。

　知的能力障害であると診断されるもう一つの重要な基準は，どの程度日常の適応機能が障害されているかという点である。DSM-5では，適応機能の欠陥は，概念的領域，社会的領域，実用的領域の3つの領域で評価される。概念的領域は，記憶，言語，読字，書字，数学的思考，実用的な知識の習得，問題解決，新規場面における判断など，学問に関する能力を含んでいる。社会的領域は，他者の思考・感情・体験の認識，共感，対人的コミュニケーションのスキル，友情関係の構築，社会的な判断など，対人関係を営むうえで必要な能力を含んでいる。実用的領域は，セルフケア，仕事の責任，金銭管理，娯楽，行動の自己管理，学校と仕事の課題の調整など，日常生活を送るうえで必要な能力を含んでいる。知的能力障害の重症度は，IQの値ではなく，適応機能の障害の程度に基づいて，軽度，中等度，重度，最重度の4段階に分けられる。

　障害がより重度である場合には，2歳までの間に周囲が発達の遅れに気づくことがあるが，軽度である場合には，就学後に学業面での困難さが目立ち始めることで明らかとなることもある。一般的に障害は生涯にわたるが，発達早期からあるいは現在行われている介入が適応機能を向上させ，知的能力障害の診断が適切でなくなるほどに改善をもたらすこともある。また，周囲の援助によっては，日常生活のあらゆる活動に十分参加できるようになる可能性もある。

▷1　知能検査
医療・福祉・教育の現場でも用いられる代表的な個別式知能検査がウェクスラー（D. Wechsler）が開発したウェクスラー式知能検査である。被検査者の年齢に応じてWPPSI（3歳10か月～7歳1か月），WISC（5歳～16歳11か月），WAIS（16歳以上）の3種類が設けられている。WISCの第4版であるWISC-Ⅳは，検査全体を踏まえて算出される総合的なIQである全検査IQに加えて，言語理解，知覚推理，処理速度，ワーキング・メモリーの4つの指標によって被検査者の知的能力を多面的に把握することができる。

第Ⅳ部　支援のための教育心理学

3　自閉スペクトラム症／自閉症スペクトラム障害

　自閉スペクトラム症／自閉症スペクトラム障害（Autism Spectrum Disorder：ASD）とは，(1)複数の状況で社会的コミュニケーションや対人的相互反応に持続的な欠陥があり，(2)行動，興味，活動が限定された反復的な様式で示される，という2つの特徴が発達早期に見られ，これらの特徴によって社会的，職業的，または他の重要な領域における機能が制限あるいは障害されるものである。原因としては，中枢神経系の機能不全が背景にあると考えられており，高齢出産や低出生体重（出生体重2500グラム未満）などの要因がその危険性を高めると推測されている。DSM-5の診断基準を表15-2に示す。

表15-2　DSM-5における自閉スペクトラム症の診断基準

A．複数の状況で社会的コミュニケーションおよび対人的相互反応における持続的な欠陥があり，現時点または病歴によって，以下により明らかになる。
(1) 相互の対人的―情緒的関係の欠落で，例えば，対人的に異常な近づき方や通常の会話のやりとりのできないことといったものから，興味，情動，または感情を共有することの少なさ，社会的相互反応を開始したり応じたりすることができないことに及ぶ。
(2) 対人的相互反応で非言語的コミュニケーション行動を用いることの欠陥，例えば，まとまりのわるい言語的，非言語的コミュニケーションから，アイコンタクトと身振りの異常，または身振りの理解やその使用の欠陥，顔の表情や非言語的コミュニケーションの完全な欠陥に及ぶ。
(3) 人間関係を発展させ，維持し，それを理解することの欠陥。例えば，さまざまな社会的状況に合った行動に調整することの困難さから，想像上の遊びを他者と一緒にしたり友人を作ることの困難さ，または仲間に対する興味の欠如に及ぶ。
B．行動，興味，または活動の限定された反復的な様式で，現在または病歴によって，以下の少なくとも2つにより明らかになる。
(1) 常同的または反復的な身体の運動，物の使用，または会話
(2) 同一性への固執，習慣への頑なこだわり，または言語的，非言語的な儀式的行動様式
(3) 強度または対象において異常なほど，きわめて限定され執着する興味
(4) 感覚刺激に対する過敏さまたは鈍感さ，または環境の感覚的側面に対する並外れた興味
C．症状は発達早期に存在していなければならない。
D．その症状は，社会的，職業的，または他の重要な領域における現在の機能に臨床的に意味のある障害を引き起こしている。
E．これらの障害は，知的能力障害または全般的発達遅延ではうまく説明されない。自閉症スペクトラム障害と知的能力障害の併存の診断を下すためには，社会的コミュニケーションが全般的な発達の水準から期待されるものより下回っていなければならない。

出所：米国精神医学会（2014）。

▷2　自閉性障害
カナー（L. Kanner）が「早期幼児自閉症」として提唱したのが始まりである。3歳までに始まり，(1)対人的なやり取りの困難さ，(2)言葉の発達の遅れなどのコミュニケーションの障害，(3)行動・興味・活動のこだわりを特徴とする。

▷3　アスペルガー障害
アスペルガー（H. Asperger）が「自閉的精神病質」として報告したのが始まりである。自閉性障害と同じく対人的なやり取りの困難さと行動・興味・活動のこだわりを特徴とする一方で，知的発達の遅れと言葉の発達の遅れをともなわないものである。

　自閉スペクトラム症という名称に含まれている「スペクトラム」という言葉は「連続体」という意味である。これまで医学や教育の領域では広汎性発達障害（Pervasive Developmental Disorders：PDD）という用語が使われ，その下位分類として自閉性障害やアスペルガー障害などが設けられていた。しかし，近年

198

では，これら発達障害は明確な境界線をもって区別されるものではなく，連続したものであるという見方がされるようになった。つまり，その特徴をわずかにもつ者から多くを複合してもつ者まで，上手く社会に適応できる者からなかなか難しい者まで，知的能力が高い者から低い者まで，多様なパターンを連続的に含んだ複合体であると考えられている（東京都福祉保健局，2015）。そのため，DSM-5では従来のような下位分類を設けず，これらをまとめて自閉スペクトラム症として扱っている。

　社会的コミュニケーションや対人的相互反応の障害としては，⑴対人的・情緒的なやりとりの障害，⑵他者とかかわるために必要な非言語的コミュニケーション行動の障害，⑶年齢相応の対人関係の発展・維持・理解に関する能力の障害がある。⑴は言葉を，相手と双方向のやり取りをするための手段ではなく，一方的な要求や分類の手段として用いることが特徴である。興味や感情を相手と共有することも少ない。また，会話にいつどうやって参加するか，何を言ってはいけないかといったことを理解して他者と交流することが難しい。⑵では，アイコンタクトやジェスチャー，顔の表情，会話の抑揚などが乏しかったり，適切に使えなかったりする。⑶では，社会的関心の欠如や減少，あるいは不適切な表出があるため，他者とのかかわりに消極的あるいは拒絶的であるように見える場合がある。

　行動，興味，活動の様式については，⑴常同的または反復的な行動，⑵同一性や習慣へのこだわりと儀式的行動，⑶非常に限定され固執した興味，⑷感覚刺激に対する過敏さ・鈍感さなどがある。⑴の常同的な行動の例としては，手をひらひらとさせたりその場でぐるぐると回ったりする運動が，反復的な行動の例としては，おもちゃを一列に並べるなどの遊び，反響言語（オウム返し），独特な言い回しなどがあげられる。⑵は，柔軟な思考をとりにくく，少しでも普段と違うことや予定の変更があると強い苦痛を感じることが特徴である。そのため，毎日同じ道順をたどりたがるなど独特のルールや手順に沿って行動することを好む。⑶は，興味・関心が非常に偏っており，他の子どもが興味をもたないようなものに没頭したり，特定の分野にのみ博識であったりする。⑷では，味，におい，触感などに敏感であったり，逆に痛みや体温に無関心のように見えたりする。

　障害の重症度は，支援を要するレベル1，十分な支援を要するレベル2，非常に十分な支援を要するレベル3という3段階が設定されている。

　典型的には1～2歳の間に症状が見られ始めるが，重症度がより重度である場合には1歳までの間に，軽度である場合には2歳以降に明らかになる場合もある。言語発達の遅れが最初の症状であることが多く，人の顔に興味を示さない，抱っこをされても顔をそむけたり体をのけぞらせたりする，視線が合わな

第Ⅳ部　支援のための教育心理学

い，名前を呼んでも振り返らない，ひとりで奇妙な遊びや無目的な運動に没頭するといった様子が見られる。学齢期には，単独行動が多く集団での活動が苦手であったり，同年代よりも年下あるいは年上の者との付き合いを好んだりする。症状がより軽度で，同年代の子どもと仲良くしたいという気持ちをもっていたとしても，場の雰囲気や暗黙のルール，相手の気持ちなどを理解できず，友人関係作りに苦労することが多い。一般的に障害は生涯にわたるが，年齢によって顕著になる症状が変わったり，他者とのかかわりへの関心が増加したりするなどの発達的変化が認められることもある。

　学校生活や家庭生活においては，表15-3に示すような配慮が有効であると言われている。自閉スペクトラム症は，個人によって顕著に見られる症状やその程度などがさまざまであり，支援が必要な範囲や程度も異なる。したがって，一人ひとりの実態を把握し，個々の障害特性に配慮した教育的指導を行うことが求められる。

表15-3　自閉スペクトラム症の児童生徒に対する配慮

◆言葉に配慮
(1)　主語や目的語をつけて話す（例：「○○（誰）が～をします」）。
(2)　代名詞（あれ，それ，これ）は使わず，必ず具体的な名詞で表現する。
(3)　「～してはダメ」や「違う」などの否定的な表現ではなく，肯定的な表現を用い，とるべき適切な行動を具体的に伝える。
(4)　簡潔で明快な文にし，本人に誤解なく伝わる用語（キーワード）を見つける。
(5)　命令形や大声は避ける（叱責されたと受けとる）。
◆状況や予定の説明に配慮
(1)　予定や手順は，具体的に時間を追って説明し，本人が見通しをもてるようにする。
(2)　口頭での説明だけでなく，図や絵，文字など視覚的な手がかりも併用する。
◆社会性とコミュニケーションに配慮
(1)　子どもの注意を自分や対象物にしっかり向けさせてから働きかける。
(2)　自分の気持ちを表現することが苦手な場合が多いため，本人の気持ちを言葉にしてあげることで，自分の気持ちの表現の仕方を学べるようにする。
(3)　物の授受，順番を守る，役割を交代するというように，段階を追ってやり取りのルールを教える。

出所：国立特別支援教育総合研究所（2013），宮本（2014）をもとに作成。

4　注意欠如・多動症／注意欠如・多動性障害

　注意欠如・多動症／注意欠如・多動性障害（Attention-Deficit／Hyperactivity Disorder：AD／HD）とは，不注意，多動性，衝動性という3つの特徴のうちのいくつかが12歳前から出現し，これらの特徴によって社会的，学業的，または職業的な機能が損なわれている，またはその質が低下させられているものである。原因としては，中枢神経系の機能不全が背景にあると考えられており，遺

伝的要因のほか，極低出生体重児（出生体重1500グラム未満），妊娠中の喫煙，児童虐待などの要因が発症の危険性を高める可能性があると言われている。DSM-5の診断基準を表15-4に示す。

表15-4　DSM-5における注意欠如・多動症の診断基準

A．(1)および／または(2)によって特徴づけられる，不注意および／または多動性―衝動性の持続的な様式で，機能または発達の妨げとなっているもの。
 (1) 不注意：以下の症状のうち6つ（またはそれ以上）が少なくとも6カ月持続したことがあり，その程度は発達の水準に不相応で，社会的及び学業的／職業的活動に直接悪影響を及ぼすほどである。
　(a) 学業，仕事，または他の活動中に，しばしば綿密に注意することができない，または不注意な間違いをする。
　(b) 課題または遊びの活動中に，しばしば注意を持続することが困難である。
　(c) 直接話しかけられたときに，しばしば聞いていないように見える。
　(d) しばしば指示に従えず，学業，用事，職場での義務をやり遂げることができない。
　(e) 課題や活動を順序立てることがしばしば困難である。
　(f) 精神的努力の持続を要する課題に従事することをしばしば避ける，嫌う，またはいやいや行う。
　(g) 課題や活動に必要なものをしばしばなくしてしまう。
　(h) しばしば外的な刺激によってすぐ気が散ってしまう。
　(i) しばしば日々の活動で忘れっぽい。
 (2) 多動性および衝動性：以下の症状のうち6つ（またはそれ以上）が少なくとも6カ月持続したことがあり，その程度は発達の水準に不相応で，社会的及び学業的／職業的活動に直接悪影響を及ぼすほどである。
　(a) しばしば手足をそわそわ動かしたりトントン叩いたりする，またはいすの上でもじもじする。
　(b) 席についていることが求められる場面でしばしば席を離れる。
　(c) 不適切な状況でしばしば走り回ったり高い所へ登ったりする。
　(d) 静かに遊んだり余暇活動につくことがしばしばできない。
　(e) しばしば"じっとしていない"，またはまるで"エンジンで動かされているように"行動する。
　(f) しばしばしゃべりすぎる。
　(g) しばしば質問が終わる前に出し抜いて答え始めてしまう。
　(h) しばしば自分の順番を待つことが困難である。
　(i) しばしば他人を妨害し，邪魔する。
B．不注意または多動性―衝動性の症状のうちいくつかが12歳になる前から存在していた。
C．不注意または多動性―衝動性の症状のうちいくつかが2つ以上の状況において存在する。
D．これらの症状が，社会的，学業的，または職業的機能を損なわせている，またはその質を低下させているという明確な証拠がある。
E．その症状は，統合失調症，または他の精神病性障害の経過中にのみ起こるものではなく，他の疾患ではうまく説明されない。

出所：米国精神医学会（2014）。

　不注意は，注意散漫で特定の対象に注意を持続できないというだけでなく，一度ある対象に集中してしまうと別の対象に注意を切り替えることが難しいなど，注意のコントロールの問題を広くさしている。例えば，細部を見落とした

▷4 反抗挑発症／反抗挑戦性障害 (Oppositional Defiant Disorder)

しばしばかんしゃくを起こすなど怒りっぽく，好んで口論や拒否をするなど挑発的な行動をとり，意地悪で執念深いといった特徴が高頻度で6か月以上続き，その特徴によって身近な環境（家族，同世代集団，仕事仲間）で本人や他者が苦痛を感じるか，社会的，学業的，職業的，または他の重要な領域における機能が障害されるものである。

▷5 素行症／素行障害 (Conduct Disorder)

人および動物に対する攻撃性，所有物の破壊，虚偽性（他人をだましたり，嘘をつく）や窃盗，重大な規則違反など，他者の基本的人権や年齢相応の社会的規範または規則を繰り返し侵害し続け，その行動の障害によって臨床的に意味のある社会的，学業的，職業的機能の障害が引き起こされるものである。

▷6 二次障害

障害の本来の症状や障害特性を一次障害と呼ぶ。一方，その障害特性に対する周囲の不適切な対応などによって生じる本人の情緒，行動，適応上の問題を二次障害と呼ぶ。例えば，自尊心の低下，不安の高まり，気分の落ちこみ，頭痛や腹痛などの身体症状，反抗や暴力，非行，不登校，ひきこもり，他の精神疾患の併存発症などがある。二次障害は，適切な対応が行われることで解消しうる問題であり，周囲の正しい障害理解と障害特性に応じた環境調整などの配慮が重要である。

り作業が不正確であるなど不用意な間違いが多い，気が散りやすくて話を聞いていないように見える，課題からすぐに脱線してしまう，もち物の整理や時間の管理が苦手である，精神的努力の持続を必要とするような課題（宿題など）を嫌がる，なくし物や忘れ物が多い，といった行動が見られる。

多動性とは，過剰な運動活動性の問題をさしている。じっとしていられない様子は"まるでエンジンで動かされているよう"だとしばしば表現される。具体的には，落ち着きがなく，ソワソワと体を動かしたり，離席したり，不適切な状況で走り回ったり高い所へ登ったりする。また，しゃべりすぎることもある。

衝動性とは，事前に見通しを立てることなく即座に行動に移してしまうなど，状況を考慮して行動を抑制することが難しいという問題をさしている。例えば，注意せずに道に飛び出すなど，考えるよりも先に行動に出てしまう傾向がある。また，列に並ぶなどして順番を待つことが難しく，質問が終わる前に出し抜けに答えたり，相手の言葉を待たずに続きを言ってしまう。他人の活動に干渉したり，相手から許可を得ずに相手の物を使用したりするなど，他人の活動を妨害・邪魔してしまう場合もある。

診断に際しては，すべての基準を満たす混合型，不注意に関する基準のみを満たす不注意優勢型，多動性─衝動性に関する基準のみを満たす多動性─衝動性優勢型の3つの型が設けられている。

就学前は多動性が主な徴候である。多くの場合，不注意がより顕著になる学齢期に入ってから，注意欠如・多動症であると同定される。青年期早期を通して比較的安定した経過をたどるものの，反抗挑戦性障害や素行障害などの行動障害へと増悪する場合もある。

なお，注意欠如・多動症の子どもは，その不注意性などから学業成績の低下が見られやすい。また，学校や家庭では，これらの行動特徴のために叱責される機会が多く，自尊感情の低下や周囲からのからかいを受け，二次障害が引き起こされる可能性も高い。二次障害として見られる行動としては，暴言を吐いたり乱暴な行動をとる，些細なことでかんしゃくを起こす，大人の言うことや指示に従わず反抗する，わざと相手を怒らせるようなことを言ったり行ったりする，すぐにいじけて引きこもる，クラスで孤立するなどがある（国立特別支援教育総合研究所，2013）。先に述べた反抗挑戦性障害や素行障害も，周囲からの適切な支援が得られず，二次障害が発展して発症する可能性のある障害である。文部科学省（2003）は，注意欠如・多動症の児童生徒に対する指導上の具体的な配慮として，(1)叱責よりはできたことを褒める対応をする，(2)問題行動への対応では，行動観察から出現の傾向・共通性・メッセージを読み取る，(3)不適応を起こしている行動については，その児童生徒と一緒に解決のための約

束を決め，自力ですることと支援が必要な部分を明確にしておく，(4)グループ
活動でのメンバー構成に配慮する，(5)刺激の少ない学習環境（机の位置など）
を設定するなどのポイントを紹介している。なお，6歳以上の場合には薬物療
法が有効な場合が多く，服薬と環境調整の両側面から本人の適応を支える介入
が考えられる。

5　限局性学習症／限局性学習障害

　限局性学習症／限局性学習障害（Specific Learning Disorder：SLD）とは，学齢
期から見られる基本的な学業的技能（読字，読解力，綴字や書字，計算，数学的推
論）の学習困難である。この困難さは，学校や家庭で適切な教育が行われても
続き，学業成績がその年齢に期待されるものよりも明らかに低く，学業，職業
遂行能力，日常生活活動に障害を引き起こしているものである。文部科学省で
は「学習障害（Learning Disabilities：LD）」という言葉が用いられ，「学習障害と
は，基本的には全般的な知的発達に遅れはないが，聞く，話す，読む，書く，
計算する，または推論する能力のうち特定のものの習得と使用に著しい困難を
示すさまざまな状態をさすものである。学習障害は，その原因として，中枢神
経系に何らかの機能障害があると推定されるが，視覚障害，聴覚障害，知的障
害，情緒障害などの障害や，環境的な要因が直接の原因となるものではない」

表15-5　DSM-5における限局性学習症の診断基準

A．学習や学業的技能の使用に困難があり，その困難を対象とした介入が提供されているにもかかわらず，以下の症状の少なくとも1つが存在し，少なくとも6か月間持続していることで明らかになる：
(1)　不的確または速度が遅く，努力を要する読字
(2)　読んでいるものの意味を理解することの困難さ
(3)　綴字の困難さ
(4)　書字表出の困難さ
(5)　数字の概念，数値，または計算を習得することの困難さ
(6)　数学的推論の困難さ
B．欠陥のある学業的技能は，その人の歴年齢に期待されるよりも，著名にかつ定量的に低く，学業または職業遂行能力，または日常生活活動に意味のある障害を引き起こしており，個別試行の標準化された到達尺度および総合的な臨床評価で確認されている。 　17歳以上の人においては，確認された学習困難の経歴は標準化された評価の代わりにしてよいかもしれない。
C．学習困難は学齢期に始まるが，欠陥のある学業的技能に対する要求が，その人の限られた能力を超えるまでは完全には明らかにはならないかもしれない。
D．学習困難は知的能力障害群，非矯正視力または聴力，他の精神または神経疾患，心理社会的逆境，学業的指導に用いる言語の習熟度不足，または不適切な教育的指導によってはうまく説明されない。

出所：米国精神医学会（2014）。

第Ⅳ部　支援のための教育心理学

と定義されている（文部科学省，1999）。発症の危険性を高める原因としては，遺伝的要因のほか，早産および極低出生体重児，妊娠中の喫煙などの要因が指摘されている。DSM-5の診断基準を表15-5に示す。

　主に困難が見られる学習領域によって，読字の障害，書字表出の障害，算数の障害の3つが設けられている。読字の障害は，読字の正確さ，読字の速度や流暢性，読解力がとくに障害されたものである。例えば，文字や行を読み飛ばしたり，単語のまとまりを把握できずに不適切な場所で区切ってまとまりのない読み方をしたり，読んだ内容の関係性や意味することを理解できないといったものがある。書字表出の障害は，綴字の正確さ，文法と句読点の正確さ，文章を書く時の明確さや構成力がとくに障害されたものである。例えば，板書などを書き写す速度が遅く，文字のバランスが悪い，決められた枠内に書くことが難しい，書き順を誤ってしまう，助詞や句読点が適切に使えない，段落分けが不得手であるといったものがある。算数の障害は，数の感覚，数学的事実の記憶，計算の正確さや流暢さ，数学的推理の正確さがとくに障害されたものである。例えば，数概念を習得することが難しい，数字や記号，九九を覚えられない，繰り上がり・繰り下がりを間違えてしまう，文章問題の内容を理解して適切な数学的知識を応用することができないといったものがある。

　学習の遅れの目安としては，学校での学習到達度に対する遅れが1～2学年相当，あるいは標準化された検査で1.5標準偏差以下というのが一般的である。重症度は，軽度，中等度，重度の3段階に分かれている。

　対応方法としては，その子どもが困難を抱えている機能には負担をかけず，比較的得意な機能を活用することがあげられる。例えば，読字の障害がある場合には，問題文を読みあげるなど音声の形で提示したり，読んでいる文章のみが見える仕組みのシートを活用して教科書の文章を追いやすくしたりすることで困難感が解消される。また，書字表出の障害がある場合には，文字を書くマスを大きくしたり，漢字の各部位の意味や語呂合わせを教えることで漢字を正確に覚えやすくする工夫ができる。算数の障害がある場合には，具体物を使うことで数の概念を理解しやすくすることができるだろう。

　なお，限局性学習症は，二次障害が引き起こされる可能性の高い神経発達障害でもある。学習面でのつまずきの原因を，本人の努力不足や勉強不足などに求められやすく，親や教師から叱責を受けたり，友人からのからかいやいじめに発展することがある。限局性学習症だと気づかれずに適切な支援を受けることができないと，否定的な対人経験を重ねて自信を失い，不登校などの学校不適応に至る可能性もある。早い段階でその子どものつまずきの内容と背景要因を把握し，適切な学習支援と環境調整を行うことが重要である。

▷7　標準偏差
その値が平均からどの程度離れているかを表す値。散布度の指標として用いられる。標準化された検査の下では，1.5標準偏差以下は全体の約7％にあたり，5段階評価では「1」の評価に相当する。

第15章　神経発達障害と特別支援教育

6　教育的ニーズに合った特別支援教育

1　制度としての特別支援教育

　従来，障害児に対する教育は特殊教育と呼ばれ，障害の種類や程度に応じて
それぞれ，盲学校（視覚障害），聾学校（聴覚障害），養護学校（知的障害，肢体不
自由，病弱）で手厚い教育を行うことに重点が置かれていた。しかし，盲学校，
聾学校，養護学校に在籍する子どもの障害の重度化や重複化が進み，障害種に
とらわれない学校設置の必要性が増したほか，通常学級に在籍しながらも特別
な教育的支援を必要とする子どもの数が増加し，その教育的対応が求められる
ようになった。これらの状況を踏まえ，2007（平成19）年に改正学校教育法が
施行され，特殊教育から特別支援教育への転換が図られた。特別支援教育と
は，障害のある児童生徒の自立や社会参加に向けた主体的な取り組みを支援す
るという視点に立ち，児童生徒一人ひとりの教育的ニーズを把握し，そのもて
る力を最大限に高め，生活や学習上の困難を改善または克服するために適切な
指導や必要な支援を行うものである。

　障害種別に教育を行ってきた盲学校，聾学校，養護学校は特別支援学校に一
本化され，複数の障害種に対応した教育が可能になった。特別支援学校は，地
域における障害のある子どもの教育に関するセンター的機能を有する場所とし
ても位置づけられている。特別支援学校と小・中学校は，情報や意見の交換を
通して児童生徒に対する教育的支援が円滑に行えるよう連携協力を図っている。

　また，これまで特殊教育の対象とされた障害に加え，新たに LD，AD／
HD，高機能自閉症なども特別支援教育の対象になった。小・中学校では，特
別支援学級や通級による指導だけでなく，通常の学級も含めて特別支援教育を
行うことが推進されている。特別支援学級では，障害の種別ごとの少人数学級
のなかで一人ひとりに合った教育が行われる。通級による指導では，普段は通
常の学級に在籍して，必要な時間のみ特別な指導の場で支援を受けることがで
きる。そして，通常の学級では，少人数指導や習熟度別指導による授業や特別
支援教育支援員による補助などを通して障害に配慮した教育が行われる。

　なお，子ども一人ひとりに関しては，個別の教育支援計画と個別の指導計画
の作成を進めることが定められている。個別の教育支援計画とは，乳幼児期か
ら学校卒業後まで一貫した対応が行えるよう，その子どもの教育的ニーズに
合った適切な支援を教育，医療，保健，福祉，労働などの関係機関の関係者に
円滑に引き継ぐことを目指した総合的な支援計画である。小・中学校では，障
害のある児童生徒の教育に関する知識や経験を有する教師が中心となり，他の

▷8　高機能自閉症
知的発達の遅れをともなわ
ない自閉性障害のこと。

▷9　特別支援教育支援員
小・中学校において，障害
のある児童・生徒の日常生
活上の介助や学習支援を行
う者のこと。

第Ⅳ部　支援のための教育心理学

教師の協力を得つつ作成される。対象となる子どもの実態を把握し，その実態に即した指導目標，具体的な支援内容，関係者の役割分担などを明確化し，計画・実行・評価（Plan-Do-See）を行う。また，作業には保護者の積極的な参加を促し，保護者の意見を十分に聞いたうえで計画を作成・改訂することが重要である。一方，個別の指導計画とは，実際の指導に際して作成されるものであり，対象となる子どもの実態やニーズに応じた指導計画である。具体的には，単元や学期・学年ごとに作成され，生徒の実態，年間目標，各学期の指導内容と指導目標，その評価と今後の課題などが記載される。教師は指導の経過を記録し，その記録を振り返ることで子どもの到達状況や効果的であった対応方法などを把握し，その後の教育的支援に活用することができる。

　さらに，各学校には特別支援教育コーディネーターという役職が設けられ，校務分掌に明確に位置づけられている。特別支援教育コーディネーターは，校内委員会の企画・運営，校内または校外の関係者との連絡・調整，保護者からの相談窓口などの役割を担うことが求められている。

▷10　校内委員会
校長，教頭，特別支援教育コーディネーター，通級指導教室担当教員，特別支援学級教員，養護教諭，学級担任などで構成される。対象となる子どもの実態把握やこれまでの対応方法について振り返りを行い，全校的な視点から今後の支援計画を立て，教員間の共通理解を図る。

［2］　特別支援教育で求められるもの

　国立特別支援教育総合研究所（2013）は，特別支援教育の下で学校が取り組むべきことを，⑴気づき，⑵実態把握，⑶特別支援コーディネーターを中心とした校内支援体制の構築，⑷二次障害の予防，⑸教師・子ども・保護者への理解・啓発の5点にまとめている。

　実態把握とは，どのような支援が必要かということの把握であり，その子どもの診断名は重要な問題ではない。子どものつまずきや困難感にいち早く気づき，問題になっている状況の詳細について十分な情報収集を行うことを通して，一人ひとりのニーズに応じた適切な教育上の配慮を施すことが求められる。その際，担任が一人で抱え込むのではなく，複数の教師の観察に基づく意見を聞くなど，同学年の教師，特別支援学級や通級指導教室の担当者，養護教諭，特別支援教育コーディネーターなどと連携して状態像の把握に努めることが重要である。また，校内支援体制は，学級レベル，学校全体レベル，地域レベルというように，階層的に機能するような体制を築くことが望ましい。なお，神経発達障害の子どもの支援を考える時に，その子どもの苦手な部分のみが注目されやすくなるが，指導の原則は長所を伸ばすことである。その子どもの得意なことや興味のあることは何か，現在できていることと，もう少しでできそうなことは何かといった視点が重要であり，このような姿勢は子どもの自尊心や自己肯定感を高め，二次障害の予防にもつながる。すべての教職員，保護者，他の子どもに対して，正しい障害理解と対応する際の具体的な配慮・工夫点を認識してもらうために，学校が積極的に啓発活動に取り組むことが望まれる。

第15章　神経発達障害と特別支援教育

Exercise

① 神経発達障害の子どもの自尊心や自己肯定感を育てるような指導上の工夫とは何か，反対に，どのような対応が子どもの自尊心を傷つけ，自己肯定感を低下させるかについて考えてみよう。

② 学級に在籍する神経発達障害のある子どもに対して周囲の配慮が必要な場合，他の児童生徒に障害理解を促すために担任は何ができるか，また，学級のなかで話題として取り上げる際に注意すべきことは何かについて考えてみよう。

📖次への一冊

月刊誌『実践 障害児教育』学研教育出版。

　　特別支援教育の最新情報が得られるほか，具体的な指導方法が掲載されている。発達理論の解説や関係者間の連携に関するコラムなど，特別支援教育に関する幅広い学びができる。

平澤紀子『応用行動分析学から学ぶ子ども観察力＆支援力養成ガイド』学研教育出版，2012年。

　　学級でよく見られる行動問題とその支援方法を，観察・分析・支援・更新の4段階に沿って具体的に解説している。記録シートの記入例も掲載されており，実践的である。

河原紀子監修『0歳〜6歳 子どもの発達と保育の本』学研教育出版，2011年。

　　正常発達に関する知識を身につけることは必須である。幼児保育者向けの書籍だが，年齢ごとの発達特徴がイラスト付きで紹介され，発達理論に基づく解説もなされている。

太田昌孝・永井洋子編著『認知発達治療の実践マニュアル——自閉症のStage別発達課題』日本文化科学社，2005年。

　　認知発達に応じた発達課題（教育プログラム）が段階別に整理されているため，子どもが今どの認知発達段階にいて，次にどのような課題に取り組めばよいかが一目でわかる。

引用・参考文献

米国精神医学会，高橋三郎・大野裕監訳『DSM-5 精神疾患の診断・統計マニュアル』医学書院，2014年。

国立特別支援教育総合研究所『改訂新版LD・ADHD・高機能自閉症の子どもの指導ガイド』東洋館出版社，2013年。

宮本信也「発達障害を理解する」『発達障害のある子の理解と支援——DSM-5改訂対応版』母子保健事業団，2014年。

第Ⅳ部　支援のための教育心理学

文部科学省「学習障害児に対する指導について（報告）」学習障害及びこれに類似する
　学習上の困難を有する児童生徒の指導方法に関する調査研究教育者会議，1999年。
文部科学省「今後の特別支援教育の在り方について（最終報告）」文部科学省初等中等
　教育局特別支援教育課，2003年。
文部科学省「特別支援教育資料（平成27年度）」文部科学省初等中等教育局特別支援教
　育課，2016年。
東京都福祉保健局「発達障害者支援ハンドブック2015」東京都福祉保健局障害者施策推
　進部精神保健・医療課，2015年。

索　引

あ行

アーミーテスト　*145*
アイゼンク，H. J.（Eysenck, H. J.）　*165, 168*
愛着　*9, 47*
愛着理論　*9*
アイデンティティ　*17, 71, 180*
アクティブ・ラーニング　*132*
アスピレーション　*119*
アスペルガー障害（症候群）　*195, 198*
アセスメント　*157, 158, 161, 188*
アタッチメント　*47, 48*
アタッチメント（愛着）形成　*185*
アタッチメント行動　*47*
アトキンソン，R. C.（Atkinson, R. C.）　*96, 97, 113*
アドラー，A.（Adler, A.）　*6*
アニミズム　*46*
アハー体験　*91*
アルゴリズム　*102*
アルバート坊やの実験　*86*
アロンソン，E（Aronson, E）　*131*
アンダーアチーバー　*146*
アンダーマイニング効果　*115–117*
アンドロゲン　*67*
イギリス経験論　*4*
石隈・田村式援助シート　*188*
いじめ　*182, 184, 188, 190, 204*
板倉聖宣　*129*
一語文　*40*
一次的援助サービス　*189*
一次的評価　*180*
一般型　*37*
一般問題解決器（GPS）　*103*
遺伝・環境論争　*25*
遺伝子　*19*
遺伝子型　*19, 23*
遺伝子多型　*20*
遺伝説　*25*
遺伝と環境の交互作用　*27*
意味記憶　*98*
意味ネットワークモデル　*98, 99*
イメージ化　*101*
因子分析　*142*
印象形成　*153*
インフォームドコンセント　*175*

ヴィゴツキー，L.（Vygotsky, L.）　*9*
ウェクスラー，D.（Wechsler, D.）　*141, 144, 197*
ウェクスラー式知能検査　*144, 145*
ウェルトハイマー，M.（Wertheimer, M.）　*5*
ウェルナー，H.（Werner, H.）　*9, 18*
ウォーク，R. D.（Walk, R. D.）　*39*
ウォルピ，J.（Wolpe, J.）　*86*
内田クレペリン精神検査　*174*
内田勇三郎　*174*
ヴント，W. M.（Wundt, W. M.）　*4, 5, 8*
運動症群／運動障害群　*195, 196*
運動能力検査　*43*
エインズワース，M. D. S.（Ainsworth, M. D. S.）　*9*
エクスナー法　*174*
エクソシステム　*24*
エス（イド）　*6, 166*
エストロゲン　*67*
エディプス・コンプレックス　*185*
エピソード記憶　*98*
エビングハウス，H.（Ebbinghaus, H.）　*99*
エリオット，E. S.（Elliott, E. S.）　*119*
エリクソン，E. H.（Erikson, E. H.）　*6, 16, 71, 73*
演繹的推論　*103*
エンカウンター・グループ　*187*
援助チーム　*188*
延滞模倣　*46*
応用行動分析　*89*
オーク・スクール実験　*154*
オーズベル，D. P.（Ausbel, D. P.）　*128*
オーバーアチーバー　*146*
オペラント行動　*87*
オペラント条件づけ　*84, 87, 88, 184*
親子関係　*74*
オルポート，G. W.（Allport, G. W.）　*165, 168*

か行

外顕的攻撃　*61*
外向性　*169, 170*
概説的オーガナイザー　*128*
外胚葉型　*167*
外発的アスピレーション　*120*
外発的動機づけ　*114, 117*
開放性　*169, 170*
快楽原則　*166*
解離　*180*
カウンセリング　*186*
過干渉　*181*
過期産　*33*
書き能力　*47*
拡散的思考　*147*
学習　*18, 83*
学習障害　*195, 203*
学習性無力感　*122*
学習方略　*146*
学習優位説　*25*
覚醒水準　*113*
仮現運動（ファイ現象）　*5*
仮説演繹的思考　*69*
仮説実験授業　*129, 130*
片口法　*174*
学級集団　*149–153, 157, 160*
学級風土　*152*
学級風土質問紙　*158*
学級崩壊　*153*
学級満足度尺度　*159, 160*
学校恐怖症　*86, 181*
学校心理学　*188, 189*
学校心理士　*10*
学校生活意欲尺度　*159*
学校保健統計調査　*53*
葛藤　*179, 185*
過保護　*181*
感覚運動期　*45, 69*
感覚記憶　*95*
感覚遮断実験　*112*
感覚貯蔵　*96*
環境　*21, 27*
環境閾値説　*25*
環境主義　*5*
環境説　*25*
関係性攻撃　*61*
間歇強化（間欠強化）　*88*

観察法　11, 170
観衆　183
慣習的水準　59, 60
感情　44
干渉説　99
完全習得学習　128
カント, I.（Kant, I.）　4
記憶　95
記憶の方略　100
危機　71
儀式的行動　199
気質　165, 166
帰属理論　153
基礎的心理欲求　117
機能主義心理学　5
機能の固着　105
帰納的推論　103
規範意識　59
ギブソン, E. J.（Gibson, E. J.）　39
基本的生活習慣　17
基本的欲求（一次的欲求）　112, 113
記銘　95
虐待　188
逆向干渉　100
キャッテル, J. M.（Cattell, J. M.）　5, 8, 143, 165, 168
キャラ　76
キャロル, J. B.（Carroll, J. B.）　143
ギャング・グループ　60, 75
9歳の壁　57
吸啜反射　36
教育心理学　6-8
教育評価　133
強化　85, 88, 186
強化子　88
強化スケジュール　88
共感性　58, 59
共感的理解　187
教師期待効果　154, 155
教授法　127
京大NK知能検査　145
協調性　169, 170
協同遊び　49
協同学習　105
共同注意　40
共有型しつけ　47
共有環境　26, 27
極小未熟児　204
ギルフォード, J. P.（Guilford, J. P.）　143, 171
均衡化　45

均衡化理論　9
勤勉性　170
具体的操作期　45, 55, 57, 69
ぐ犯少年　184
クライン, M.（Klein, M.）　6
グリーン, D.（Greene, D.）　116
クレッチマー, E.（Kretschmer, E.）　167
クレペリン, E.（Kraepelin, E.）　174
クロンバック, L. J.（Cronbach, L. J.）　132
計画・実行・評価（Plan-Do-See）　206
経験　83
経験への開放性　170
形式的操作期　45, 69
形成的評価　128, 134, 135
系統的脱感作法　86
系列位置効果　96, 97
系列化　55
ケーラー, W.（Köhler, W.）　5, 6, 90
ゲシュタルト心理学　5, 10
ゲスフー・テスト　157, 158
ゲゼル, A. L.（Gesell, A. L.）　8, 25
結果予測　10
結晶性知能　143
権威主義傾向　155
原因帰属　121-123, 155
原因帰属の理論　120
原因の所在　120
限局性学習症／限局性学習障害　20, 180, 181, 188, 195, 196, 203, 204
検索　95
検索失敗説　99, 100
嫌子　88
現実原則　166
原始反射　36
現代心理学の3大潮流　5
語彙能力　47
5因子モデル　169
効果の法則　8, 87
後期高齢者　17
好奇心　113
高機能自閉症　205
好奇欲求　113
攻撃行動　61, 186
攻撃性　184
好子　88

公式集団　150
向社会的行動　61
口唇探索反射　36
構成主義心理学　4, 5
構成的グループ・エンカウンター　161
行動遺伝学　26, 28
行動主義心理学　5, 8, 9, 83
行動療法　86, 186
校内委員会　206
光背（ハロー）効果　153
広汎性発達障害　195
ゴールトン, F.（Galton, F.）　8
コールバーグ, L.（Kohlberg, L.）　59
呼吸法　186, 190
刻印づけ　22
心の理論　58
個人内評価　133, 134
個性記述的アプローチ　12
個体発達分化の図式　71
こだわり　199
古典的条件づけ　84, 87, 88, 184, 186
コフカ, K.（Koffka, K.）　5, 6
個別式知能検査　145
コミュニケーション症群／コミュニケーション障害群　195, 196
コンサルテーション　189

さ行

サーストン, L. L.（Thurstone, L. L.）　142, 143
再学習法　99
催奇形因子　35
再生法　95
細長型　167, 168
再認法　95
サイモン, H. A.（Simon, H. A.）　103
サイン・ゲシュタルト説　90
作業検査法　171, 174
サリヴァン, H. S.（Sullivan, H. S.）　75
サリドマイド　21
三項関係　40
三項随伴性　89
三次的援助サービス　190
シェイピング　89
ジェームズ, W.（James, W.）　7
シェマ　9, 45

索　引

シェルドン，W. H.（Sheldon, W. H.）　167
ジェンセン，A. R.（Jensen, A. R.）　26
自我　6, 166
視覚障害　203
視覚的断崖実験　39
自我心理学派　6
自我理想　75
時間的展望　70
ジグソー学習　131
自己一致　187
試行錯誤学習　87
試行錯誤説　8
自己概念　62, 73
自己観察法　4
自己決定　116
自己効力　10
自己実現欲求　111, 114
自己主張　49, 50
自己中心性　46
自己調整能力　50
自己評価　74
自己ペースの原理　129
自己抑制　50
思春期　67
自然観察法　11
自尊感情　74, 202
16PF　172
実験教育学　7
実験的観察法　11
実験法　11
実体的知能観　123
実念論　46
質問紙法　11, 171
実用性　171
児童期　17, 53, 70
児童虐待　27, 184
児童虐待防止法　184
児童相談所　185
自発的回復　85
シフリン，R. M.（Shiffrin, R. M.）　96, 97
自閉症　195
自閉スペクトラム症／自閉症スペクトラム障害　180, 188, 195, 196, 198–200
自閉性障害　198
シモン，T.（Simon, T.）　143, 144
社会性と感情の教育（SEL）　191
社会的学習　184

社会的学習理論　10
社会的距離尺度　158
社会的（語用論的）コミュニケーション症　196
社会の選好得点　61
社会的認知理論　10
社会の比較　62, 151
社会の抑制　151
社会的欲求（二次的欲求）　112, 113
シャルコー，J. M.（Charcot, J. M.）　6
自由記述法　11
自由再生法　96
就巣性　36
収束の思考　147
集団規範　149–151
集団凝集性　149, 153
集団式知能検査　145
自由連想法　6, 185
主観的な苦痛度（SUD）　86
熟達目標　118, 123
手段目標分析　103
出生前期　16
シュテルン，W.（Stern, W.）　8, 25
主働遺伝子　20
守秘義務　175
シュプランガー，E.（Spranger, E.）　167
準拠集団　153
順向干渉　100
準備状態（レディネス）　18
昇華　180
生涯発達　16
消去　85, 186
消去抵抗　88
条件刺激　84, 85, 88
条件づけ　84, 90
条件反射　84
条件反応　84
情緒障害　203
情緒不安定性　170
衝動性　202
小児期発症流暢症（吃音）　196
将来目標　119
触法少年　184
初語　40
初頭効果　96
処理水準　101
自律訓練法　186
自律性　117, 118

自律的動機づけ　117
人格　165
新近効果　96, 97
神経型　37
神経症傾向　168–170
神経発達障害　195, 196, 204, 206
新行動主義　5, 83
人工論　46
心身二元論　3
新生児期　16, 36, 39
身体緊張型　167
身体的虐待　184
身体満足度　68
診断的評価　134, 135
新版東大式エゴグラム ver2　172
信頼性　135, 171, 173
心理学　3
心理学的ストレスモデル　179, 190
心理検査　187
心理社会的モラトリアム　73
心理的虐待　184
心理療法　185
随意運動　37
遂行回避目標　118, 119
遂行接近目標　118
遂行目標　123
随伴性　85
数学の問題解決　106
スキナー，B. F.（Skinner, B. F.）　5, 87, 89, 129
スキャモン，R. E.（Scammon, R. E.）　37, 53
スクール・カウンセラー　189
スクール・ソーシャルワーカー　189
スクールモラール　156
鈴木治太郎　144
鈴木ビネー知能検査　144
スタンフォード・ビネー式知能検査　144
図と地　6
ストレス源（ストレッサー）　180
ストレス・マネジメント　190
ストレンジ・シチュエイション法　9
頭脳緊張型　167
スピアマン，C. E.（Spearman, C. E.）　142
スモールステップ　89, 90, 129
性格　165
性格検査法　170, 171, 173

211

生活年齢　143, 144
正期産　33
誠実性　169, 170
成熟　18
成熟説　8, 25
成熟前傾現象　68
生殖型　37
成人期　17
精神年齢　143, 144
精神物理学　10
精神物理学的測定法　4
精神分析　5, 6, 166, 179, 184, 185
生態学的環境　23
精緻化リハーサル　96
成長加速現象　67
性的虐待　184
青年期　17, 67
正の強化　88
正の罰　88
性ホルモン　67
生理的早産　36
積極的反応の原理　129
接近行動　47, 48
絶対評価　133, 134
節約率　100
セルフ・ハンディキャッピング行動　119
前概念的思考の段階　46
前慣習的水準　59, 60
宣言的記憶　98
先行オーガナイザー　128
選好注視法　39
潜在学習　90
染色体　19
漸進的筋弛緩法　190
前操作期　45, 46, 69
選択性かん黙　186
躁うつ気質　167
躁うつ病　180
総括的評価　134, 135
想起　95
相互決定主義　10
相互作用説　25, 26
早産　33, 204
創造性　146
創造的思考　147
増大的知能観　123
相対評価（集団準拠評価）　133, 134
ソーシャル・スキル　18, 48, 161
ソーシャル・スキル教育　161

ソーシャルスキル・トレーニング　161, 191
ソーンダイク，E. L.（Thorndike, E. L.）　8, 10, 87
素行症／素行障害　202
ソシオマトリックス　157
ソシオメトリック・テスト　157, 158

た行

ダーウィン，C. R.（Darwin, C. R.）　5
ターゲット・スキル　161
ターマン，L. M.（Terman, L. M.）　8, 144
第一次反抗期　49, 50
大うつ病性障害　20
胎芽期　33
退行　180
胎児期　33
胎児性アルコール症候群　35
対象関係学派　6
体制化方略　100
胎生期　16, 33
第二次性徴　67, 180
第2の分離―個体化　74
代表性ヒューリスティックス　103
代理強化　91
大陸合理論　4
対立遺伝子　19
代理ミュンヒハウゼン症候群　184
体力・運動能力調査　53
多因子性　20
脱慣習的水準　59, 60
達成動機づけ　113
達成目標　118, 119
達成欲求　113
脱中心化　55
多動性　202
妥当性　135, 171, 173
多動性―衝動性優勢型　202
田中寛一　144
田中B式知能検査　145
田中ビネー知能検査　144
多変量遺伝分析　26
短期記憶　95-97
短期貯蔵　96
単変量遺伝分析　26
チーム会議　188
知識構成型ジグソー法　131
チック症群　196

知的障害　203
知的能力障害　195-197
知的発達症／知的発達障害　196
知能観　123
知能検査　8, 10, 187, 197
知能指数（IQ）　141, 144, 197
知能の多因子説　142, 143
知能の二因子説　142
チャム・グループ　75, 76
チャンク　96
注意欠如・多動症／注意欠如・多動性障害（AD/HD）　20, 180, 188, 195, 196, 200, 202, 205
中1ギャップ　182
中心化　46
中胚葉型　167
聴覚障害　203
長期記憶　95, 96, 98
長期貯蔵　96
超自我　6, 166
調節　45
調和性　170
貯蔵　95
直感的思考の段階　46
定位行動　47
ティーチング・マシン　129
抵抗　186
定向進化の原理　9, 19
低出生体重児　34
ティチナー，E. B.（Tichener, E. B.）　5
デカルト，R.（Descartes, R.）　3
適応　179
適応処遇交互作用（ATI）　132
デシ，E. L.（Deci, E. L.）　116
テストバッテリー　175
手続き記憶　98, 99
転移　180, 186
転換　180
てんかん気質　167
転導推理　46
同一化的調整　117
投影　180
投影法　171-173
同化　45
同化と調節　9
動機づけ　111
道具的条件づけ　84, 88, 184, 186
登校拒否　181
統合失調症　180, 184
統合的調整　117

洞察学習　*91*
闘士型　*167, 168*
到達度評価　*133*
同調圧力　*150*
道徳性　*59*
道徳判断　*59*
ドエック，C. S.（Dweck, C. S.）
　121
トークンエコノミー法　*90*
トールマン，E. C.（Tolman, E. C.）
　5, 90
特殊教育　*205*
特性論　*168, 169, 171*
特別支援教育　*205*
特別支援教育コーディネーター
　206
特別支援教育支援員　*205*
取り入れ的調整　*117*
ドリル学習　*8*

な行

ナイサー，U. G.（Neisser, U. G.）
　9
内在化　*117*
内臓緊張型　*167*
内胚葉型　*167*
内発的アスピレーション　*119*
内発的動機づけ　*113, 114, 117*
仲間指名法　*61*
喃語　*40*
ニア・ソシオメトリック・テスト
　157
二語文　*40, 47*
二次障害　*202, 204, 206*
二次的援助サービス　*189*
二次的就巣性　*36*
二次的評価　*180*
二重貯蔵モデル　*96, 97*
ニューウェル，A.（Newell, A.）
　103
乳児期　*16, 36, 40*
人間―状況論争　*169*
人間性中心主義　*186*
妊娠期間　*33*
認知行動療法　*186*
認知心理学　*9*
認知説　*90*
認知地図　*90*
認知的バイアス　*153*
ネグレクト　*184*

は行

把握反射　*36*
パーソナリティ　*165–167, 170–172,
　174, 175, 180, 185*
パーソナリティ検査　*187*
パーソナリティ特性　*168, 169*
ハーツホーン，H.（Hartshorne, H.）
　157
パーテン，M. B.（Parten, M. B.）
　49
バーンアウト　*188*
ハインツのジレンマ　*59*
ハヴィガースト，J. R.（Havighurst,
　J. R.）　*17*
バウムテスト　*173*
バズ学習　*130*
罰　*88*
発見学習　*127*
罰子　*88*
発信行動　*47*
発達　*15*
発達加速現象　*67*
発達課題　*17*
発達障害　*181, 190, 195*
発達障害者支援法　*195*
発達心理学　*7*
発達性協調運動症　*196*
発達段階　*16*
発達の最近接領域　*9*
ハノイの塔　*102*
バビンスキー反射　*36*
パフォーマンス評価　*136*
パブロフ，I. P.（Pavlov, I. P.）　*84,
　85*
ハル，C. L.（Hull, C. L.）　*5, 83*
般化　*85*
反響言語（オウム返し）　*199*
反抗期　*75*
反抗挑発症／反抗挑戦性障害　*202*
犯罪少年　*183*
バンデューラ，A.（Bandura, A.）
　10, 91
反動形成　*179, 180*
ピア・グループ　*75, 76*
ピア・サポート　*190, 191*
ピアジェ，J.（Piaget, J.）　*9, 26, 45,
　46, 55, 56, 69*
ピアプレッシャー　*76*
ピーターソン，C.（Peterson, C.）
　122
被虐待経験　*184, 185*
非叫喚発声　*40*

非共有環境　*26*
非行　*183, 190*
非公式集団　*150*
非宣言的記憶　*98*
ビッグファイブ　*169*
ひとり遊び　*49*
ビネー，A.（Binet, A.）　*8, 143, 144*
ビネー式知能検査　*144*
肥満型　*167, 168*
ヒューム，D.（Hume, D.）　*4*
ビューラー夫妻（Bühler, K. &
　Bühler, C.）　*8*
ヒューリスティックス　*102*
標準化　*171*
標準偏差　*204*
評定法　*11*
ファシリテーター　*161*
不安階層表　*86*
不安障害　*20, 180, 186*
ファンツ，R. F.（Fantz, R. F.）　*39*
フィードバック　*128*
フィードバックの原理　*129*
フィリップス，J. D.（Phillips, J. D.）
　130
風景構成法　*173*
フェニルケトン尿症　*20*
フェヒナー，G. T.（Fechner）　*4*
輻輳説　*25*
符号化　*95*
不注意　*201*
不注意優勢型　*202*
不適応　*179, 186, 202, 204*
不登校　*181, 182, 187, 190, 204*
負の強化　*88*
負の罰　*88*
部分強化　*88*
プラグマティズム　*5, 7*
フリースクール　*181*
ブリッジス，K. M. B.（Bridges, K.
　M. B.）　*44*
ブルーナー，J. S.（Bruner, J. S.）
　9, 127
ブルーム，B. S.（Bloom, B. S.）　*128*
ブレインストーミング　*147*
プレグナンツの法則　*6*
フロイト，A.（Freud, A.）　*6*
フロイト，S.（Freud, S.）　*6, 166,
　185*
プログラム学習　*89, 129*
ブロス，P.（Blos, P.）　*74*
プロダクションルール　*99*

213

ブロンフェンブレンナー，U.
（Bronfenbrenner, U.）*23, 24*
分化条件づけ *85*
分析心理学 *6*
分離─個体化 *74*
分類 *56*
分裂気質 *167*
ペアレント・トレーニング *89*
並行遊び *49*
ペスタロッチ，J. H.（Pestalozzi,
J. H.） *7*
ヘッドバンギング *22*
ヘッブ，D. O.（Hebb, D. O.）*21-23,
113*
ヘルバルト，J. F.（Herbart, J. F.）
7
ヘロン，W.（Heron, W.） *112*
偏差知能指数 *144*
弁別 *85*
防衛機制 *179, 180, 184, 185*
傍観者 *183*
法則定立的アプローチ *12*
暴力行為 *183, 184*
ボウルビィ，J.（Bowlby, J.） *9*
ポートフォリオ評価 *136*
ホール，G. S.（Hall, G. S.） *5, 7, 8,
10*
ホーン，J. L.（Horn, J. L.） *143*
ボガーダス，E. S.（Bogardus, E.
S.） *158*
歩行反射 *36*
保持 *95*
ホスピタリズム *9, 22*
母性的養育の剥奪 *9, 22*
保存課題 *46, 55*
ホメオスタシス *112, 113*
ホリングワース，L. S.（Hollingworth,
L. S.） *74*
ポルトマン，A.（Portmann, A.）
36

ま行
マイクロシステム *23*
マクロシステム *24*
マズロー，A. H.（Maslow, A. H.）
111, 113, 114
マターナル・デプリヴェーション
9, 22
三隅二不二 *156*
三つ山課題 *46, 55*
ミネソタ多面人格目録 *172*
ミラー，G. A.（Miller, G. A.） *9,

96*
ミル，J.（Mill, J.） *4*
ミル，J. S.（Mill, J. S.） *4*
無意味つづり *99*
無条件刺激 *84, 85, 88*
無条件の肯定的配慮 *187*
無力感 *123*
命題論理 *69*
メゾシステム *24*
メタ認知 *105*
メタ認知的手がかりの提示 *105*
面接法 *11, 170*
メンタル・テスト *8*
モイマン，E.（Meumann, E.） *7*
盲学校 *205*
モーズレイ性格検査 *172*
目標に準拠した評価 *133, 134*
モデリング *9, 91, 151*
元良勇次郎 *10*
モノアミン酸化酵素 A *27*
モラトリアム *73*
森田洋司 *183*
モレノ，J. L.（Moreno, J. L.） *157*
モロー反射 *36*
問題解決 *101*
問題空間 *102*
問題行動 *179, 181, 186, 190, 202*
問題スキーマ *107*

や行
ヤーキース, R. M.（Yerkes, R. M.）
145
役割実験 *73*
役割取得 *58*
矢田部ギルフォード性格検査
171, 172
矢田部達郎 *171*
有意味受容学習 *128*
遊泳反射 *36*
有能感 *62, 117*
ユング，C. G.（Jung, C. G.） *6, 167*
養護学校 *205*
幼児期 *16, 43, 57, 62*
幼児期運動指針 *44*
抑圧 *180*
抑うつ *186*
欲求 *111*
欲求階層 *111*
欲求不満 *179, 184*
予防教育 *190*
読み能力 *47*

ら行
ライアン，R. M.（Ryan, R. M.） *116*
ラザルス，R. S.（Lazarus, R. S.）
179
卵体期 *33*
リーダーシップ *156*
離巣性 *36*
リハーサル *96, 97*
リビドー *166*
流動性知能 *143*
利用可能性ヒューリスティックス
103
リラクセーション法 *186, 190*
臨界期 *22*
リンパ型 *37*
類型論 *167*
ルーブリック *135, 136*
ルクセンブルガーの図式 *25*
ルソー，J.（Rousseau, J.） *7*
レヴィン，K.（Lewin, K.） *70*
レスポンデント条件づけ *84, 184*
レディネス *8*
連合遊び *49*
連続強化 *88*
聾学校 *205*
老年期 *17*
ローゼンサール，R.（Rosenthal,
R.） *154, 155*
ロールシャッハ・テスト *173*
ローレンツ，K.（Lorenz, K.） *22*
ロジャーズ，C. R.（Rogers, C. R.）
187
ロック，J.（Locke, J.） *4, 25*

わ行
ワーキング・メモリー *96, 97,
145, 197*
ワイナー，B.（Weiner, B.） *120, 121*
ワトソン，J. B.（Watson, J. B.） *5,
8, 25, 83*
ワラス，G.（Wallas, G.） *147*

欧文
CAI *129*
CHC 理論 *143*
DNA *19*
DSM-5 *195-197, 201, 203*
eラーニング *129*
HTP テスト *173*
IQ *154, 197*
M 機能（集団維持機能） *156*
NEO-PI-R *172*
NICU *33*
OCEAN モデル *169*

索　引

P–F スタディ　*173*
PM 理論　*156*
PTSD（心的外傷後ストレス障害）
　　184
P 機能（集団目標達成機能）　*156*

Q–U　*159, 160*
SCT　*173*
TAT　*173*
WAIS　*144, 197*
WAIS–III　*145*

Who Am I テスト　*73*
WISC　*144, 197*
WISC–IV　*145, 197*
WPPSI　*144*
WPPSI–III　*145*

《監修者紹介》

吉田武男（筑波大学名誉教授／関西外国語大学英語国際学部教授）

《執筆者紹介》（所属，分担，執筆順，＊印は編著者）

＊濱口佳和（編著者紹介参照：はじめに・第1章・第2章）

本田泰代（函館大学ピア・サポートセンター臨床心理士：第3章）

本田真大（北海道教育大学教育学部函館校准教授：第4章）

関口雄一（山形大学地域教育文化学部准教授：第5章）

千島雄太（筑波大学人間系助教：第6章）

江口めぐみ（東京成徳大学応用心理学部准教授：第7章）

桑原千明（文教大学教育学部准教授：第8章）

鈴木高志（高知工科大学共通教育教室准教授：第9章）

設楽紗英子（作新学院大学女子短期大学部准教授：第10章）

水野雅之（東京家政大学子ども学部講師：第11章）

渡部雪子（山梨英和大学人間文化学部非常勤講師：第12章）

石川満佐育（鎌倉女子大学児童学部准教授：第13章）

藤原健志（新潟県立大学人間生活学部講師：第14章）

臼倉　瞳（東北大学災害科学国際研究所助教：第15章）

《編著者紹介》

濱口佳和 （はまぐち・よしかず／1960年生まれ）

　　筑波大学人間系心理学域教授
　　『子どもの発達と学習』（共編著，北樹出版，1997年）
　　『子どもの心理臨床』（共編著，北樹出版，1999年）
　　『子どもの社会性とパーソナリティの発達』（共編著，北大路書房，2000年）
　　『子どものこころ』（共編著，有斐閣，2003年）
　　『挑発場面における子どもの社会的コンピテンス』（風間書房，2004年）
　　『教育心理学──学校での子どもの成長をめざして』（共編著，培風館，2009年）

MINERVA はじめて学ぶ教職⑤

教育心理学

| 2018年 3 月30日 | 初版第 1 刷発行 | 〈検印省略〉 |
| 2022年 3 月20日 | 初版第 3 刷発行 | |

定価はカバーに
表示しています

編著者	濱　口　佳　和
発行者	杉　田　啓　三
印刷者	藤　森　英　夫

発行所　株式会社　ミネルヴァ書房

607-8494　京都市山科区日ノ岡堤谷町 1
電話代表　（075）581-5191
振替口座　01020-0-8076

ⓒ濱口佳和ほか，2018　　　　　　　　　亜細亜印刷

ISBN978-4-623-08155-4

Printed in Japan

MINERVA はじめて学ぶ教職

監修　吉田武男

「教職課程コアカリキュラム」に準拠　　全20巻＋別巻1

◆　B5判／美装カバー／各巻180〜230頁／各巻予価2200円（税別）　◆

① **教育学原論**
滝沢和彦 編著

② **教職論**
吉田武男 編著

③ **西洋教育史**
尾上雅信 編著

④ **日本教育史**
平田諭治 編著

⑤ **教育心理学**
濱口佳和 編著

⑥ **教育社会学**
飯田浩之・岡本智周 編著

⑦ **社会教育・生涯学習**
手打明敏・上田孝典 編著

⑧ **教育の法と制度**
藤井穂高 編著

⑨ **学校経営**
浜田博文 編著

⑩ **教育課程**
根津朋実 編著

⑪ **教育の方法と技術**
樋口直宏 編著

⑫ **道徳教育**
田中マリア 編著

⑬ **総合的な学習の時間**
佐藤　真・安藤福光・緩利　誠 編著

⑭ **特別活動**
吉田武男・京免徹雄 編著

⑮ **生徒指導**
花屋哲郎・吉田武男 編著

⑯ **教育相談**
高柳真人・前田基成・服部　環・吉田武男 編著

⑰ **教育実習**
三田部勇・吉田武男 編著

⑱ **特別支援教育**
小林秀之・米田宏樹・安藤隆男 編著

⑲ **キャリア教育**
藤田晃之 編著

⑳ **幼児教育**
小玉亮子 編著

＊＊＊

別 **現代の教育改革**
吉田武男 企画／德永　保 編著

【姉妹編】

MINERVA はじめて学ぶ教科教育　全10巻＋別巻1

監修 吉田武男　B5判美装カバー／各巻予価2200円（税別）〜

① 初等国語科教育
塚田泰彦・甲斐雄一郎・長田友紀 編著

② 初等算数科教育　　清水美憲 編著

③ 初等社会科教育　　井田仁康・唐木清志 編著

④ 初等理科教育　　大髙　泉 編著

⑤ 初等外国語教育　　卯城祐司 編著

⑥ 初等図画工作科教育　石﨑和宏・直江俊雄 編著

⑦ 初等音楽科教育　　笹野恵理子 編著

⑧ 初等家庭科教育　　河村美穂 編著

⑨ 初等体育科教育　　岡出美則 編著

⑩ 初等生活科教育　片平克弘・唐木清志 編著

別 現代の学力観と評価
樋口直宏・根津朋実・吉田武男 編著

ミネルヴァ書房

https://www.minervashobo.co.jp/